城市化背景下基层治理研究

以上海市青浦区为视角

鲁家峰 / 著

上海社会科学院出版社
SHANGHAI ACADEMY OF SOCIAL SCIENCES PRESS

醉爱那泥土的芬芳
（代序）

这本小书带有朝花夕拾的性质，也具有陈酒开封的意趣。时间跨度近二十年，基本背景是城市化，主要关注的是基层治理问题。本书的基本素材是研究报告，主要方法是调查研究，观察的基点是上海市青浦城乡。当这本书即将付梓之时，心中油然而生庆幸和感恩之情。庆幸自己的坚持、负重和始终如小学生般的认真，感恩领导的信任、伙伴的同行和基层干部群众的交心。我从长期的调查研究过程中深刻认识到，必须牢牢把握习近平新时代中国特色社会主义思想的世界观和方法论，自觉将其转化为指导科研实践的根本观点和基本方法。

一是用"人民至上"端正科研立场。为什么人的问题是根本性问题。"人民至上"既是根本的价值论要求，也是根本的方法论要求。党的理论是来自人民、为了人民、造福人民的理论，人民的创造性实践是理论创新的不竭源泉。为党献策归根到底是为民献策，为人民过上美好生活献策。将人民至上作为根本立场，就是要将其作为一条红线贯穿于科研的全过程。首先是因民制题。在项目选题上要突出为民造福的价值导向，不管是领导点题、学员带题，还是自己找题，都要在其中看出深厚的民意基础。要多到火热的实践场景中寻找课题，在人民追求幸福生活的期盼中去寻找课题。无关群众痛痒的研究只能是自娱自乐。其次是靠民解题。要坚持群众路线，善于调动群众参与相关研究的积极性，将人民立场、人民愿望、人民创造、人民智慧统一运用到调研过程中，体现在调研内容里。最后是为民用题。要将优秀科研成果转化成新理念的阶梯，转化成好政策的养料，转化成为人民所喜爱、所认同、所拥有的理论形式和创作源泉。

二是用"自信自立"激励科研志向。从大的方面讲，党的百年奋斗成功道路是党领导人民独立自主探索开辟出来的。从小的方面讲，不同类型、不同层级的党校都有自己的立足之地、用武之地，都有广阔的研究和创新空间。根据就是矛盾的特殊性。因为研究问题，最主要的是研究特点；认识事物，最主要的是认识特点；结合实际，最主要的是结合特点。基层直接面对生动的实践，只要抓住特点，发挥优势，就能有所作为，甚至大有作为。要把甘当小学生的谦虚与自信自立的志向结合起来。为党献策是具体的，从中央到各级党委都有特定时期的中心工作，结合党的创新理论和宏观政策的学习，着力研究理论和政策在基层落细落小落实的具体路径，并尽可能将基层经验进行理论化的概括总结，就是在为党的理论创新添砖加瓦。

三是用"守正创新"拓展科研进路。泉水遇到坑洼，要充满之后才能继续前流，这就是"盈科而后进"。学习和研究也是这样，应步步落实，不慕图虚名。要坚持守正和创新的统一，处理好"常"与"变"的关系。首先是常题新做。常题并非不顾时境的"老生常谈"，而是随春而至的"老树新花"。即使是古老的概念和惯常的问题，只要与时代、实践、群众生活有深刻的联系，就会保持生机与活力。其次是常理新说。常理不是教条，而是经风历雨的智慧结晶，是反复比较的文化积淀。要尊重历史上一切伟大的思想创造，尊重前后相继的理论创新过程，特别是尊重马克思主义的基本原理及其中国化过程中取得的规律性结论。同时要紧跟时代步伐，顺应实践发展，以满腔热忱对待一切新生事物，不断拓展认识的广度和深度。最后是常规新用。坚持辩证唯物主义和历史唯物主义基本方法，运用好习近平新时代中国特色社会主义思想的世界观和方法论，这既是党校科研的"常法"，也是党校科研的"常规"，把这种世界观和方法论运用到具体的科研实践中，就能指导催生出百舸争流的科研气象。

四是用"问题导向"找准科研点位。问题是时代的声音，回答并指导解决问题是理论的根本任务。要研究真问题，真研究问题。要通过深入实际、深入基层、深入群众，多层次、多方位、多渠道地调查研究，把事情的真相和全貌调查清楚，把问题的本质和规律把握准确，把解决问题的思路和对策研究透彻。要把解决实际问题的效果作为科研质量的务实尺度。一个农业科学家，他的脚扎在泥土里，成果书写在大地上，在某个时间段发表的论文也许不多，但是病虫害的减少、产量的上升和土壤肥力得到持续性保护都是他科研能力的象征。一个基层科研工作者，为地区重大社会项目做出了实际的智慧贡献，也应给予相当的学术礼赞。

五是用"系统观念"提升科研能级。世界是大大小小的系统。一个科研成果的真理性、解释力和实际运用的可能效能，从根本上依赖它所关注的系统的层次及对这个系统运行规律把握的程度。用系统观念改进科研方式，首先要使科研活动本身树立系统观念。必须坚持发展地而不是静止地、全面地而不是片面地、系统地而不是零散地、普遍联系地而不是单一孤立地观察事物，准确把握客观实际，真正掌握规律，突出前瞻性思考、全局性谋划、整体性推进，在正确把握各种重大关系基础上提出妥善处理各种重大关系的智慧方案。其次要根据系统性要求组建复合型学术团队。要广泛听取宽领域和多层次相关人群的意见和建议，尤其是"对手"的谩骂与批评。最后要时时留意系统外的环境变化。在"跨界竞争"时代，特别要善于根据环境的变化修正科研目标和方法。

六是用"胸怀天下"开阔科研视野。"胸怀天下"是一种大视野，也是一种大情怀。它要求在学术目的方面有更加超越性的温暖关照，也要求在学术视野上有更具宽广性的全面把握。当然，由于客观条件的限制，不同层级的科研单位不可能达到等高水平的全球视野、世界眼光，但基于高质量完成研究任务的需要，应尽可能掌握丰富的材料，基层并不是低级的理由。必须始终记住列宁的教导："要真正地认识事物，就必须把握、研究它的一切方面、一切联系和'中介'。我们决不会完全地做到这一点，但是，全面性的要求可以使我们防止错误和防止僵化。"要尽力避免"三孤"，即孤芳自赏，在小院高墙内满足于"猴子称霸王"的虚荣和"乡村维纳斯"的虚幻；孤陋寡闻，似乎是桃花源中人，不知有汉，无论魏晋，不仅对本学科外的科学发展缺乏应有关注，对本学科的具体应用场景也缺乏起码兴趣；孤掌难鸣，虽然想有所作为，但不知道何处用力、何处借力。胸怀天下是避免"三孤"的良方。

孔子说："益者三友：友直，友谅，友多闻。"诗云："嘤其鸣矣，求其友声。"愿以文会友，广结良伴，相互勉励，与时偕行。泥泞路旁，有奇景，有奇趣，有奇香。

鲁家峰
2023年3月

/ 目 录 /

001 | 醉爱那泥土的芬芳（代序）

第一章　城市化背景下村庄选举的热观察与冷思考

001 | 村情概况、权力结构与治理转型
007 | 村"两委"换届选举的过程观察
018 | 合法性的延续与提升

第二章　城市化背景下村干部报酬管理研究

031 | 村干部报酬管理的政策沿革
033 | 村干部报酬管理的现实状况
039 | 问卷和访谈情况汇总
042 | 结论和建议

第三章　城市化背景下基层组织服务创新研究

046 | 群众工作新形势：从一起并村风波说起
052 | 基层实践新探索：开放式集中办公能走多远
057 | 基层服务新思维：供给侧结构性改革

第四章　城市化背景下农村集体"三资"管理研究

065 | 青浦区农村集体"三资"管理的前期成果
070 | 青浦区农村集体"三资"管理的焦点问题
077 | 完善"三资"管理的对策建议

第五章　城市化背景下农村政策演进过程与基层心态

087 | 新郊区新农村建设的热情与理性
091 | 关注美丽乡村建设中的村民获得感
105 | 以城乡共融谋城乡共荣
112 | 把握乡村振兴的辩证法

第六章　探索规划导入型社区的共治之路

116 | 基本特点与主要问题
123 | 治理结构与共治实践
128 | 规划导入型社区的治理优化

第七章　党建引领基层社会治理创新的类型学分析

134 | 结构式创新：以党建引领"三驾马车"为例
142 | 项目式创新：以"盈浦益加亲"项目为例
146 | 流程式创新：以尚泰路"四门工作法"为例
149 | 平台式创新：以夏阳街道"幸福云"建设为例
151 | 焦点问题与共性策略

第八章　基层社会治理中的台账工作研究

154 | 总体情况
157 | 焦点问题
162 | 完善建议

第九章　城市化进程中的违法建筑和城中村治理

168 | 着眼于整治绩效的管理创新
182 | 着眼于超越整治的功能再造

第十章　妨害公务犯罪的社会态度与治理改进

197 | 妨害公务犯罪情况与社会态度调查
200 | 妨害公务犯罪特点与社会态度成因
205 | 问题思考与对策建议

第十一章　党建引领基层复合治理的策略研究

212 ｜ 发挥党组织对群众自治的领导作用
225 ｜ 构建党群复合治理的良性关系
235 ｜ 推动基层异质性组织的有效共治

第十二章　城乡融合发展下党建引领乡村治理研究

244 ｜ 党建引领乡村基层治理的创新性实践
254 ｜ 党建引领乡村基层治理方面的资源性困境
260 ｜ 着眼更好担当乡村治理使命的完善化建议

第一章　城市化背景下村庄选举的热观察与冷思考[①]

村"两委"是村庄权力的法定中枢。"两委"班子尤其是村支部书记的选配方式、选配过程和选配结果,直接关系到村庄治理的权力结构、社会心向和运行效率。随着高层治国理政理念的演进、基层民主意识的发育、村庄治理模式的演化与镇村党组织建设相互启发,共同塑造着村民自治的现实形态和村庄权力的结构样态。在快速城市化背景下的上海农村,变化的速度和深度更加明显。2005年9—10月和2006年5—6月,我们相继观察了白鹤镇王泾村党总支部和村民委员会换届选举,通过对村庄治理变迁历史、换届选举过程和结果及相关人员行为和态度的分析,聚焦村庄治理权力合法性的生成与维护问题,展望村民自治的未来气象,探讨提升治理效能的有效途径。

一、村情概况、权力结构与治理转型

(一) 村情概况

1. 地理环境。白鹤镇是乡镇企业兴起较早的地区,也是有名的农产品生产基地。以种植蔬菜和水稻、三麦为主,并且是粮食丰产方,以高效、高产、优质为目标,常年亩产(两熟)合计600公斤以上。王泾村总面积为2平方公里,其中耕地面积2400亩,责任田面积2300亩,企业用地面积30余亩,还有未分的公田60亩。实行家庭联产承包责任制以来,村里进行过2次以村民小组为单

---

① 一同参与观察的还有沈迅和倪敏芳。报告的部分内容曾发表在唐晓腾等著的《治理现代化与基层党内民主实践——对村级党组织民主选举过程的观察与调查》(社会科学文献出版社2016年版)一书中。

位的耕地大调整。村里有近 300 亩土地被政府征用,主要用于开发区建设。全村共有可养水面 30 亩,归属村民小组。村里有公共建筑面积约 8 000 平方米,但几乎没有娱乐场所,村民业余生活比较单调。

2. 人群结构。王泾村是在 2002 年 6 月村级组织综合改革后,由原王村与泾村合并而成的。合并前的王村共有 8 个村民小组,分别是王家埭、柿子园、小天、吴子泾、梁纥浦、马家、张家湾、计南。2000 年全村 275 户、525 人,是全镇人口最少的一个村。泾村也有 8 个村民小组,分别是南北宋、东张、西张、叶家湾、庞泾、项南、项北、东村。2000 年全村有 293 户、922 人。

合并后的王泾村共 587 户、1 548 人。其中,男性村民 697 人,占 45%,女性村民 851 人,占 55%。全村男性共有 48 姓,人口最多的是张姓,占总人口的 20% 左右。16 个村民小组中,没有单姓聚居的。长期以来,各宗族之间能友好相处,聚落格局较为平衡。现任村干部 4 人,不同姓氏,各属不同村民小组,村内没有某一宗族居绝对强势地位。多数人认为没有建族谱、修祠堂的必要。少数村民有烧香、拜佛的习惯;有大约 150 人信仰耶稣教,参加教会活动。村民受教育程度不高,近 1/3 的村民属于文盲半文盲;大专及以上文化程度的不到百人,他们大多不在村内工作。由于部分土地被征用,227 人转为非农户口并加入小城镇保险,但很多人目前仍住在本村。户口与居住地都不在本村的约有 60 人。另有三峡移民 22 人,散居于各村民小组。他们还没有融入本地村民的生活,但与原有村民之间极少发生纠纷,其生活和工作由镇、村协同帮助安排落实。他们遇到困难一般也不向村委求助,而是直接寻求镇三峡移民办公室。

3. 经济水平。2004 年,全村总面积 1 736.7 亩中,可耕地为 1 293.13 亩,是粮菜夹种地区,粮田种植已经采用直播新方法,并伴有 50 亩丰产方。当时,村内有养猪专业户 1 家,养鸭专业户 10 家。村上曾办有五金厂、塑料制品厂、童车配件厂、电器开关厂、喷漆厂、模具厂、真空设备有限公司、包装材料有限公司等企业,加上各种小商店共十余家。镇自来水厂、镇敬老院、耶稣教的蒙恩堂等,都建造在王村地面。2000 年全村净收入 374.34 万元,人均收入 5 177 元。村内有生活车 5 辆、货运车 3 辆。

过去 5 年,村里对基础设施建设共投资 300 万元,其中 30 万元是政府拨款,其余来自村级经济。目前已建成的基础设施包括农村电网、自来水网、有线电视、通往乡镇的柏油路和混凝土路、自然村之间水泥路,以及村医疗室等。其中,电网由政府出资建设与改造,自来水、有线电视和道路由政府与村委共同出资建设,村落之间的水泥路与医疗室建设费用则由村集体经济负担。政府已在本村开展新型合作医疗试点,村医务室共有 2 位医务人员,一名是中专学历,另一名是初中文化。村民对这些设施建设和服务很高兴;同时还要求建设有关科技推广与信息服务设施。

2004 年,村财务收入总计 120 万元,其中土地批租收益为 50 万元,镇政府拨款 10 万元,招商引资税收奖励返回 60 万元;财务支出总计 110 万元,其中管理费用为 50 万元(管理人员工资及补偿 40 万元,接待费 8 万元,差旅费 1 万元,报纸杂志费 1 万元),用于公益及福利支出及其他 60 万元。村办企业原有 5 家,2 家于 1995 年改制,另 3 家现已倒闭。村里有私营企业 21 家。现在村级经济主要依靠工业,稻作农业作为辅助产业。全村已盖楼房的有 543 户,占总户数的 92.5%。有彩色电视机的农户有 510 家,拥有电话的 485 户,拥有电脑的 172 户,有汽车的 25 户。经过几年的艰苦创业,经济不断发展,逐步还清各类债务,村里经济实力现居全镇中上水平,村容村貌不断改善。

4. 治安状况。该村治安状况较好,基本没有黄毒现象,但小赌博较为普遍。在土地调整期间也曾发生过一些纠纷,焦点是应得面积与实得面积的差异、耕地与居住地距离远近等问题。近年来在征地过程中也发生过一些纠纷,焦点是关于征地补偿的多寡问题。村民之间没有派系之争,邻村之间没有矛盾纠葛,但随着外来人员增多和人口流动性增大,小偷小摸现象有所增加,为此村里专门成立了治安巡查队。

(二) 治理变迁

1. 历任干部情况。《白鹤镇志》记载了新中国成立后王村和泾村的历任干部情况。我们通过对有关当事人和知情者的访谈,了解到农村干部任用方式、任职条件以及工作职能的演变过程,也感受到农民群众政治参与意识的逐渐增强。这些干部最初步入村务管理都比较年轻,大多在二三十岁,能吃苦耐劳。他们文化程度普遍不高,这与社会整体环境和教育条件有关。张兴×是改革开放前村里受教育程度最高的干部,高中毕业后曾到当时的青浦县农业大学进修,凭学识赢得了群众的尊重。其余的干部文化程度都比较低,有人甚至连小学都没念完。但与同期群众相比,村干部实际文化程度还是略高。最初由于村里党员很少,是否党员并不是任职的必要条件(除支书外),一般是在做了村干部后再发展成为党员的。书记、大队长等主要干部大多由村里骨干成员经组织考察提拔后担任,张兴×、马关×都是在村里做会计后被提拔为村干部的。如果本来就是党员,被选为村干部的机会要大得多,退伍军人尤其占优势。一般人认为退伍军人政治上过得硬,思想觉悟高,见过世面,有能耐。夏海×、宋幸×、范金×等都是在退伍后回到村里任村干部的。但事实上,一名退伍军人甚至一名党员,也不一定能胜任看似简单的村级管理工作,3位军人出身的干部任职时间都不长,除了范金×任了将近5年之外,其余2位任期都只有1年多,便由组织调离。直到20世纪80年代中期以前,村干部都是由组织上考察,由上级任命的,当时主要考察成分、思想觉悟、组织能力等。当干部固然强调政治,要紧跟形势,生产能力也很重要,干部和老百姓一起劳动,而且要带头劳动,劳动技术要过得硬,当时的村干部都得"干"出来。干部与群众的收入差距不大,老百姓比较认可。从解放初期至现在,村干部几乎都是本村人,只有谈金×是例外,但当时也是驻扎在村里的。从姓氏来看,两村曾做过干部的包括钱、金、张、马、夏、谈、顾、姚、吴、闵、王、汤、宋、范、项、龚、徐、陈等。(因盛×是镇里临时派任的,与宗姓无关。)原来的王村以钱、谈和姚三姓频率最高,泾村则以宋、汤和王三姓频率最高。现任书记吴林×的丈夫属于频率最高的钱姓,支部委员宋志×、王雪×也都属于干部频率最高的宋、王两姓。

2. 村队体制沿革。解放初期,王村和泾村都是独立的行政村,当时只设有村主任。1955年村里建立支部。自1954年起,由农户自发组织成初级社,并很快走向高级社。高级社再到人民公社,原来的行政村变成了生产大队。生产大队必须接受公社的统一领导,农民必须服从这个由上到下的管理体系。在这种管理体制下,村级组织的管理是非常强势的。农民个体的生产积极性和社会参与能力受到压抑,农民的主体意识、权利意识、政治参与意识长期难以发育,大多数人习惯于被组织和"带长"的人安排。

党的十一届三中全会以后,家庭联产承包责任制改变了农村生产组织形式,农户家庭成为具有独立利益的经济主体。农村生产经营方式和管理体制开始发生深刻变化,利益关系和利益格局也发生深刻变化,与农民切身利益相关的事情日益增多,如宅基地安排、自留地划分、村办企业承包,等等。于是,村民开始关注村务,关注村干部行为。随着工业化和城镇化的发展,农民对于土地收入的依赖性减弱。加上报刊、电视的民主法制宣传,村民越来越多地评价村干部的工作态度、作风和能力。虽然20世纪80年代初期还没有真正实行村干部选举,村委会主任也是由上级派任,但群众的评价对村干部任免能够产生一定影响,王村一名干部就曾因与村民闹矛盾被镇里调离。

1987年《中华人民共和国村民委员会组织法(试行)》颁布后,王村和泾村先后通过选举方式产生村委会,村主任不再由镇里直接任命。但随着选举的推广,管理上产生了村党支部与村委会工作上如何协调的问题。另外,由于村级组织的功能不断演化,生产也不再是单纯的农业生产了。村级组织既要不断增加村级集体经济和村民收入,又要处理日益繁杂的公共事务,因而对村干部的素质提出了更高的要求,其中发展经济的能力成为衡量干部素质的主要指标。与此同时,村级权力体系又面临人员精简的压力。1986年以来王村的干部档案中,干部人数最多的时候达到23人(包括条线干部),这对于村级财政来说无疑是沉重负担。当时村干部任免方式明显带有过渡性质,虽然仍是组织作主,群众投票也开始占有一定分量。农民群众通过选举实践,对于村务管理的参与意识日益增强,对于干部的工作作风、方法和能力进一步关注。村党组织书记一般都由上级组织考察确定候选人,然后由村党支部成员投票选举。人选要求有一定的文化水平、政策水平、发展经济的能力和群众工作经验。2005年支部换届选举尝试了"两推一选"选举方式,即首先分别在全村80%以上党员和80%以上农户中民主推荐新一届村党总支班子成员候选人,然后由全体党员投票,选举产生新一届村党总支书记、副书记和委员。原来由组织安排、党内进行选举的村党支部的组成过程,现在村民也有权参与其中,村民可以在确定候选人方面发表自己的意见。2006年的村委会换届选举试行"大海选"的方式,即不确定候选人直接由村民选举产生村委会,真正把选择村委会干部的权利交给村民。

(三) 权力生态

1. 管理骨干分布。2002年合并前,两村的干部共有10人,其中王村4人,分别是吴林×(书记兼主任)、闵炳×(副主任)、周跃×(支部委员兼主任助理)、杨金×(村委委员);泾村6人,分别是宋文×(书记)、陈吉×(主任)、宋志×(副书记兼副主任)、王关×(支部委员)、王雪×(村委委员)、彭永×(村委委员)。合并后原王村书记吴林×被任命为王泾村书记,村"两委"干部4人,主要工作包括财税任务、计划生育、招商引资、维护社会稳定,落实上级下达的种植、养殖等指标,村内公共建设与公益事业等。吴林×兼任村主任,宋志×任村委会副主任,王雪×任村委委员,由村民选举产生。另有镇下派人员钱正×担任村主任助理。为检查各项工作的落实状况,镇里会定期到村视察。对村干部来说,最有难度、最有压力的是招商引资,镇里与村干部签订了目标责任书,如果村干部未完成任务会直接影响其工资、奖金,轻者会受到批评,重者会被撤职。村委会下设村民小组,全村分 16 个村民小组,每小组设组长 1 名,由组民选举产生,协助村委管理村务。在 16 名小组长中,14 人年龄在 50 岁以上,7 名为女性,党员 1 名。

王村和泾村于 1988 年建立村民代表会议。合并后由各村民小组推选,现代表人数为 36 人,2005 年曾召开 3 次村民代表会议。访谈中,村委会干部认为,村民代表会议可以罢免村主任,可以对村务做出决策。在王泾村的具体实践中,村民代表会议曾否决过村委会的决议,但多数情况下,如土地和水面等集体资源的承包、宅基地使用、集体经济项目立项、基础设施项目立项,以及"一事一议"项目与收费等,都是由村干部会议决定,村里的财务由村支书签字才能入账。

村里现有党员 76 人,文化程度普遍较低,中专及以上文化程度的只有 11 人;35 岁以下的只有 6 人,而 55 岁以上的有 45 人,占党员总人数的 60%。

2. 权力结构整合。合并前的王村和泾村在实行村民自治之后,也曾出现村委会、村党支部和村民会议三者争权的局面,不但使村民分裂成不同的阵营,激发了既有的矛盾,诱发出新的矛盾,而且使镇级机关的规划、措施难以得到及时有效的落实。由于关系不协调,工作不配合,甚至"两委"严重对立、矛盾激化使工作难以开展。或者因为家庭或家族的历史积怨,或者因为竞选伤了感情,或者是对有关法律法规的理解存在冲突,各自倾向于对自己有利的解释。加上村级权力体系面临人员精简,巨大的压力催化了相互的争斗。对村干部的任免虽以组织意图为主,但群众投票也占有一定分量。村支书一般都是由上级组织考察确定,组织上先确定可以胜任的人选,然后由村党支部投票选举。组织上在挑选候选人的时候,一般会在本村现有干部中择优,很少由外调人员来担任,除非发生特殊情况。如王村 1999 年因原任书记姚×遭车祸意外身亡,镇里派盛青×到村里临时担任书记。正是这一偶然事件,使王村跨出了书记、主任"一肩挑"具有实质意义的一步。在盛青×主持工作期间,吴林×担任副书记和村委会主任,3 个月后选拔吴林×为书记,盛青×被调回镇里。这样,党支部和村委会领导责任就落到了吴林×一人肩上。据老百姓反映,吴书记那时确实吃了不少苦。因为村里很穷,负债很多。春夏之交,连降暴雨,稻田大部分被淹。吴书记从自己家中取出3万元,买了26台水泵,安排人员昼夜排水,保住了千亩良田。吴林×也因此赢得了村干部和村民的信赖。接着,吴书记召开村干部和村民代表会议,商讨全村发展计划,开始大张旗鼓地招商引资。到2002年两村合并前,王村已经还清了全部债务,并略有结余。因此,两村合并时,吴林×的威望很高,这为她担任合并后的王泾村书记和主任奠定了民意基础。

在两村合并后不久,2002年8月18日,中共中央办公厅、国务院办公厅下发《关于进一步做好村民委员会换届选举工作的通知》。其精神是"提倡把村党支部领导班子成员按照规定程序推选为村民委员会成员候选人,通过选举兼任村民委员会成员",这为村支书与村委会主任"一肩挑"提供了政策和舆论支持。根据精简、效能的原则,按照镇党委、镇政府配备的职数,合并后的村级领导班子共配干部5人,由吴林×担任村党总支书记兼村委会主任。另有村党总支副书记1名、村委委员2名(其中1人兼村党总支委员),村党总支委员1人。村委会下设村民小组,全村分16个村民小组,每个小组设组长1名,村民代表若干名。

二、村"两委"换届选举的过程观察

(一) 村党总支部换届选举的过程观察

王泾村党总支部委员会到2005年8月届满,根据青浦区《关于做好村级党组织换届选举工作的意见》精神,9月9日王泾村党总支制订了换届选举工作计划,报镇党委。得到批复后,换届选举工作依照计划进行。

第一阶段是工作准备阶段(9月9—10日)。村党总支建立换届选举工作领导小组。由村现任党总支书记吴林×任组长,村支部专职委员宋志×任副组长(具体抓落实),村委班子成员中的党员同志、条线干部、村民组长、老龄支部书记、老年协会会长等任组员。接着,村党总支召开党员大会,主要内容是学习有关文件精神,加强领导,统一思想,提高认识,明确换届选举工作任务和具体要求;确定新一届党总支委员会的任职条件、职数、候选人推荐范围,并上墙公布;总结本届党总支部工作(详见材料1-1)。

> **材料 1-1　王泾村党总支工作总结报告要点**①
>
> 1. 强化学习。严格学习制度,规范组织生活,改进学习方法。
>
> 2. 加强管理。按照村级规范化建设的标准和要求,建立内容翔实、群众认可、易于操作的规章制度。特别是全面推行村务公开、扩大民主。真正做到"重大问题,让群众有参与权;敏感问题,让群众有监督权;村务管理,让群众有自治权"。
>
> 3. 共谋发展。利用白鹤镇优惠政策、投资环境,重点做好"抓老、挖潜、引新"三项工作。抓老就是扶植照顾好原两村的实地性型企业,稳住注册在村的老企业;挖潜就是摸清目前租赁厂房的企业缴税情况,清除缴税差的企业,引进缴税好的企业;引新就是新建厂房,实行"有信息就抓住,有门路就走进"的招商策略。
>
> 4. 廉洁奉公。始终记住一句话:"要群众做到的,党员先做到;要党员做到的,班子先做到;要班子做到的,书记先做到。"
>
> 5. 实事为民。搞好卫生服务,美化村容环境,真心关爱弱者,保护农民利益。

第二阶段是宣传发动阶段(9月11—14日)。9月14日下午,村党总支召开有村支部议事会代表人员、村民代表、组长、计生宣传员、条线干部参加的会议,进行换届工作动员。

第三阶段是民主推荐阶段(9月15—20日)。9月17日上午召开党总支大会,本届党总支书记做党总支工作报告、党总支成员个人述职,党员讨论;讨论之后,党内推荐新一届党总支委员候选人。党总支推荐的结果是:吴林×58票,宋志×60票,王雪×49票,瞿兴×6票,金关×5票,顾华×2票,王荣×2票,孙乾×9票,徐坤×2票,王秀×1票(非本党总支人员),张伯×4票,张林×2票,叶关×1票。9月18日上午,召开村民小组户代表会议,进行推荐。应参加投票571户,实参加投票566户,废票30张。其中,现任书记吴林×得票351张,组织委员宋志×得票372张,王雪×得票328张。其余获得推荐的党员票数都较少,且不集中。之后,党总支对党员和户代表推荐情况分别汇总,按获得

---

① 资料来源:根据王泾村党总支工作总结报告记录整理。

推荐票数的多少上墙公布,确定初步人选,上报镇党委。

第四阶段是考察测评阶段(9月21—30日)。将镇党委批复后的初步候选人放到全体党员和村民代表中进行测评。对全体党员和村民代表测评进行汇总,提出比党总支委员职数多20%的正式候选人。上报镇党委审批,同意后再张榜公布。参与测评的有户代表24人、党员55人。测评前,先制作王泾村新一届党总支委员初步人选测评表,被测评人按姓氏笔画排列,并在表上说明测评方法:同意该同志为新一届党总支委员会候选人的,在其姓名上方空格内打"○",不同意的在其姓名上方空格内打"×"(测评表最多只能同意4名),测评结果如表1-1所示。

表1-1 群众测评和党内测评结果统计　　　　单位:张

姓名	王雪×	王荣×	孙乾×	宋志×	吴林×	张伯×	金关×	瞿兴×
群众测评	22	4	5	23	24	8	7	3
党内测评	45	4	12	54	50	12	15	14
合计	67	8	17	77	74	20	22	17

第五阶段是正式选举阶段(10月8—20日)。10月15日上午,召开党支部大会进行正式选举。会前清点人数,确定到会人数超过党支部应出席党员数的4/5,符合法定人数。会议由镇党委委派的联络员陆月×主持,按照以下议程依次进行:①由镇党委委派人员宣读村党总支正式候选人;②正式候选人表态发言并回答党员提问;③通过大会选举办法(先由总支委员宣读选举办法,再表决通过);④通过总监审人、监(计)票人员名单;⑤按照选举程序和要求,组织党员进行正式投票,选举新一届党总支委员。

村党总支共有党员70名,其中预备党员1名。应出席的正式党员66名,实际参加会议的正式党员64名,实发选票64张,收回选票64张,其中有效选票63张,无效选票1张,弃权票0张。选举前民主推荐3名非候选人党员为监票人和计票人,他们分别是顾毕×、彭永×和张伯×。

根据选举办法和计票结果,新一届党总支委员会由王雪×、吴林×、宋志× 3位同志组成。之后,召开新一届党总支委员会会议,以无记名投票方式选举书记,吴林×得赞成票3张,当选为书记。选举结果上报镇党委审批。

第六阶段是总结工作阶段(10月21—31日)。村党总支做好换届选举工作总结、材料整理和归档工作,并将总结上报镇党委组织科。

（二）村委会换届选举的过程观察

2006年5月8日，根据青浦区选举工作要求，白鹤镇建立了村委会换届选举工作指导小组，由镇领导及组织、宣传、民政、审计、信访、公安等有关人员组成。建立村委会换届选举工作领导小组办公室，为每个村配备选举工作联络员，加强对各村换届选举工作的指导工作。王泾村由镇人大副主任陆月×带队的联络员队伍指导选举工作。半年前的村党总支换届选举，也是由陆带队蹲点，全程指导。

5月25日，白鹤镇召开了村委会换届选举动员会，要求各村拟定预案，采取有力措施，切实解决好村民关心的难点和热点问题，妥善处理历史遗留问题，为换届工作创造良好环境。会议下发了实施方案，并对各村负责人进行了选举业务培训，要求按照"依法、规范、民主、公开"的原则精心组织、依法操作，确保换届选举工作成功。具体选举办法包含在"白鹤镇_____村民委员会正式选举会场（投票站）主持人讲话稿"中（详见材料1-2）。

材料1-2 "白鹤镇_____村民委员会正式选举会场（投票站）主持人讲话稿"

一、宣布大会开始：各位选民：我受村民选举委员会委托，主持本投票站选举会议。我们投票站由第_____小组组成，共有选民登记人数_____人，现已到会的选民_____人，依据选举办法规定，到会村民超过选民登记人数50%以上，现在我宣布：_____村2006年村委会换届选举第_____投票站选举会议现在开始！

二、宣布投票方式和会场纪律：根据《村民委员会组织法》和《村民委员会选举办法》的规定，我们今天采取无候选人、无记名投票方式选举村委会成员。今天的选举，如果收回的票数超过发出选票数的，选举无效；等于或少于发出选票数的，选举有效。获得过半数选票的候选人和另选他人的人数超过应选名额时以得票多的当选。今天的大会，设中心会场一个，投票站_____个。为保证选举的公开、公平、公正，所有投票站只接受投票，全部集中到中心会场开箱检票计票，当场公开唱票、计票。为保证选举顺利进行，下面我宣布选举大会会场纪律：

1. 与会选民要服从选举工作人员的统一安排；

2. 与会选民要配合选举工作人员，维护好会场秩序，不随意走动，不高声喧哗，不提前退场；

3. 选民要凭选民证或委托书领取选票；

4. 选民要认真阅读选票，珍惜自己的选举权利。填写选票时，按照前后顺序依次到写票处写票，不得干扰他人写票投票；

5. 选民对选举程序或选举结果有异议的，可以向镇人民代表大会（主席团）和人民政府、区人民代表大会常务委员会、区人民政府及其民政部门反映或举报，但是不得在选举会场起哄闹事、干扰选举；

6. 严禁在选举过程中使用暴力、威胁、欺骗等非法手段扰乱会场秩序。出现上述情况的，情节较轻的给予教育批评，情节严重的由公安机关依照相关法律法规予以处罚，构成犯罪的由司法机关追究刑事责任。

各位选民：今天我们村召开选举大会，直接投票选举村委会主任、副主任和委员。这是关系到我们村经济和社会发展的一件大事，也是我们行使当家作主权利的重要途径。请各位选民以主人翁的态度，珍惜自己的民主权利，投好自己神圣的一票，把遵纪守法、廉洁奉公、作风民主、办事公道、热心为村民服务的人选进村委会。

三、通过工作人员：经村民选举委员会提名，_____、_____、_____同志为本投票站的监票及工作人员，大家有没有意见？如果没有意见，请鼓掌通过。

四、讲解选票填写方法：

1. 本村民委员会设主任1人、副主任1人、委员1人，按照表格内的职务填写所信任人的姓名。

2. 村委会主任只能选1人、副主任只能选1人，委员只能选1人，等额填写。哪个职务栏里选的人多于应选名额的，该栏目无效。3个职务栏里选的人都多于应选名额的，该选票无效。

3. 一个人只能选一个职务。不要将同一人同时选为主任、副主任、委员，否则，只算职务高的。

4. 本次选举采用"包含法"的计票方式，即高职位票可以计算到低职位票，低职位票的内容不能计算到高职位票。

5. 要用我们发的笔写票，字迹要端正，不能乱写乱划，每个栏目都要填写清楚(有同名同姓的要填写清楚小组所在地、谁家的)。

五、检查票箱,清点选民数:请工作人员将票箱当众打开,请选民检查(稍等)。经检查票箱符合规定,请将票箱密封。工作人员清点人数,工作人员向主持人报告到会选民数。

六、投票选举:首先由工作人员_____分发选票。投票选举按照下列顺序进行:领票、写票、投票。

1. 选民依次领取选票。(1)选民凭选民证(受委托人凭委托书及委托人选民证),领取选票,监票人将多余选票当众撕毁;(2)依次领取选票,发票员不要在人群中散发选票。

2. 选民进入秘密写票处填写选票。选民领取选票后,依次进入秘密写票处。因故不能写票的选民,可以请工作人员或自己信任的人代写,代写人不得违背选民的意志。

3. 选民投票。选民在写票处写票结束后,将选票投入票箱。现在开始投票,先请工作人员投票,最后请选民依次投票。

4. 投票结束后,将票箱贴上封条,由监票人员在封条上签上自己的名字,然后由3名以上工作人员将票箱送大会主会场集中开箱。

投票站宣布:现在散会。

根据区里要求,引导选民把村党组织成员、党员、村民代表推选到村民选举委员会,提倡村党(总)支部书记通过法定程序担任选举委员会主任。5月29日,王泾村经村民代表会议推选产生了村民选举委员会,负责主持此次村民委员会换届选举工作。选举委员会成员共12人,其中,村干部4人、组干部4人、普通群众4人;10名党员、2名群众。主任:吴林×;副主任:宋志×;委员:王雪×、陈杏×、金关×、夏银×、马关×、彭永×、马兴×、华秋×、徐坤×、杨金×。选举委员会根据法律法规并结合本村实际制订了村委会换届选举工作方案,由村民代表会议讨论通过,报镇换届选举工作指导小组办公室。得到批复后,换届选举工作依照计划进行。

选举委员会按照工作计划进行多种形式的宣传发动工作,同时开始选民登记,以村民小组为单位分别进行。选民登记严格按照条件进行(见材料1-3)。

材料1-3　选民登记条件

1. 年龄条件。必须年满18周岁。计算年龄的时间,以本村选举日为准。出生日期的确认,以身份证为准。新年满18周岁未办理身份证的以户口簿为准。

2. 政治条件。必须享有选举权和被选举权。除以下两种情况的人员之外,其余均享有选举权和被选举权:(1)依照法律被剥夺政治权利的人。确认是否被剥夺政治权利,以司法机关的法律文书为准。(2)因涉嫌各种严重刑事犯罪而被羁押,正在受侦查、起诉、审判的人,经人民检察院或人民法院决定,在被羁押期间停止行使选举权的。但必须有人民检察院或人民法院出具的认定公函。

3. 属地条件。按属地化原则进行选民登记。有选举权和被选举权的村民应当在其户口所在地的村登记;农业户口的村民在居住地的村登记。居住在异地的本村农业户口村民,本人要求在居住地选举委员会登记的,经户口所在地的村民选举委员会出具证明,由居住地选举委员会确认后可以予以登记,否则应回户口所在地的村进行登记;结婚后居住在配偶所在村,但户口尚未迁入,本人要求在配偶所在村登记的,经村民选举委员会确认,可以予以登记,但不得在户口所在地的村重复登记;已经转为非农业户口的原本村村民,仍在本村居住或者工作,遵守村规民约、村民自治章程,执行村民会议、村民代表会议决议,本人要求登记的,经村民委员会确认,可以予以登记。

通过每个村民小组选民登记员仔细走访与登记,王泾村的选民登记工作顺利完成,共登记选民1548人。6月5日,也就是选举前20日,村里将选民名单予以公布,在每个村民小组张贴。

6月18日,选举委员会在村里召开村党总支部会议,部署选举事宜。会议首先由总支书记吴林×报告总支和村委会近几年工作情况。因为书记和主任是"一肩挑"的,党总支成员和村委会成员是交叉任职的,因此党总支工作报告实质上也是村委会的工作报告。

镇选举指导小组工作人员陆月×到会并讲话。她回顾了王泾村的发展历程,充分肯定了本届村委会的成绩,重申了2002年8月18日中共中央办公厅、国务院办公厅下发的《关于进一步做好村民委员会换届选举工作的通知》,阐述了"一肩挑"和交叉任职的意义,并明确提出了镇党委关于此次选举的指导思想,要求全体党员站在大局的高度确保选举顺利完成。

6月18日,同区作为换届选举试点的某镇首先开始村委会换届选举,但选举的结果被认为是不成功的,也就是出乎组织意料,被选举人都未能得到半数以上选票。因而村选举委员会和镇指导小组更加重视,反复研究,要确保本地选举的成功。书记吴林×要求各位党员、各投票点工作人员、村民小组长、条线干部及时掌握动态,做好群众工作,防止选票过于分散,保证选举成功。某一条线干部村里的亲戚朋友较多,有较好的人气和一定的威望,吴林×与他直言:你要明确表态,如果不明确表态,你的家人亲戚都选你,就会分散好多选票。要保证过半数,选票必须集中。该干部当即向吴书记做出保证,随后郑重告诉家人和亲朋:你们都不要选我,否则给你们"吃生活"(使人不舒服的意思)。在离正式选举一星期这段时间,很多党员特别是老党员为选举的事来回奔波,到各村民小组宣传本届村委会的工作成绩,宣传交叉任职的好处,走访亲友,掌握动态,布置投票点。事后有些老党员反映,这段时间压力很大,正式选举前一天晚上甚至连觉也睡不着,总担心第二天的选举会出什么差错,担心选票过于分散,担心村民哄选……他们认为,如果自己所在的小组出现这类情况就是自己的失职,说明自己工作没做到位,在小组里威信不够。所以,老党员们反复思考着如何使选举顺利进行,期望着选举能一次成功。

正式选举于6月25日上午开始。当天,村委干部、镇联络员以及下派的工作人员一大早就在村部会合。村部是主会场,是集中计票的地方,在主会场拉了一条横幅,上面写着"王泾村2006年村民委员会选举大会",镇人大副主席陆月×在此主持选举工作。村里设12个投票点,每个投票点由3名村里的工作人员和1名镇里的同志负责选举事宜。早上7点,各投票点工作人员都已到位,准备开始选举活动,吴林×和几名干部到各投票点了解情况,掌握动态,做宣传解释工作。在选举当天,各投票点没有召开正式的选民会议。选民陆续到场,先来先投票,投票后或立即离开,或逗留片刻,或在周围场地上聊天。

材料1-4 投票点观察——王泾6组投票点

投票点设在一村民家里,客堂是投票间,票箱放在客厅桌子上,餐厅作为秘密写票间,客厅边一房是选票代写间。选民聚集于该村民家的水泥场上。该投票点工作人员4名,1名是镇派工作人员,主要帮助不会书写的村民填写选票;3名是本村人员,1人负责规范投票并发放参选补贴,1人负责会场秩序,1人负责分发选票。

7点左右开始有村民陆续到来,坐在稻场的凳子上。7点半左右,已经聚集了15人左右,年龄都在50岁以上,他们相互拉家常,显得轻松平静。稍后,工作人员宣布选举开始,选民们凭着选民证领取选票,开始填写。也有村民拿了好几张选民证领取选票。按照规定委托投票最多只能投2张,而且要有委托书,该村民与工作人员解释说:反正都是自家人,不会有啥问题,要啥委托书呀,年轻的在家还没起床呢,他们不愿意来,只能带票了。工作人员也就没说啥,给了他们选票。此后再发选票时,也就不管是否有委托书,是否超过委托票数,只要有选民证都发给选票。发选票的同时,工作人员还叮嘱选民:写的时候看看那张名单(指墙上所贴的选举委员会名单),不要瞎选。拿到选票,大家到秘密写票间书写,但写票过程中还是有选民边写边看其他人的填写情况。有些选民很介意,边写边用手遮住。也有人不屑于隐瞒观点,索性讨论起来。讨论的人多起来了,工作人员嘴里嘟囔:这样写要出问题的,于是出面干涉。也有年纪较大不会书写的,工作人员带他们到代写间,但只有个别人愿意叫镇里人员代写,其余都是叫自家人代写或比较信任的人代写。有一年轻人来领取了选票,问工作人员:是不是随便选?工作人员说:不是的,不可以瞎选,你看一下这张名单(指选举委员会名单),要选这上面的人,选前面这3位,按照这个顺序。大家填完选票,依次投入票箱,后凭选票每张领取10元的补贴陆续回家,整个选举过程中没有大量选民聚拢谈论,投票点没有吵闹喧哗。9点左右,发出去的90张选票全部收回,工作人员宣布投票结束。然后把票箱封好,带回村部主会场计票。

主会场由镇人大副主席陆月×主持开箱计票,各投票点都由各自的工作人员开箱、唱票、计票。然后把各投票点选举结果汇总。此次正式参加选举的选民人数为1548人,其中152人委托投票。汇总地点在村部的党员活动室,汇总主要是由镇派的工作人员和村委会干部操作,在场人员都是选举委员会成员、工作人员、党员,没有一般村民。计票采用的是"包含法"方式,即高职位票可以计算到低职位票,低职位票内的内容不能计算到高职位票。上午11:30左右,选票统计完毕。统计过程没有集中唱票和计票,而是将各投票点各自统计所报的数据进行汇总统计,在活动室的黑板上列出了汇总数据(详见表1-2至1-5)。

表1-2 王泾村2006年村委第一次选举结果报告汇总表

序号	村名	选民登记数	参加投票数	参选率	发出选票数	收回选票数	回收率	其中有效	其中无效	备注
1	J3队	134	134	100%	134	134	100%	134	0	
2	W1、7队	154	154	100%	154	154	100%	154	0	
3	W2队	118	118	100%	118	118	100%	116	2	包括弃权票
4	W3、8队	134	134	100%	134	134	100%	132	2	包括弃权票
5	W4队	113	113	100%	113	113	100%	111	2	包括弃权票
6	W5队	74	74	100%	74	74	100%	73	1	包括弃权票
7	W6队	90	90	100%	90	90	100%	84	6	包括弃权票
8	J2队	136	136	100%	136	136	100%	128	8	包括弃权票
9	J1队	166	166	100%	166	166	100%	157	9	包括弃权票
10	J4队	74	74	100%	74	74	100%	74	0	
11	J5、8队	146	146	100%	146	146	100%	146	0	
12	J6、7队	209	209	100%	209	209	100%	202	7	包括弃权票

表1-3 王泾村主任职位选举得票汇总表(得到票的人数:17人)

单位:张

姓名	得票数	姓名	得票数	姓名	得票数
吴林×	1311	钱建×	3	徐坤×	3
宋志×	79	王伟×	2	陈杏×	5

(续表)

姓名	得票数	姓名	得票数	姓名	得票数
王雪×	19	马×	7	王伯×	1
钱国×	3	马林×	2	项永×	1
顾华×	5	马建×	1	邹之×	1
顾伯×	5	张伯×	1		

表1-4 王泾村副主任职位选举得票汇总表(得到票的人数:28人)

单位:张

姓名	得票数	姓名	得票数	姓名	得票数
吴林×	18	顾华×	5	马林×	1
宋志×	1050	顾金×	3	马国×	1
王雪×	215	张×	7	夏海×	1
王美×	8	孙建×	3	彭永×	3
杨金×	20	夏银×	20	宋金×	10
金关×	4	马×	2	王宏×	1
张林×	2	马兴×	2	张茜×	2
王×	2	马泉×	1	邵彩×	1
王宝×	1	马海×	2	项海×	1
陈杏×	11				

表1-5 王泾村委员职位选举得票汇总表(得到票的人数:41人)

单位:张

姓名	得票数	姓名	得票数	姓名	得票数	姓名	得票数
吴林×	19	姚桃×	3	马建×	4	张雪×	2
宋志×	167	马泉×	8	马林×	4	孙祥×	1
王雪×	983	马之×	1	马×	1	叶仁×	1
钱秀×	3	金关×	11	马林×	3	项永×	1
王锦×	2	平亚×	1	马海×	1	瞿雪×	1

(续表)

姓名	得票数	姓名	得票数	姓名	得票数	姓名	得票数
王建×	1	孙建×	1	褚海×	3	彭永×	1
马兴×	14	张×	11	徐坤×	32	项海×	1
沈晓×	5	杨金×	5	孙海×	1	瞿伟×	1
钱国×	5	陈杏×	37	金阿×	2		
顾华×	1	马关×	2	宋春×	5		
顾正×	2	夏银×	3	宋幸×	3		

选票比较集中,总支三位干部都以高票当选。主任吴林×,女,1960年生,大专学历,1988年开始在王村担任妇女干部,2000年在王村担任书记,并兼任村委会主任,两村合并后担任书记和村主任。2005年党总支换届选举,被选为新一届总支书记。副主任宋志×,男,1975年生,大专学历,1999年始担任泾村委会副主任,两村合并时任总支委员兼村委会副主任,2005年党总支换届选举,被选为新一届总支委员。委员王雪×,女,1960年生,大专学历,1988年始担任村委委员至今,2005年党总支换届选举,被选为新一届总支委员。镇里和村里的干部、工作人员对此次选举都十分满意。第二天,村委将选举结果在村部和各村民小组进行公布(见表1-6)。

表1-6 王泾村2006年村委会换届选举结果

主任	吴林×	1311票
副主任	宋志×	1129票
委员	王雪×	1217票

三、合法性的延续与提升

王泾村本届"两委"班子是在王村和泾村合并过程中组建起来的。在组建过程中,镇党委起了主导作用。任期内正值青浦区城市化快速推进时期,因此,换届选举过程、结果及相关人员的行为和态度,对于理解快速城市化背景下村庄权力的合法性延续与功能提升提供了经验材料。

（一）村庄权力合法性生成之体制基础

村庄治理权力内在于国家权力体系和政党权力体系之中，且处于权力体系的末梢，因此必然依赖于党和国家的明确制度主张或隐性政策许可。党和国家的有关法律、法规及指导性文件，连同与村庄联系紧密的上级组织意图，共同构成了村庄治理权力合法性的威权系统和体制基础。

1. 治理制度设计。王泾村的本届总支班子，是在2002年配套改革并村过程中组建起来。鉴于是两村合并，镇党委本着统一效能的原则，对村班子的配备发挥了主导作用，不仅规定了村干部的职数，而且实行了书记和村主任"一肩挑"，村"两委"班子也多是交叉任职。这种方法最大的好处在于，有效克服了《村民委员会组织法》和《中国共产党农村基层组织工作条例》可能导致的矛盾。比如，《村民委员会组织法》第二条规定："村民委员会是村民自我管理、自我教育、自我服务的基层群众自治组织，实行民主选举、民主决策、民主管理、民主监督。村民委员会办理本村的公共事务和公益事业，调解纠纷，协助维护治安，向人民政府反映村民的意见、要求和提出建议"等。《中国共产党农村基层组织工作条例》第九条第二款规定："村党支部讨论决定本村经济建设和社会发展中的重要问题，需要由村民委员会、村民会议和集体经济组织决定的事情，由村民委员会、村民会议或集体经济组织依照法律和有关规定做出决定。"实际上，因为农村事务非常繁杂，界定问题的重要与否并不容易，因而就容易在实际上导致党支部与村委会权责不分明。因此，当两村合并时，镇党委直接介入确有必要。但依然有不少人质疑，甚至一些党员，包括部分前任干部，起先拒不参加党员大会，村民之中也颇有异议。《关于进一步做好村民委员会换届选举工作的通知》明确了"四个提倡，一个注意"，即"提倡把村党支部领导班子成员按照规定程序推选为村民委员会成员候选人，通过选举兼任村民委员会成员。提倡党员通过法定程序当选村民小组长、村民代表。提倡拟推选的村党支部书记人选，先参加村委会的选举，获得群众承认以后，再推荐为党支部书记人选；如果选不上村委会主任，就不再推荐为党支部书记人选。提倡村民委员会中的党员成员通过党内选举，兼任村党支部委员成员。要注意在优秀村民委员会成员和村民小组长、村民代表中吸收发展党员，不断为农村基层党组织注入新生力量"，为村支书与村委会主任"一肩挑"进一步提供了准制度性支撑。正是基于《关于进一步做好村民委员会换届选举工作的通知》精神，区镇组织部门出台了操作性政策规定。

2. 上级组织行为。此前,村委会选举是在镇党委的组织下实行候选人差额选举法,候选人也是通过镇、村两级多方面斟酌产生的,那些能贯彻组织意图、熟悉村务管理、有较好群众基础的人总是被优先考虑,但最终决定权仍在群众手中。乡镇领导下的村民自治面临一个尴尬的组织处境。因为区县党委和政府对乡镇干部实行的是自上而下的任免体制,一般都通过行政命令方式向乡镇下达目标、计划或任务,并把执行力度和完成情况作为衡量乡镇领导"工作实绩"的主要指标和干部升降去留的重要依据。因此乡镇领导的理性选择首先是对上级负责。但如果按照《村民委员会组织法》规定的"指导或协商"方式,乡镇很难支配作为村民自治组织的村委会,从而就可能无法完成上级下达的行政指标。因此,乡镇不管如何宣传甚至真心呵护民主,但依然会想方设法加强对村委会的控制和影响。在村民自治的语境下,既要保证村民委员会权力获得村民的合法性认同,又要使被当选者感到组织的力挺,正是借助组织权威和有效指导,方能获得成功的结果,从而收获被选者的忠诚。在整个选举的过程中,镇党委都给予了高度的关注。党员大会上,在吴林×书记述职之后,镇人大副主席陆月×对本届班子给予了非常积极的评价,导向作用是极其鲜明的。在会后交谈中,有关人员都说到同样一句话,那就是"王泾村我们并不担心"。言外之意是,这里干部工作做得好,一定会有很高的支持率。但是,如果工作做得不好,党员和群众不拥护,就以民意、按程序换人,又有什么好担心的呢?担心就是怕出现变数,出现意外。从政治上讲,因为这届以"一肩挑"为特点的领导班子,是在镇领导的主导下配备的,如果拥护率不高,当然会影响到镇党委的威望。同时,这次选举结果还关系到"一肩挑"是否能够在本村继续沿用。一旦再退回到党支部和村委会对峙的情况,将会产生更加复杂的矛盾。从经济角度讲,如果本届班子成员落选,根据镇里惯例,会为他们寻找一份过得去的工作,这也加大了善后工作的难度;再加上镇里与新上任的干部打交道需要一个熟悉过程,究竟能够做得怎么样还未可知,这些都是潜在的成本。因此,镇干部表示,换届选举既要发扬民主,又要保证选举成功。由于本区某镇在试点选举中出现了选票分散不过半数的情况,镇里的干部不断督促村选举委员会工作要做得扎实细致。

与支部换届选举相比,现任村干部在这次村委会换届选举中的心态略显轻松。从物质利益上考虑,因为已经入选村党总支,入选村委会也是兼任,如果真正选不上,为难的主要是镇里而不是自己。当然,话又说回来,虽然不影响报酬待遇,但如果未被选上,在村民面前还是丢了面子,在镇领导那里也降了身价,而且一旦有群众广泛支持的新手出现,未来的权力格局就可能发生改变,自己的政治命运也可能产生不利的变化。可以想象,如果几位原任村干部的群众基础不是很好,即使没出现能够威胁自己地位的潜在对手,他们还是会心存焦虑。有些人虽然对自己当选有较大信心,但还是有不同程度的担忧,怕有些老百姓对于选举投票不负责,胡乱瞎选。如果这样的现象多,就会分散选票,很可能导致应该能选上的人过不了半数。甚至有个别干部提出,村干部应该由上级任命,不应该放任老百姓自由投票。他们的理由是:村干部所做的工作,很多老百姓是不知道、不理解的,除了村里的事务以外,还有大量镇里下达的任务指标,要完成这些任务指标需要有一定素质,如果上级任命的话,可能会从这些任务指标出发进行综合考量,比村民考虑得更周全,任命的干部肯定会比村民随意选的要能干一些。

(二) 村庄权力合法性生成之优位品性

1. 村庄精英情态。通过对党员状况的分析,我们很容易得出这样的结论:在王泾村范围内,从年龄、学历、能力、公心以及个人意愿方面来看,能够成为具有实质意义候选人的屈指可数。因此,只要在本届领导班子的治理下经济能够得到一定的发展,老百姓的生活能得到合乎期望的改善,只要他们没有做出让老百姓过分伤心失望的事,只要领导班子内部职数基本满足当前的权力分配,只要镇党委没有因为某种原因强行推举新人,选举的结果就基本在意料之中。但是,对问题的思考不能仅停留在当下的选举活动上,而是要深入党内职务的选举权和被选举权的获取中,也就是村庄精英进入党组织的渠道中。王泾村的主要姓氏有张、王、宋、姚、顾、李、金、项、钱、叶等。不论是原来王村的王姓,还是原来泾村的叶姓,都没有一姓独大的情况。虽然从总体上看,干部与大姓有关,但干部的姓氏并不集中。在多姓格局中,宗姓势力的影响即使存在,也是隐蔽的。因为在选举时,宗姓的势力相互作用,其影响可以相互抵消;同时,在宗姓矛盾没有激化的情况下,拉票行为彼此都会有所收敛。王泾村虽然也有一些信仰宗教的群众,但他们没有形成严格的组织,在没有遇到共同的外在压力情况下,相互的凝聚也很有限,多数信众没有角逐村级权力的欲望,也不认为有挑战现有权威的条件。在宗族和宗教二者组织化水平都很低、其他较大的利益群体又未能形成的条件下,党组织仍然是基层绝对的权力中枢。在这样的村庄,青年才俊能否被吸引到组织里来,是一个更具实质意义的问题。只有党组织在吸纳村庄精英的环节足够畅通,党外的村庄精英减至最少,党政合一才能得到群众认同;同时,只有党组织在吸纳村庄精英的环节足够畅通,党内选举才真正具有竞争性,也才能调动广大党员的选举热情,并且给现任干部带来实质性的压力。在这种情况下,办事能力高低、作风是否民主、处事是否公道、关怀群众的程度等,将成为人们选择干部的主要依据。

2. 既往治理效能。获得了管理权力,既是获得施展才能的机会,也是接受真实的综合考验。能否取得群众希望的管理效能,就成为合法性能否延续的核心考卷。以书记为核心的村级领导通过发展、公平、关怀进一步扩大和巩固了群众合法性认同,靠响当当的政绩赢得了村民的普遍信任。原来的王村和泾村都是镇里最贫困村之一。合并以后,以书记为首的村"两委"班子在发展本村经济中做出了很大贡献。他们多次研究,群策群力开拓发展之路。一是大力招商引资,招商引税;二是盘活村里的集体资产存量,把3000平方米厂房租赁好;三是新建4000平方米厂房(其中1000平方米已经出租,3000平方米正在建造)。至2005年底,全村共招商户数110户,其中商贸型企业90户,实体型企业20户;全年可完成税收720万元,其中570万元是商贸企业产出的。村可支配收入达到110万元。经过几年的艰苦创业,村庄经济不断发展,逐步还清各类债务,经济实力跃居全镇中上水平,村容村貌不断改善,社会事业也有显著进步。

处事公平也是管理权力合法性的重要来源。"贫困户"的确定、修路的先后顺序都使人们看到了村"两委"班子的公平之心,在村级财政分配、"初保"和镇保等复杂问题上能做到公开、公平、公正,更会使广大村民心悦诚服。同时,随着经济的发展,村里加大了对困难群众的扶持力度。村"两委"班子每年都对全村病、残及遭遇天灾人祸的困难家庭进行排摸,与他们相互结对,落实到党员干部的工作中,做到经常性地上门走访,每两个月集中一次,反映情况并专题研究帮困措施,这已成为党支部的制度化工作。① 此次原班人马高票当选,说明只要

---

① 村民金林×是全村典型的困难户,小儿痴呆,老夫妻又丧失了劳动能力,一家三口挤在破烂不堪的小平房内。村党支部多次走访慰问,还多次到区、镇民政部门反映情况。2005年7月,区民政局拨款为金林×建造了新房。村民郭富×吸毒兼因斗殴,劳教一年,给家人生活蒙上了阴影。书记吴林×多次写信鼓励他重新做人,并安排村干部多次上门访问,帮助他的家人渡过难关。村民张泉×(转下页)

真正做到民主、千方百计促进发展、公平处理利益关系、真心关怀群众疾苦，就一定能够获得群众的支持。

（三）村庄权力合法性生成之社群适应

合法性认同还依赖于权力分配结构与社会群落结构的适应程度。白鹤镇地区曾经是一个繁华的集镇，后来逐渐衰落，加上这里位于和江苏的交界处，人口流动很大。一方面，一些名门望族随县治移至青浦镇而迁移，另一方面，一些外省区的人陆续来此地谋生落户。因此，有些虽是同姓，但并不同宗。而且即使同宗，相互提供的社会支持也很有限，尤其是三代以后，凝聚力渐弱。特别是自20世纪70年代末改革开放以来，伴随着农村经济体制改革和乡镇企业发展，东部地区的农村也加快了现代化进程。人口流动的频率变高，范围进一步扩大，异地谋生的可能性增多，非农产业的就业率上升，非农收入现已成为多数家庭的主要经济来源。除了少数人开办企业、经营商店以外，绝大多数青壮年被分解到不同的企业工作，迅速城市化的上海郊区已不再是封闭的传统乡土社会，原有的社会关系网络变得多元化、理性化。虽然传统的人际关系，诸如家庭和亲缘网络，仍然发挥着重要的社会支持功能，但是严格意义上的宗族观念基本上已被打破，宗族的凝聚力受到很大削弱，其影响力远远低于那些静态和封闭的村落。姻亲和拟似家族关系改变了原有社会交往的核心关系；利益成为决定人际亲疏的重要维度。王泾村的情况比较典型地反映了快速工业化对农村社会关系以及村民意识的影响。即使是年纪很大的人，宗族观念也并不是很强烈，甚至60岁以上的老农民，对于宗族、宗祠、宗谱也不感兴趣，甚至相当陌生。宗族式微为人们的理性选择创造了条件。

（四）村庄权力合法性生成之利益动机

1. 合法性认同与治理成本考量。这次选举结果表明，三年下来，党员群众

（接上页）车祸身亡，村领导立即前往慰问，帮扶他上高中的儿子张君×完成学业，之后每年都要去张君×家看望。村委委员闵炳×就是在张君×考上大学后送慰问金的路上遭遇车祸不幸身亡的。当张建×的女儿张雪×接到天津商业大学的录取通知书时，遇上母亲罹患白血病，一次要用7万多元，村领导集体走访张家，说："村里考上了一位女状元，这是我们全村的光荣，有困难我们大家共同商量解决，孩子的前途不能耽搁。"村里为她凑足了学费，保证她能如期入学。在村里走访，随时都能听到这样的感人故事，很多村民对现任干部心存感激。

基本认可了"一肩挑"这种形式。他们感到,无论是效率方面还是成本方面,"一肩挑"这种形式都具有明显的好处。干部职数的减少,既减少了群众的负担,也使干部待遇有所提高,增强了他们工作的责任心。同时,主持一个行政村的常务工作,本来就不需要太多的人员,精简统一符合农村工作的特点。城市化过程更是需要基层大力配合,所谓"上面千条线,下面一根针",村里的经济建设、发展规划、社会治安、精神文明、社区卫生、计划生育等,都是需要与上级政府整体工作相协调的。"一肩挑"也排除了"一山二虎"造成的摩擦,使整个班子能更好地协调一致,共谋发展,获得更高的办事效率。

2. 合法性认同与村民权利保障。"一肩挑"面临的另一个问题是村民民主权利的保障问题。解决这个问题的关键是谁来挑、怎样挑,才能获得最大程度的党内认同和社会认同。王泾村正是在巩固"一肩挑"的过程中,不断扩大党内民主,不断深化村民民主,体现了党的领导、依法治村和村民当家作主的统一。村"两委"争权的制度根源在于《村民委员会组织法》没有界定清楚村委会与党支部的权力关系,其社会心理却是基于村里只能一人说了算的传统。村民民主要取得实质性进展,必须沿着超越和克服这个缺陷的思路进行体制创新。因为只要是一人说了算,不管是村支书说了算,还是村委会主任说了算,都有悖于村民自治的初衷。村级治理的真正目的是发扬民主。民政部基层政权和社区建设司农村处处长詹成付曾指出问题的要害:"在村民组织中,如果村民会议这种经常性民主建设不被重视,那么不管是支部书记说了算,还是村委说了算,都不是真正意义上的村民自治,也不是真正意义上的民主,最终还是会落入少数人甚至一个人说了算的老套子。"[①]其实,很多地方党支部书记和村委会主任相互争夺的权力并不是属于对方的权力,而是本应属于村民的权力。只有把重大事务的决定权交给村民,才能消除彼此争夺权力的欲望。王泾村实行重大事情集体决定制度、党内情况通报制度、在职干部年终述职制度。每当岁末年初,由党员大会制订下一年度的发展建议,然后召开村民小组长和村民代表会议决定。他们比较好地尊重了村民会议和村民代表会议对村中重大事项的最终决断权,如人事选举和罢免权、财务控制权、村委监督权等,集体讨论决定本村发展规划、年度计划和重大村务内容,保证了议事的民主性、办事的公开性、监督的群众性、决策的权威性(见材料1-5)。

[①] 周士鑫:《"村官"为何要辞职》,《人民日报》2001年3月21日。

> **材料 1-5　王泾村的"三堂会审"**[①]
>
> 王泾村曾是全镇最穷的村,两年前集体经济负债 200 万元,一度村务决策不民主,村干部一言堂、家长制的作风,使"穷村"的干群关系雪上加霜。现在实行了村务事项的"三堂"会审程序:村民代表会议、党员代表会议和村两委联席会议。村经济实力有限,村里修筑水泥路要分步实施,经"三堂"会审决定,村民住户多的路段先修,村干部家门口的路后修。这一先一后事情很小,但村民觉得干部没有私心,在群众中反而长了威信。村里补助"贫困户"也要到村民小组征求意见,必须获得 70% 以上农户投票同意才算数。议事决策民主化对干部群众都产生积极的效果,村干部强化了"权是村民给的,钱是集体的"观念,现在村里小到买什么茶叶、大到上什么饭馆招待客人,村民都有知情监督权;而村民们看到村里办事能放在桌面上,村里事自己知道多了,怪话就少了,理解支持多了。

(五) 基层权力合法性生成之操作优化

从总体情况看,这次选举成功达到了现职村委和镇里的预期;党员和群众对此次实行的"两推一选"基本上表示肯定。但是从选举过程观察以及选举后的采访中,我们还是发现了一些值得注意的操作问题。

1. 选举程序过于复杂。有些群众反映,"两推一选"太复杂,也许一次选举效果更好。理由有三:一是村民分散在各地打工,聚在一起不容易。虽然参加选举有 10 元误工补贴,但各人工作性质不一样,时间价值也不相等,因此 10 元钱对于很多人来说并没有吸引力。二是夜长梦多,推举结果出来以后,那些有一点希望当选的人,可能会不择手段地拉票。虽然未必能实质性地影响选举的最终结果,但是拉票这种做法本身就会败坏党的形象。三是反复推选,必然增加开支,仅误工补贴一项,也会成倍地增加。[②] 因此,相当多的村民和不少党员都认为,最好进行一次选举。

2. 选举权利部分流失。由于目前还没有一部村民选举法,选举的具体操

[①]《上海郊区青浦区:民主村治"三字经"》,http://www.sina.com.cn,2004 年 10 月 20 日。
[②] 这次选举用去经费 2.8 万元。其中,会议伙食费为 2000 元,其余包括选民投票补贴在内为 2.6 万元。

作过程难免产生一些机会主义行为,在一定程度上侵蚀了村民的民主权利。选举前未将符合被选资格的党员一一列出。这样造成至少四个方面的问题:一是彼此了解有限,选举过程中,竟有将非本支部的人员写上的;二是对于新人来说显得有失公平,因为在职干部大家都比较熟悉,但不在职的人员缺乏与大家熟悉的机会;三是党员自己写被选人的名字,匿名性较差,造成心理压力;四是书写水平有限,容易造成差错。

  3. 选举细节略显粗糙。一是宣传工作。村换届选举委员会对换届选举确实做了大量的宣传工作,如召开动员大会、支部会议、拉横幅、贴标语、上墙公布换届选举委员会成员名单和新一届村委会成员任职条件及职数等。因此全体党员、村民小组长、在村部工作的人员以及他们的家属、在家务农的村民,一般对选举工作都有基本了解。但是一些外出务工者、不常住村里的村民,对选举事项不太了解。在这方面缺乏更加细致的宣传活动,或者更具针对性的宣传形式。二是投票过程。首先是代写问题。在选举过程中每个投票点都设了代写处,代写员都由镇下派的工作人员担任,虽然有相当部分选民由于文化或年龄关系需要代写,但是很少有人愿意叫代写员代写,都是请自己所信任的人来书写,使代写处的设置流于形式。因为他们认为选谁是比较私人的事,交由不认识的人来书写,心理上还不习惯,尤其还是镇里派来的,可能与现任干部有某种关系,因此心存疑虑。而且,代写员本人对村里人员情况不熟悉,对选民要求代写的被选举人姓名有些听不懂,也有些不知道如何正确书写,只写了音似的名字,给统计工作带来了困难。其次是委托投票。在选举规定中,选民可以委托投票,但必须有书面的委托书,而且每人代投票数不超过2张。在整个选举过程中,委托投票数为152张,具体操作上代投票的选民多数不出示委托书,而且也普遍存在委托投票超过2张的情形,代投票的选民认为这种做法是理所当然的,因为委托人都是认识的或是自家人,工作人员一般也默认这种行为。再次是投票暗示。在选举前,工作人员对投票点进行了精心布置,并且在选举现场贴上了此次选举委员会的名单。在实际选举过程中,对于该选谁还在犹豫的选民,有些工作人员干脆引导选民参考选举委员会的名单,甚至明确提示他们应按照上面的顺序选前三位。这种刻意的引导在某种程度上侵犯了选民的选举自由,影响了公平竞争的选举原则。三是关于计票。这次选举的统计工作在村部主会场,但是主会场多数是工作人员和镇、村干部。一般选民并不知道如何统计,统计过程是否合理公正,似乎投了票就完成了选举。第二天公布选举结果,有些选民就表示怀疑:谁知道他们怎么统计,如果某某没选上,他们写上去,我们也不知道啊！也许这并不是多数人的想法,但确实反映了在公开计票方面不到位。另外,在海选计票方式中采用"票数下加"办法,虽然可能比较符合部分农民的自发感情,但作为对同一职务的竞争,就应该只能以这种职务的实际所得票数来计算,票数下加的办法违反了一人一票的选举权平等原则;而且可能为以后的选举带来不良的示范,即把自己想选的人放到最高位,反正落下来还会计算的。再退一步说,即使实行这种办法,也要事先让所有选民知晓。

对于上述选举瑕疵,即使是当选者也不避讳,认为这些是无关结果的枝节问题。当然,在主要领导和班子成员合法性充足、班子成员及其所依靠的群众高度认同现有权力分配、没有新的村庄精英强势介入的情况下,这些或许只是伴随着少数人的抱怨和大多数人的沉默而慢慢成为云烟。但是,如果被选人特别是主要干部本身的合法性比较脆弱,或者班子成员及其所依靠的群众不愿接受既得权力角色,或者产生了新的村庄精英并且具有高强度的选举介入意愿,一些看似微不足道的瑕疵都可能点燃大范围的社会质疑甚至高强度的抗议行动,从而引发重大的治理风波和持久的心理芥蒂。

(六) 村庄权力合法性生成之生力养护

全面观察村庄治理权力的可持续性问题,不仅要关注这种权力是否能得到合法性延续,同时也要看到这种权力能力是否能得到功能性的提升。"矮子里面拔将军"固然可以达到表面的和谐,但会使村庄在时代变化中整体降低反应能力;"苦乐不均"的班子结构,也难以形成同心同德的担当集体。因此在变迁过程中,提升农村治理能力,必须高度重视以下 3 个结构性问题并设法加以解决。

1. 治理精英结构优化:后劲与后生。目前被推选为村干部的人员,都算得上是村庄精英。精英总数少,竞争烈度不大,还更有利于组织意图的贯彻和村庄的政治平静,这似乎是一件好事。但放到更大的范围,或者更长的时间段来看,可能就会有深深的隐忧。全区村主要干部总体存在学历偏低、年龄偏大、队伍整体活力不足、优秀后备力量缺乏等问题。一方面是由于城镇化的快速推进,农村出现"空心化"现象,青壮年大量涌进城区就业和居住,老宅上居住的户籍村民大部分是中老年人,客观上造成村干部选拔的对象范围有限;另一方面是基层党委在村党组织书记选配上还是比较注重平稳,视野不够开阔,基本上局限在现任村"两委"班子成员,优秀村党组织书记后备力量显得不足。自认为"稳坐钓鱼台"容易造成傲慢的心态和封闭的心胸,也容易失去艰苦奋斗的精神和谦虚谨慎的精神。

要保持农村党员的"四化",即革命化(政治素质好,与党中央保持一致)、年轻化(中青年,身体健康)、知识化(能读书、看报,具有基本的科学文化)、专业化(善于经营管理,具有专业技能),关键的变量在于与时俱进的开放性。只要保证党组织的大门向一切合格者敞开、上级党组织对精英群体有足够的吸引力、党内精英晋升通道的基本畅通、上级党组织能给予经常性政策指导和科学的制度联结,党在农村的领导地位就会得到有效维护。要保证青年党员不仅具有相对于老年党员的优势,而且具有相对于广大社会舞台上青年群众的优势,就必须使更多的优秀青年愿意并且能够进入党的队伍。必须尽快有计划地开展干部人才的引入或植入行动,吸引村庄人才回流或者选派大学生到农村锻炼,用不低于一般城镇就业的待遇和比较明晰的职业规划,鼓励他们安心农村管理工作,为村干部队伍储备更多高素质人才。

2. 利益分配结构优化:公用与公平。目前,村干部工资收入一部分由政府拨款,另一部分来自村集体可支配收入,包括职务性工资、奖金和业绩奖励两部分,享受养老保险与医疗保险待遇,保险缴费20%由个人出资,80%由村集体出资。尽管人们对原有村干部的业绩表示肯定,但人们还是普遍认为村干部的报酬太高了。他们也承认本届书记(兼主任)和其他干部干得不错,但是他们的报酬高出普通工人四五倍,就显得不够合理。村干部中正职与副职的报酬差异也很大,书记(兼主任)的收入比他们高出一倍左右。另外,村干部报酬一项在村务总支出中所占的比重也偏高。在2005年的总支出里,村干部的报酬,加上他们的养老金,已达53万元,占总支出的一半以上。相应的用于改善公共设施的资金就显得有些捉襟见肘(见材料1-6)。王泾村书记吴林×自己也认为,目前这种报酬方式不利于凝聚人心。如果能在促进发展的同时改革报酬方案,大家的心就会更齐。当然,这需要上级部门研究,因为决定权不在村里。

材料1-6　2005年王泾村支出情况[①]

2005年,村全年支出为100万元。其中,村干部、条线干部等参加村

[①] 资料来源:由王泾村村民委员会提供。

分配人员约 45 人,共计报酬约为 48 万元,具体报酬分配方案有待上级批复;用于卫生费用约 20 万元;日常业务活动费用约 10 万元;村干部、条线干部养老金约 5 万元;各类补助,包括农村"初保"等各项开支约 15 万元。

3. 权力分配结构优化:主事与共事。具体包括三个方面:一是班子成员的内在权力分配。村党总支书记兼村委会主任并不是大权独揽者,而是重要会议的召集者、重大信息的发布者、重大问题的思想者,以及日常党务和村务工作的管理者。即使实行"一肩挑",也必须保证其他干部的意见分量,并不得超越权限压制或代替其他干部的职权。二是主要群落的代表性。不管这个群落是基于血缘形成的,还是基于传统地缘形成的。尤其是要尊重村庄合并前原有村组的群落意识。要像当年毛泽东对待"山头"问题一样,"承认山头,照顾山头,这样才能缩小山头,消灭山头"。这是历史的辩证法,也可以化为当今的治理智慧。因此,在一定时期内,最好用制度化的形式来保证各村组都有相应数量和层级的代表,而不能简单地适用"少数服从多数"原则,以免"少数"的利益和意见被忽视或淹没。三是现职干部与民众的权力对话。每位村民手中握着实实在在的一票。大部分村民认为选举是件严肃的大事,应该选出优秀的人,才能把村治理好,也期望着通过自己神圣的一票,选出自己满意和信任的干部。尤其是一些老党员老干部,不仅自己认真对待选举,还在村民中积极宣传,对于选举中不考虑被选人的能力和作风而随意投票的行为非常不满。他们总是早早来到会场,按照规定填写自己的选票。有位老党员说:"我们虽然老了,识字也不多,但是我们只要选出能够促进村里发展、办事公道的人,也就发挥了自己的作用。"这可能代表了很大一部分老党员的心态。如果他们认为自己是无足轻重的,就不可能表现出这么大的热情。因此,是否善待这些老党员也是能否得到合法性认同的重要因素。我们也看到,有一部分人对选举抱着无所谓的心态,认为谁来做干部都差不多,只要拿到投票补贴就可以了,他们投票时的随意性较大。尤其值得注意的是,对选举抱消极态度的还包括一些年轻人。对于这些人,选举暗示起着相当大的影响。而年龄较大的人可能考虑到家庭因素、个人恩怨和面子。也有少数年轻人明确表达了参选的意愿,说:这不仅是因为村干部的报酬可观,而且自信能更好地带领村庄发展、更公道地处理各种关系。因此,不管是从发现和培养年轻人的动机出发,还是从巩固党组织自身在村庄治理中的权力地位考虑,稳固地建立与年轻人的经常性联系,让他们多参与村庄建设与管理事务,认同村庄发展理念和治理方式,让他们的热情和才能回流村庄,显然是越来越重要了。

第二章 城市化背景下村干部报酬管理研究[①]

切实加强村干部的报酬管理,构建公平合理的考核管理体系,对于夯实农村基层政权、推动科学发展、促进农村和谐稳定具有重要意义。2012年2—7月,课题组对青浦区村干部报酬管理问题展开了调研,通过查阅涉农部门和代表街镇的相关资料、问卷调查、开座谈会和入户访谈等,考察村干部报酬管理的探索历程,比较不同地区、不同人群对村干部报酬管理的政策评价,分析村干部报酬与其管理职责的匹配性、与村级集体收入的协调性、与村民收入的公平性、与相关法律的相容性,对村干部报酬管理的完善空间和总体路径提出了建议。

一、村干部报酬管理的政策沿革

青浦自1999年撤县建区后步入快速城市化发展阶段。工业化、城镇化和外来人口的大量注入,改变了原来村级公共事务的范围,拓展了村级基层组织管理的边界,大量的公共服务被委派到村级社区,纷繁的协调事务需要基层组织去面对,客观上对村干部提出了全新的职业要求,社会也开始重新审视村级组织的职能定位和村干部的管理职责,村干部报酬管理的规范化和科学化成为各级党委和政府持续关注的课题。

2001年6月,青浦开始第一轮村级组织配套改革。主要内容是降低村级组织管理成本,保障村干部基本报酬。这次改革虽然也考虑到了已经开始的城市化进程,但总体上还是立足于缓慢发展的农村状态。随着2003年《加快推进青浦城市化进程三年行动纲要》的实施,出现了一系列新的问题,特别是如何调

---

① 本章是在上海市委委托课题——"关于完善村干部报酬管理机制"基础上写成的,课题组成员包括黄齐红、莘小龙、鲁家峰、沈迅、应豫、李继力、倪敏芳等。鲁家峰负责项目设计并担任总执笔人。

动村级组织发展经济、配合社会管理的积极性,成为地方政府关注的议题。2005年,青浦区出台了《关于进一步加强和完善村干部报酬考核管理的试行意见》,其指导原则有四个方面:一是效益决定分配;二是公开透明和加强监督;三是物质激励和提倡奉献相结合;四是村干部报酬增长和农民收入提高相协调。这一办法对于促进村干部开动脑筋,千方百计发展村级集体经济具有很强的刺激作用。但由于基点过低且过分偏重经济发展,客观上拉大了发达地区和不发达地区村干部的报酬差距,淡化了村级组织的公共事务管理职能。

2006年,根据上海建设社会主义新郊区新农村的总体要求,上海市委组织部、上海市监察委员会、上海市农业委员会、上海市民政局联合出台了《关于加强郊区村主要干部工作报酬考核管理的意见》(以下简称《意见》)。《意见》指出:确定村主要干部报酬,一要根据村级耕地、人口规模、经济发展实际状况;二要考虑村级管理事务的实际工作量;三要与本村农民人均收入增长相适应。[①]《意见》要求:把村主要干部工作报酬考核管理作为农村基层民主制度建设的重要内容,进一步完善村务公开制度。[②] 这一文件对于村干部报酬管理的科学化、民主化和规范化都提出了很高的要求。但是,由于没有明确监管主体和违规处罚措施,加上强大的经济利益诱导,在具体操作中《意见》精神没有得到很好的贯彻执行。

针对村级组织经济发展遭遇瓶颈、村干部重经济轻民生及社区管理服务、民主管理质量不高等问题,2008年,青浦区委、区政府制订了《关于进一步深化村级组织综合配套改革的试行意见》,区新农村建设领导小组办公室随后出台了《关于进一步完善和规范村干部绩效考核与报酬管理的指导意见》(以下简称《指导意见》)。《指导意见》设置了村干部岗位职责的四类考核指标,其中社区管理占40%,公共服务占20%,党建、精神文明建设占20%,村民评价占20%。对指标的前三类,由各镇(街道)结合上级部门工作要求和自身实际,细化考核指标和分值,制订相应的考核细则和操作办法。实际操作中出现以下问题:一是标准的执行问题。按照文件规定,支部书记的岗位补贴和绩效奖励最多一年

[①] 《意见》规定,村主要干部年基本报酬原则上为本村劳力平均年收入的2倍左右,最高不得超过3倍;工作业绩奖励按年初确定目标的实施情况进行考核兑现,原则上不超过本村劳力平均年收入的5倍。

[②] 乡镇党委和政府拟定的村主要干部工作报酬方案应当认真听取村民意见,经村民代表会议讨论通过后实施;兼任村办集体企业负责人的,其从集体企业获得的报酬标准由乡镇人民政府提出方案,经村民代表会议讨论实施,并纳入考核管理中。凡列入村集体收入支出的报酬或补贴,必须经村民代表会议讨论通过,按照集体财务规范管理程序执行,年终考核兑现的情况必须通过村务公开方式予以公示,接受村民的监督。

可以获得15万元。但由于准许开列特殊奖励一项,有些村支书的报酬高于15万元,个别的甚至达到30万元以上。二是考核项目比重问题。按规定村民评价应占权重的20%,但有些镇把村民评价降到10%。三是报批制度的落实问题。

二、村干部报酬管理的现实状况

(一) 村"两委"干部的报酬分布

2011年,全区191个村(居)"两委"干部人数折合945.27人,平均每村4.95人;"两委"干部人均报酬7.95万元,比上年增加4900元,增幅为6.57%,增幅比上年回落1.4个百分点。支部书记人均报酬11.05万元,比上年增加4300元,增幅4.05%,增幅比上年回落1.2个百分点。统计显示,书记以外的"两委"干部人均报酬是书记平均报酬的64.80%,全区村"两委"干部报酬是农村劳动力所得的3.77倍,书记报酬是农村劳力平均报酬水平的5.23倍。

(二) 村"两委"干部的报酬来源

1. 村(居)集体经济组织年度收支结算情况。2011年度,全区191个村(居)总收入(包括投资收益)为7.23亿元,平均每村378.31万元,比结算基数6.48亿元增加0.75亿元,增幅11.6%。含"两委"干部报酬可分配净收入为1.16亿元,比结算基数减少2324万元,减幅为16.7%;2011年"两委"干部报酬占可分配净收入比例的64.6%,与上年同比增加16个百分点。全区191个村(居)2011年度收支结余4085万元,平均每村21万元,比结算基数减少2856万元,减少41.1%。

2. "经济效益决定分配"的原则难以遵循。其一,2011年度结算总收入(包括投资收益)虽比基数增加了7500万元,但支出增长更快,总支出比上年增加1亿多,主要包括:人员报酬增加1000多万元,其他管理费用增加2000多万元,设施建设和公共福利等支出增加7000多万元。其二,各街镇在村干部考核中,强化了社区管理和公共服务方面履职内容,对村干部报酬的确定,领导主观因素影响大。其三,村干部报酬所需资金的来源仍然没有统一。有5个街镇村干部绩效奖励资金由村里支出。

(三) 村"两委"干部的报酬结构

1. 村干部报酬考核的指标体系。在实施过程中,各镇设计了自己的考核指标体系。青东华新镇的考核指标体系(见表2-1)。青西练塘镇村"两委"干部收入主要由岗位补贴与绩效奖励(绩效奖励包括综合考核奖、招商奖、前三名奖)组成,以村支书收入为标准,其他村"两委"干部收入均乘以相应的百分比。

表2-1 华新镇的考核指标体系
(根据该镇2011年度各村干部工作目标、绩效考核汇总表绘制)

一、经济发展目标(30分)					
工业产值(2分)	税收(17分)	村可支配收入(2分)	村净收入(4分)	招商引资(5分)	加分:当年纳税20万元以上的
二、党建、精神文明建设(22分)					
三、社会稳定工作(15分)					
社会综治管理、来沪人员管理(3分)		信访工作管理(6分)	司法调解工作(3分)		劳资纠纷调解工作(3分)
四、环境卫生整治(17分)					
五、社区管理与公共服务(10分)					
遏制违法用地、违法建筑、违规建房管理工作(4分)			安全生产管理工作(4分)		食品安全管理工作(2分)
六、村民综合评价(6分)					

得分总计(100分),有加分因素累加。

2. 村干部报酬的内部差异。对村干部报酬内部差异的考察,包括同一地区不同职务的报酬结构和差异程度,也包括不同地区相同职务的报酬差异水平。

先看同村不同职务的村干部报酬差异情况。我们以华新镇B村和练塘镇×村的报酬结算表(见表2-2、表2-3)为例略作分析。华新镇B村以书记为基数,村主任、副主任、支委委员和村委委员分别是书记报酬的65%、45%、40%和36%,不仅主要干部之间有很大差距,一般干部之间也有一定幅度的差距。练塘镇×村以书记为基数,村主任、两委委员(兼)、支委委员和村委委员分别是书记报酬的80%、40%、40%和40%,主要干部之间差距较小,一般干部之间没有差异。

再看不同地区的同一职务报酬差异情况。对比一下华新镇和练塘镇2011年度村党支部书记报酬考核计算情况(见表2-4、表2-5)。

表2-2 华新镇B村两委干部报酬结算表（部分）

单位	姓名	职务	在岗月数	岗位补贴标准	应得岗位补贴	绩效奖金标准	考核得分	应得奖金	税收过半奖	特定目标奖	政策调控	其他因素	奖金合计	报酬总计（万元）	与书记比（%）
B村	甲	书记	12	4.00	4.00	10	80.01	8.00	1.80	10.00		1.00	12.80	24.80	
	乙	主任	12	2.60	2.60			5.20					8.32	16.12	65
	丙	副主任	12	1.80	1.80			3.60					5.76	11.16	45
	丁	支委委员	12	1.60	1.60			3.20					5.12	9.92	40
	戊	村委委员	12	1.44	1.44			2.88					4.61	8.93	36
	小计	5人	144	11.44	11.44			22.88					36.61	79.93	

表2-3 华新镇X村两委干部报酬结算表(部分)

单位	姓名	职务	在岗月数	系数	全年报酬(元) 合计	全年报酬(元) 财政支出	全年报酬(元) 绩效报酬	扣除 财政支出	扣除 其他	重点工作奖(元) 系数	重点工作奖(元) 金额	提取1万元进行考评分配	兑现金额(元)
合计					296 646	124 500	172 146	94 500			57 384	30 000	229 530
	甲	书记	12	100	71 481	30 000	41 481			100	19 128		90 609
	乙	主任	12	90	64 333	27 000	37 333	2 700		80	15 302		52 635
X村	丙	"两委"委员(兼)	12	75	53 611	22 500	31 111	22 500		40	7 651	10 000	28 762
	丁	支委委员	12	75	53 611	22 500	31 111	22 500		40	7 651	10 000	28 762
	戊	村委委员	12	75	53 611	22 500	31 111	22 500		40	7 651	10 000	28 762

表2-4 华新镇2011年度村党支部书记报酬考核结算表 （单位：万元）

村名\内容	2011年实际报酬结算	2011年比2010年增减金额
徐村	27.75	0.95
周村	19.44	0.00
朱村	26.41	1.62
华村	23.92	5.66
陆村	24.08	2.18
凌村	29.29	4.73
淮村	28.15	2.11
马村	28.19	1.39
秀村	23.88	2.02
新村	22.50	-3.24
火村	26.08	7.31
嵩村	27.72	0.92
北村	25.14	7.14
木村	24.34	2.29
南村	27.38	5.78
中村	26.55	0.76
坚村	25.29	2.02
白村	24.80	3.68
杨村	21.00	-2.23
村合计	481.90	45.09

表2-5 练塘镇2011年度村党支部书记报酬考核结算表 （单位：元）

村名\内容	2011年实际报酬结算	2011年比2010年增减金额
练村	80 420	8 526
泾村	78 729	17 763

(续表)

村名＼内容	2011年实际报酬结算	2011年比2010年增减金额
北村	75 359	12 740
东村	86 173	9 264
金村	78 730	7 183
泖村	79 631	−18 760
太村	85 329	4 765
朱村	74 903	9 233
田村	78 632	8 727
叶村	74 406	14 948
联村	73 876	7 314
双村	78 401	11 335
淇村	83 247	11 224
泾村	84 124	14 893
长村	80 164	9 857
大村	79 993	−20 146
库村	90 609	5 946
张村	85 309	9 830
徐村	74 773	13 454
南村	85 150	12 677
蒸村	74 573	16 003
庄村	77 327	8 252
夏村	88 360	8 385
芦村	76 206	14 805
星村	85 018	11 149
村合计	2 010 490	213 139

2011年，华新镇19个村村支部书记报酬总额为481.09万元，平均每人

25.36万元。2011年,练塘镇25个村村支部书记报酬总额为201.05万元,平均每人8.04万元。华新镇村支部书记的平均报酬是练塘镇村支部书记的平均报酬3倍强。

三、问卷和访谈情况汇总

课题组选取青东华新镇和青西练塘镇进行问卷调查,共发放问卷100份,回收有效问卷77份。

(一) 家庭收入来源及其满意度

1. 家庭收入主要来源。包括村主要干部在内的村"两委"委员家庭收入完全依靠村干部报酬,村条线干部家庭收入依靠村干部报酬的有5人,占总人数的29%。这说明,职位越高对干部工资报酬的依存度越高,"两委"干部都已完全职业化,条线干部也部分进入专职化行列;同时说明村主要干部的收入足以支撑家庭生活。

2. 对收入的满意度。调查对象对目前的收入状况总体持满意态度(72.5%)。不满意和非常不满意的占27.5%。按职业分类比较,不满意度从高到低依次是村民(40%)、条线干部(29.5%)、村民代表(21.0%)和"两委"委员(12.5%)。青西地区的不满意度高于青东地区的不满意度10个点以上,分别是32.5%和21.6%。

(二) 村干部岗位贡献与报酬的匹配度

1. 对村干部职数设置的看法。受访者中,有49人认为村干部职数配备比较合理,占62.3%;有18人认为村干部职数偏多,人浮于事,占23.4%;有11人认为村干部偏少,忙不过来,占14.3%。

2. 对村干部工作投入程度的评估。受访者中,有19人认为村干部没有双休日,晚上也经常有事,占24.7%;有28人认为村干部脱离了其他生产活动,占36.5%;有19人认为村干部工作投入了80%的精力,占6.5%。认为村干部投入60%精力和工作轻松的共占14.3%。但不同身份的人群,评价存在差异。有3位村代表和2位村民认为村干部工作只投入了60%的精力,有6位村民认为村干部工作轻松;而村"两委"委员和村条线干部中无人持此看法。

3. 对村干部报酬与福利的评价。受访者中,认为村干部的收入、福利待遇很高的有 5 人,占 6.5%,村"两委"委员和村民代表无人选择此项。认为村干部收入高的 27 人,占 35.1%;认为村干部收入福利待遇较高的 30 人,占 38.9%;认为村干部收入低的 15 人,占 19.5%,其中 11 人是村"两委"委员或条线干部。

(三) 对村干部报酬分配情况的知晓度

1. 对村干部收入的知晓情况。受访者中,完全知道村干部收入的有 19 人,占 24.7%;基本知道的 27 人,占 35%;知道一些的 23 人,占 29.9%;完全不清楚的 8 人(其中,村民代表 2 人、村民 6 人),占 10.4%。村务公开是对村干部收入的主要知晓途径,有 63 人选择此项,占 81.8%。

2. 对村干部工作报酬外收入的推测。当问到村干部在动拆迁、工程承包、厂房出租、土地承包等事项中是否会得到好处时,受访者中有 4 人认为肯定会得到(其中村民 2 人、村民代表和条线干部各 1 人选择此项,村"两委"委员无人选择此项),认为可能会得到的有 17 人,认为不会得到的有 31 人,表示对此不清楚的有 25 人。

(四) 对村干部与村民收入差距的认同度

1. 对差距幅度的态度。受访者中认为村干部与村民收入差距大的有 8 人,占 10.4%,其中村民代表和村民分别有 2 人和 6 人选择此项。认为差距较大的有 31 人,占 40.3%,其中村"两委"委员和条线干部分别有 3 人和 4 人选择此项,村民代表和村民共有 24 人选择此项。认为差距不大的有 37 人,占 48.1%。只有 1 名条线干部选择了没有差距。有 11 人认为,村干部与村民收入差距在 4—5 倍以上是可以接受的,占 14.3%。其中,青东样本中有 10 人持此看法,青西样本中仅有 1 人持此看法;从职业身份看,持此看法的有村"两委"委员 3 人、条线干部 4 人、村民代表 1 人、村民 1 人。有 22 人认为差距在 3—4 倍可以接受,占 28.6%。青东样本和青西样本各 11 人持此看法。有 40 人认为收入差距在 1—3 倍可以接受,占 52%(其中,青东 12 人、青西 28 人)。有 4 人认为差距在 5 倍以上可以接受,占 5.1%。总体来看,青西对象接受的差距幅度比青东要小。

2. 村级集体经济中可用于村干部报酬的限度。受访者中 32.5%的人认为提取 1%—5%是合适的;35%的人认为提取 6%—10%合适;19.5%的人认为提取 11%—15%合适;7.8%的人认为提取 20%以上可接受(村民代表和村民无人作此选择）。

3. 对村干部收入增长幅度的看法。受访者中，32人（村"两委"委员10人、村条线干部9人、村民代表5人、村民8人）选择固定每年增长10%。有31人（村"两委"委员3人、条线干部2人、村民代表12人、村民14人）认为，村干部收入应该与村民人均收入挂钩。6人选择与区农民人均纯收入增幅一致。有7人认为应该与区财政收入和农民人均收入增幅的平均数一致。

（五）村干部报酬决定过程的主体参与度

1. 村干部报酬应该由谁来决定？受访者中除1人没有作回答以外，近半数的人认为应该由镇党委政府决定（49.7%），其他的选择分别是区委区政府（19.5%）、村民会议和村民代表会议（18.2%）、全体党员会议（6.5%）、党员代表议事会（3.9%）、村"两委"班子（1.3%）。

2. 村干部绩效应该由谁来考核？选择排序是镇党委政府（36人，46.6%）、村民代表会议（19人，24.7%）、党员代表议事会（10人，13.0%）、全村户代表讨论（6人，7.8%）、区委区政府（5人，6.5%）、村"两委"班子（1人，1.3%）。

（六）访谈获得的各方意见汇总

区农委认为，青浦区村干部的报酬水平在全市郊区范围内属中等偏下；区内东片高于西片。由于村"两委"的职能在增加，服务的对象在扩大，社会管理的成本在提高，村主要干部报酬拿的高一点是应该的。村支书的收入确实偏高，但他的能力也高于一般人，在地方上应该也算得上是个能人。现在关键是如何使村干部报酬更趋合理。

镇领导反映，在现有干部考核机制以及以经济发展为先导的政策环境下，镇政府不得不依靠辖区内的村干部队伍来帮助完成繁重的经济发展任务。因此，对村干部考核的制度主要是围绕如何更好地完成镇里任务来设计的。不管是招商引税，还是维护社会稳定，解决农村现实问题都需要一个有本事的书记。一定要保护好书记的积极性。城市化过程中，如果仅站在农民立场，可能会无视发展大局，丧失发展机遇。必须超越农民狭隘的自利情结，在农民权利保护和区域发展进步方面寻找结合点。

村干部报酬偏高，但也心安理得。因为收入主要来源于招商激励，而且社会管理难度很大。与企业老板比，他们拿的不算多。条线干部的收入、村民小组长的收入是由村里支付的,他们自认为也是有一点小能力、小水平的,拿这些收入是应该的。村干部都认为老百姓对他们的评价总体比较好。他们担忧,退位后和退休后收入太少,和镇保的老百姓差不多,希望上级能制订一些政策来保障他们退位和退休之后的收入。相对落后地区的村干部对报酬差距基本上持默认态度,同时也希望政府能通过政策倾斜、补贴等扶持落后地区的经济发展,缩小地区差距。

一般村民的意见。练塘镇的访谈对象认为,村干部与普通村民存在一定的收入差距,但并不算特别高,在村里属于中上收入,而且存在一定差距也是合理的,因为村干部工作量大。只要村干部工作做得好、为村民办实事,多两三倍可以接受。华新镇的村民对收入差距的态度比较复杂,总体上有四种态度:一是不关心,认为只要不损害老百姓利益,无所谓差距不差距;二是心理上不能接受,但无可奈何,因为村干部收入的标准村民没有发言权;三是附条件地接受差距,即村干部能力强、为村民办实事谋福利的,村民可以接受;四是心理上接受差距,且认为差距合理,持此类心理的村民相对较少。比较而言,落后地区的村民对于收入差距关注度更高,发达地区对于差距幅度的接受度更高。

四、结论和建议

2012年2月,上海市委组织部、市委农村工作办公室、市农委和市民政局四部门联合下发《进一步加强和完善村主要干部报酬考核管理的意见》。要结合这个文件进一步深化理解、理顺关系、完善细则,确定好报酬结构和比例,既要保护好干部队伍的工作积极性,又要保护好村民应有的民主权利。

(一) 村干部职业的合理定位

研究村干部的报酬管理,首先就要确定村干部的职业定位。随着现代化和开放程度的提高,原来相对独立的农村必然会面临更加丰富和复杂的关系,与此同时,村"两委"也将担负越来越多的超越单纯村务的公共职能。他们既要代表村民承担发展村级经济、管理村级资产、进行换届选举、安排实事项目、代行土地流转、发展农业合作、给予村民救济、维护村容村貌、调解民间纠纷、丰富文化生活、组织各种会议、实施村务公开、加强内部建设等村务,又要贯彻镇党委、政府要求承担的实施平安建设、制止违法搭建、确保计划生育、配合项目动迁、组织各类保障、提供医疗服务、推选人大代表、监督环境保护等诸多政务。村干部除了担负党务工作、群团工作以外,一般要承担 20 项左右的日常工作,他们实际上已经扮演了组织村务、代理政务、履行党务的多重角色。村委会干部的职业化已然成为事实,而且干部的职业化也有利于适应和促进农村经济社会发展。如果给他们一种职业定位,基层社会管理工作者是比较适当的,他们应属于社会工作人才这个大类。建议在上海社会工作专业资格考试中,将村干部纳入报考范围,并就其报考资格条件和相关待遇等做出明确规定,这样不仅可以提高村干部人才的专业化水平,也可以预防"本土能人"垄断村庄政局,建立基层管理人才流动渠道,保证村干部队伍的可持续发展。

(二) 村干部报酬的决定机制

任何村庄都是现实镇村体系中的村庄,因此村干部报酬也需要放到镇村关系中来考量,放到城市化大背景下来把握。村务的处理、福利的增加和村民的认可,在开放和竞争的环境下需要物质的支撑。正是在发展经济这一点上,镇、村组织和村民三者达到了高度的利益一致和心理认同。镇里因为村级经济的发展总体上壮大了地方经济实力,村里因为村级经济的发展获得了更多的可支配收入和为民办实事的本钱,村民因为村级经济的发展得到了改善的村容、增长的福利、就业的便利抑或出租房屋的机会。因此,尽管进行了多次改革,但镇里从不放松对经济指标的考核;村干部报酬已经总体偏高,但因其源于招商引税而心安理得;村民虽难免有嫉羡之心,也因沾了发展之光而选择沉默。总之,在现在的上海农村,村"两委"已不仅是专属村民的"两委",而是一个被综合利用的发展平台。决定村干部报酬的主体实际上有两个:一是乡镇政府,一个是村民。乡镇政府要保证委托专项的落实,就必须运用村干部报酬这个利益杠杆。[1] 村民的决定权应在两个方面得到充分体现:一是真正自主的选举。几年一次的选举,如果足够真实,也能保证村干部不致背离村民的利益。二是体现民意的裁量。如果将现行的报酬决定方式稍加改变,就能有效保障村民对干部报酬的决定权。那就是将村民评议由现在的权数(一般在 10%或 20%)改为系数。即对基本工资之外的奖金,按镇里的考核结果乘以村民考核评价系数,最

---

[1] 《上海市实施〈中华人民共和国村民委员会组织法〉办法》规定:"乡镇人民政府委托村民委员会办理有关专项时应当给予指导,提供必要的条件或经费,并对委托的事项依法承担责任。"

后认定村干部应得报酬。

(三) 村民权利的切实保障

为规范街镇对村干部报酬的考核与管理，建议由市民政局、市农委、市财政局与其他有关部门研究制订《上海市村干部报酬管理实施办法》。

1. 考核权。对于村干部考核内容以及村干部报酬标准的制订，由镇政府制订与考核，也需经村民会议决定。可采取乡镇提、村组议等有效措施，公开村干部绩效考核的指导思想、指标体系、考评办法、结果运用等，广泛征求党员、村组干部和村民代表的意见或建议，再修改和完善村干部绩效考评工作方案。要把反映村干部能力素质的重点内容、社会经济发展的关键要素、涉及广大群众根本利益的重要事项等关键性绩效指标，作为绩效考评的重点指标，赋予较重分值。

2. 监督权。管理监督制度要考虑农村实际情况，程序要明确，具有可操作性。要加强对结算收支情况的审计核实力度，真实反映干部报酬结算依据。强化村干部报酬结算事后检查监督，对村干部报酬发放和公开情况加强检查，发现问题，及时纠正。充分发挥村民会议、村民代表议事会、村民监督小组和理财小组的监督作用。完善村账镇管制度。

3. 知情权。要切实落实村务公开制度。村级组织对年度经费开支、公益项目、土地流转等涉及村民切身利益的重大事项，必须公开，需要按法定程序听取群众意见或需要进行表决的，必须按程序办。要选举产生财务监督小组，负责监督村务公开事项的落实情况，所有财务报销项目一律由监督小组审核，以保障群众的知情权和监督权。镇里的考核要把上年度村务公开情况作为一项重要内容以加强约束。镇政府最终下发的村干部绩效考核结果和报酬数目，也须在村务公开栏予以公开。

(四) 收入分配的公平策略

1. 城乡公共福利的均等化。要改变现有的村级组织经济保障体制，加大对农村公共财政投入力度。农村基础设施建设、国家层面的补贴、社会公共事业的发展，可以改善村民的总体生产生活状况，市场经济条件下虽然不能直接决定村民的工资收入水平，却可以间接提高农民从集体经济获得的利益比重，或减少家庭为公共工程付出的钱财。

2. 村干部收入的合理调控。一要合理确定标准。村主要干部报酬的基准可参照街镇科级或副科级待遇，与各镇农村劳力平均收入挂钩，控制在劳力平均收入3—5倍范围内，以此建立村干部报酬的动态增长机制。二要给予必要帮扶。虽然不可能完全平衡，但必须把差距缩小到可以接受的范围。三要根据管理任务。考核体系要关联管理半径的大小幅度、管理对象的复杂程度、管理事务的技术难度等，比如驻村企业数、村民人数、外来务工人数、特殊任务等。四要缩小内部差异。

3. 村干部用工合同的规范化。要基于村干部职业化的共识，在规范村干部报酬的同时，着手研究村干部社会保障问题。把现在一些直接用于工资的部分纳入保障基金，可以克服报酬虚高的现象；可以解决村干部的后顾之忧；可以与其他用工的社会保障方式相衔接。

第三章　城市化背景下基层组织服务创新研究

群众工作是社会管理的基础性、经常性、根本性工作。随着改革开放的深入和社会主义市场经济的发展,群众工作对象更加多样化,群众工作内容更加丰富,群众工作环境越来越复杂,群众工作组织网络需要进一步健全。这就要求把做好群众工作摆在更加突出的位置,不断增强群众工作的针对性和有效性。群众路线是党的根本领导方法和工作方法,可展开为"六线",即群众路线是政党生命线、生产促进线、智慧增长线、情感联络线、政策落实线和压力感知线。对于党员干部来说,坚持群众路线是常识,也是学问;是组织倡导,也是工作智慧;是理性自觉,也是情感修养。除非我们了解一个人的梦想,否则我们很难真正理解一个人。除非我们了解一个人梦想的变化,否则我们很难理解一个人行为的变化。不管是联系群众、宣传群众、组织群众、服务群众还是团结群众,凡是具有针对性和有效性的方法,都必须对具体的群众做扎实的研究,舍此没有别的途径和法宝。

一、群众工作新形势:从一起并村风波说起

这里先说一个从安徽老乡那里听到的案例,内容如下:

小王庄和小李庄原是安定县明理乡两个相互独立的行政村。小王庄人口1855人,小李庄人口1919人。明理乡与安定县的河东镇隔河相望。这条河叫作静观河,河东是河东镇地界,河西就是明理乡的小王庄。小王庄与河东镇中心约3.5公里,但由于大河阻隔,历来交通不便。小李庄在小王庄的正西面,两村的中间除了一片稻田之外,还有一条南北向的正经铁路横亘其中,把两个村硬生生地隔开。因此虽然相距不到3公里,但两村平日里都在彼此视线之外。

除了村干部之间或少数几个交友结亲的人,两村的村民一般来往很少。

2010年以来,两个村的命运发生了变化。一是河东镇兴建了水泥厂,为运输便利,在静观河上建起了桥梁,河东与河西往来交通就方便多了。二是政府决定新建一条与正经铁路平行的高速公路,这条道路正从小王庄地界走过,于是,很多村民才第一次听说并实际遇到了拆迁和征地补偿问题。当然,最主要的还是小王庄与小李庄两村的合并。

(一) 村干部的焦虑

2010年7月,安定县委做出决定,为减轻财政负担,降低村级行政成本,优化资源配置,原则上2000人以下的村应该撤并。根据县委文件精神,明理乡党委、政府随即做出了将小李庄和小王庄合并的决定。得到即将并村的消息,首先感到紧张的是历来都不怎么紧张的在任村干部,因为并村的一个重要理由就是要减少村干部的职数。乡党委、政府敏锐地观察到村干部的焦虑,并郑重地做出保证,会对现任村干部予以适当安排。不久,方案就出来了,小李庄的李书记继续担任李王村书记,小王庄的王书记担任李王村的村委会主任,又通过双设副职的办法安排了其他干部,等到下次选举时再适当调整。为保证并村决定的顺利落实,乡党委、政府也用了比较强硬的一手,他们对村干部说,"如果对乡党委、政府的并村决定有不同意见的,挑动或放任群众上访闹事的,就是没有政治意识和大局观念,因此也就不再考虑(其职位安排)了"。于是,村干部都只能耐心地做解释说服工作,一条一条地给村民摆并村的好处:并村既有利于集中精力完善基础设施配套,使村庄整齐划一,而且还削减了干部职数,减少了村干部报酬和各项公务开支,也能更有效地减轻农民负担。虽然也有人指出了并村将带来的不便,有人说要经过村民会议表决,但除了一些牢骚和零星的上访,总体来说还是比较平静的。村民们虽然不一定相信这些干部说的话,但也认为并村没有多大的实际坏处。

(二) 补偿款的风波

眼看就要换届,村干部感到了空前的紧张。这次乡里面核定了职数,虽然也照顾到并村后的实际,但还是将职数由原来的8名降低到6名。也就是说,即使没有新手进来争夺,老将中也有2个要被选下来。于是,大家都开始忙活起来,微笑成了干部们主打的社交表情,其和蔼程度只有阿弥陀佛的尊容可以比拟,村里那个最讨人厌的阿三,也意外地获得了难得的尊敬。问题也就出在这里,原来雷厉风行推进的高速道路征地工作放缓了脚步,原来小王庄已经答应动迁的两户人家,突然提出反悔,索要高达 50 万元的补偿。"这真是狮子大开口了","这个价格在县城也能买到 130 平方米以上像样的新房了!"但是说归说,谁敢得罪他们呢? 他们每户后面都有数十张选票呢。

最不希望看到的事还是发生了。选举结果是,落选的两个都是原来小王庄干部。于是,两村的干部比例变成了 4∶2,而且书记又是原小李庄的,原小王庄的村民好像突然间变得矮人半截,自尊心受到了严重的伤害。落选的干部希望借助民意获得某种照顾性的职位,结果也石沉大海。他们最后做出了一个鱼死网破的举动,说出了征地补偿方面的一些内幕,原来在征地过程中经过层层提留,村民只拿到了应得款项的 1/5。这真是一石激起了千层浪。第二天,仿佛有一种神奇力量的召唤,签过协议的人们集体来到乡政府,要求补发征地款,并落实相关保障待遇。乡政府的干部出来接待,说:"你们不要听信谣传。这是少数别有用心的人挑拨! 我们都是按上级文件处理的。"村民们要求出示上级政府关于征地补偿标准的原始文件。乡政府的干部又说:"上面只给了一个原则,一切都要因地制宜。再说,你们都是成年人,已经签了协议,就应该对自己的行为负责。随便反悔,还有没有信用!"人们开始心灰,但并未意冷,他们知道,光嘴上说说肯定是无济于事的,便陆陆续续来到正在施工的路上强力阻止继续施工。这个事情闹了好几天,最后县里还出动了警察来保证施工。警察说:"修路是国家任务,你们妨碍施工是要受到惩罚的。"村民们说:"是国家任务,就可以不顾人们死活? 当干部的就可以乘机大捞一把吗?!"虽然没有发生严重的冲突,但是人们心中却激起了怨气。被征地的农民都是原来小王庄的,他们认为书记没有主持公道,小王庄的人们或暗下决心,或明确表示,在接下来的工作中,再也不会支持这个笑面虎书记。

(三) 小学校的租金

两村合并之后,原来的小王庄小学也终结了自己的使命。由于离河东镇较近,大桥修建后,交通也便利起来。很多人把孩子送到河东镇小学读书,留在村里读书的只有岁数小的或家境不好的孩子,总共 68 个学生。村委会报请乡政府后,决定撤销小王庄小学,学生归并到小李庄小学。随后,村委会将小学租给一家针织厂,年租金 10 万元。有租金,也能帮助就业,本来是一件好事。但却因为租金问题闹得不可开交。村里决定,10万元租金,村部要提留3万元,作为管理和修缮费用,其余7万在全村村民中分配,理由是:既然并村了就是一个集体,小王庄的学生可以到小李庄小学上学。小王庄的村民认为,撤并小学也不是自己决定的,叫孩子们走那么远的路去上学,本来就不开心;小学是原小王庄的,租金理应在原小王庄村民中分配。于是,他们集体抗议村委会的决定。后来村委会做出让步,租金中的5万元在原小王庄按人分配;3万元,作为管理和修缮费用;2万元作为公共福利的支出。小王庄的村民还是不同意,因为10万元中有一半充公了。但村干部解释说,如果学校不合并,就不可能出租,5万块租金也不能得。听起来还是蛮有说服力的。但是,过了几天,不知是谁在针织厂前面贴了一张告示类的东西。全文如下:

给针织厂业主和工友们的一封信

尊敬的针织业主,我们知道你们赚钱也不容易,现在刚刚想要有所作为。可怜的各位工友,我们知道你们的生命也很宝贵,家里人都指望着你的薪水。但是,你们都来到了一个不该来的地方。这不是你们的错,而是这里的官太恶。如果有一天院里起了火,损毁了你的财产,损伤了你的身体,请不要怪我们。要怪就怪那些什么便宜都想占的奸人。我们并不是坏人,但不想成为任人欺负的"好人"!

山东及时雨宋公明

那些天正在热播《水浒传》。结果针织厂不愿意再冒险经营,要求中止租房协议,另寻他处。

(四)卫生室的命运

小王庄村民的烦心事远没有终结。2011年10月,根据《安定县乡村卫生服务一体化管理实施意见》,按照一村一室的原则,辖区内每个行政村只能设一所一体化管理卫生室,其余村级医疗机构要予以注销,同时对部分村卫生室法人代表进行变更。原小王庄的诊所明确地被宣布为注销之列。这个诊所虽然不大,但在方圆几十里还是很有名气的。诊所法人代表魏医生原来是一个孤儿,传说"文化大革命"期间,有个潦倒不堪的老者路过小王庄,被当时的小魏看见了,留他在破屋里住下,伺候他吃喝。其实,这个"老者"岁数并不是很大,应该是50岁不到,是一名医术精湛的军医,因为倒了霉,流落到此。他看小魏既善良又聪明,便把平生所学一一传授与他。6年后,这个军医平反后回到原来单位。小魏也开始独立行医。虽没有正规的高等医科文凭,他的医术确实相当过硬,而且他不贪财,诊费便宜。以前交通不便时,也有很多河东镇的人慕名前来就诊。河东镇卫生院也曾请魏医生过去,并许他副院长职位,他都没有动心。现在桥架起来了,路修好了,正准备大干一场,却要他注销心爱的卫生室,怎么也觉得委屈。乡政府当然也知道魏医生的医术,因此打算让他担任新成立的卫生室室长,而且可以带1人到新卫生室工作(魏医生原来的卫生室,除自己之外,还有4名工作人员,分别是他的两个女儿和女婿,都具有多年工作经验,也具有医学专科文凭或护士专业资格)。新卫生室本来打算选址在小李庄,由于小王庄村民反对,最后给出了一个折中的方案,在两个村中间,也就是新建的高速公路旁边。在新卫生室未建好之前,以原小李庄卫生室作为村卫生室。魏医生不愿去,一面向政府申述理由,一方面仍在自家诊所里看病。村干部多次劝说无果,乡政府也施加压力,最后,恼羞成怒的县卫生局领导干脆没收了魏医生的行医执照。魏医生继续在自己的诊所里行医,卫生局对其非法行医行为课以4 000元的罚款。魏医生不服,走上了上访路,小王庄的村民也觉得迁移医疗点非常不便,因为三四里路坐车不方便,走路还挺远。于是,户户都为魏医生签了名,要求保留诊所。上面也知道这些实际情况,但是,一方面由于其顽固坚持"非法行医",如果放任这种行为政府便没有权威了;另一方面,全县有20多家诊所被注销,同意他的要求也怕引起连锁反应。另据文件"第八条设置村卫生室须由村民委员会提出申请,乡镇卫生院、社区卫生服务中心审核同意,乡镇办事处同意后报区卫生局审查和批准,村卫生室经批准并取得《医疗机构执业许可证》后方可从事诊疗活动"。村民委员会也觉得如果允许魏医生私设诊所,村卫生所就空心化了,因此,也非常为难。魏医生决定走法律程序……

为什么看似平静的村庄,突然间冒出了这么多烦心事,难道像有些人说的那样:都是并村惹的祸?

这个案例说明我们的管理环境发生了深刻改变。当前,不论是贯彻群众路线还是开展群众工作都面临新形势和新挑战。一是群众权利意识与维权能力增强。比如,市场经济的发展导致诸多民众的利益来源日益依赖市场和社会;市场经济运作中的契约协定、公平竞争和委托代理等理念逐渐向公共政治生活中渗透;现行政治体系和制度文本中的民主因素被逐渐激活;市场化经营的报刊和网络媒体启迪了民众的公共参与意识和民主法治观念；城市社区物业纠纷和业主维权事件增多,矛盾和冲突呈升级态势；各种社会组织和权益性组织大量涌现等。二是干群交往方式的技术要求增高。转型时期的社会心理,有人概括为"四在",即对物质利益很在乎,对精神需求很在意,对公平诉求很在理,对民主权利很在行。干群之间的心理位差也发生了变化：挣钱发财不靠你,不偷不抢不怕你,有了事情就找你,出了问题要告你！加上高科技和自媒体,社会交往的频度变化,多选择性和高流动性往往造成低信任。三是党员干部脱离群众的危险增加。包括物理脱离、利益脱离、情感脱离、制度脱离、方法脱离等危险都增加了。除非是死心塌地发自内心地与群众打成一片,否则大概率是与群众渐行渐远。四是群众工作适应创新的压力增大。包括规范性压力、变革性压力、公平性压力、服务性压力等。五是群众美好生活需求的外延增长。对于群众,要关爱其生命,关注其健康,关心其利益,关怀其精神,关照其权利,关切其梦想。每个人都有自己的追求、自己的性格,都有内心的冲突和忧伤。做群众工作不仅要服务好家人(村民和单位里的人),也要服务好客人(来村旅行或办事的人)；不仅要致力于群众的福利性增长,也要致力于群众的精神性成长；不仅要关注群众的当下和日常,也要关注群众的未来和梦想。

显然,我们在很多地方还不适应这种变化。包括理念的不适应,比如一手硬和一手软；体制的不适应,如行政的科层制与社会扁平化的矛盾；机制的不适应,比如包揽与协同的替代；方法的不适应,比如认为稳定就是搞定,摆平就是水平；能力的不适应,如此等等。这一切的不适应归结到一点,就是对群众需求反应的不适应。或者是群众需求发现机制的不适应,或者是群众需求整合机制的不适应,或者是群众需求满足机制的不适应,或者是群众需求引导机制的不适应。能够面对最挑剔的顾客,才能获得长足的进步。海尔有一则很著名的广告语,叫作"真诚到永远"。自2005年中国顾客满意度测评开始,海尔空调、冰箱、洗衣机、热水器、抽油烟等产品始终牢牢占据着各大品类满意度排行榜的榜首位置,更为引人注目的是,在对服务质量一项的评比中,海尔几乎每年都能得到行业最高分全5星的测评,连续7年摘得用户满意度桂冠。海尔为什么能？其中有很多故事,洗土豆机的发明是其中的一个。一位顾客反映海尔洗衣机质量不好,出水口经常被堵住。经过了解,原因是他经常用洗衣机洗红薯。技术人员得到这个信息认为太荒唐了,洗衣机怎么可以用来洗红薯呢？但海尔认为,这是一条非常宝贵的信息,说明顾客有这个需求。后来,海尔就推出了一种既可以洗衣服又可以洗红薯、洗土豆的洗衣机。这个例子告诉我们,真诚的服务需要突破囿于免责的自我维护,同时也说明最大限度地满足群众需求,必须具有创新精神。有了创新精神,群众看似无理的要求也能成为转化为前进的向导;没有创新精神,即使是群众合情合理的诉求也会被看作添堵添乱。

　　不管群众工作具体方法怎样创新,实用技术怎样先进,但其效果最终都基于群众工作者团队的明亮而温暖的内心。一是以公道正派引领群众。要做到"三公":公开,就是要采用阳光透明的方式;公平,就是要建立均衡合理的结构;公正,就是维护抑恶扬善的机制。二是以谦虚态度尊重群众。要实践"三问":问需于民,问计于民,问政于民。要甘于做小学生。切记:知心贵在知梦,尽心重在圆梦!知人知面要知心,问寒问暖问期盼,盲点醉点关注点,恰到好处在痛点。三是以精湛业务服务群众。做一个"三精牌"的干部。即精通政策、精通社情、精通民意。要能提供科学合理的政策供给、切合实际的民心工程、迅速准确的问题诊断、熟练便民的窗口服务。要做一个"桥梁专家",善于利用群众中的信息之桥、智慧之桥、情感之桥。不仅要加强干部与群众的联系,还要拓展群众之间的相互联系,并且善于利用丰富的群众联系为公共目标服务。四是以体贴关怀温暖群众。要建一个"四合院":合法,合理,合情,合味。法、理是底线,情、味能通天。要多一些真诚的问候,多一些鼎力的帮扶,多一些贴心的话语。有时一句掏心窝子的话,可以化解一串问题。五是以顺应期待满足群众。练好"四细"功,即细微:见微知著;细节:一丝不苟;细致:体贴入微;细则:耦合到位。事情不在大小,关键在于用心。利他到极致就是精品!心的热度决定着眼的宽度。细心是一种可贵的德行,也是一种必修的智慧。在工作中和生活中要自觉做到勿以善小而不为;勿以事小而轻视;勿以尚可而自满;勿以事烦而懈怠;勿以逃险而侥幸。六是以入情入理教育群众。做思想工作要遵循"四少四多",即少一些凌人盛气,多一些平心静气;少一些暴风骤雨,多一些和风细雨;少一些高谈阔论,多一些草根热论;少一些道德批判,多一些制度研判。

二、基层实践新探索:开放式集中办公能走多远

　　如何让治理更加有效,让服务更加温暖?这是基层党组织一直在思考的课题。青浦区练塘镇党委着眼于乡村振兴战略的实施,针对群众反映的突出问题,着力深化村级治理结构改革,实行村"两委"班子人员开放式集中办公。让

村干部走出治理"舒适区",优化核心"服务区",打造效能"拓展区",拉近了干群距离,增强了服务效能,提高了群众满意度。

(一) 走出治理"舒适区"

所谓"舒适区",不仅是指物质方面的安乐享受,更是指精神上的安逸满足,在这种状态下,人们往往失去压力和动力,精神懈怠,不思进取,担心改变,害怕创新。随着经济社会的发展,村干部的办公条件有了很大的改善,村"两委"负责同志一般都设有独立的办公室,条线干部也有相对独立的办公空间。这样也带来了一些问题,特别是造成行事风格的行政化和职责归属的分隔化。有些村干部养成了朝南坐的心态,习惯了没人打扰的宁静,有些人只喜欢做"自己感兴趣"的事情。对于乡村如何振兴思考得少了,对于村民的期盼过问得少了,对于干群融洽互动的主动性少了。如何让干部走出治理"舒适区"? 镇党委决定实行开放式集中办公。很多干部起初不理解,甚至带有抵触情绪。练塘镇综合运用了各种"迫降"措施。

用乡村振兴的使命感召干部。党中央提出乡村振兴战略,对于因生态保护而处于后发状态的青西地区来说,是一个大快人心、激动人心的喜讯;镇里正在开展的全域式美丽乡村建设,已经让人们感觉到镇村美好前景。村"两委"班子成员切实担负起各自职责和使命,最大限度地凝聚发展合力,抓住机遇改变家乡面貌,不仅顺应了人民群众过上美好生活的所需所盼,也切合了党员干部希望大展宏图、大有作为的雄心。

用唯实调研的结果告诫干部。在开展"唯实"大调研过程中,有的群众提出:到村里办事,有时候找不到人,反映不了意见,办不成事情。他们希望在家门口就能办成事,不用再"空跑腿""多跑腿"。贯彻落实上级党委、政府关于创新社会治理、加强基层建设的要求,就要抓住人这个核心,在体制机制上有所突破。只有村干部与群众打成一片,党群干群关系和谐,社会才能安定有序,农村才能和谐稳定。而干群关系的和谐,不仅在于干部的能力是否过硬,还在于干部的作风是否优良,特别是干部对村庄和村民的情感是否真挚深厚。实行村"两委"班子成员开放式集中办公是加强作风建设、保持党同人民群众血肉联系、大兴为民办实事之风的重要举措,让群众看到党委、政府在一线发现问题、在一线解决问题的实际行动。

用综合创新的平台承载功能。2017 年以来,练塘镇 23 个村完成了综治中心和社区事务服务中心标准化建设,将社区事务受理、就业援助、信访接待、人民调解、法律援助等工作集中在一起办公,实行敞开式、"一站式"窗口服务,简化了村民办事方式,提高了村务办事效率。在"两中心"标准化建设的基础上,实行村"两委"班子成员开放式集中办公,"一门式"主动接待村民来访、咨询,服务群众急难愁问题。在实际操作中,注意区分不同情况,采取三种进驻模式,一是有条件的村,"两委"班子成员全部进驻"两中心"大厅集中办公;二是条件有限的村,大部分"两委"班子成员进驻"两中心"大厅集中办公,少部分在"两中心"附近开放式办公;三是暂不具备条件的村,"两委"班子成员集中"两中心"附近开放式办公。

用组织与制度双重保障落实。加强组织领导,层层动员落实。镇里专题研究制订《村"两委"班子成员开放式集中办公的实施方案》,召开专题动员部署会,成立了以镇党委副书记为组长、镇党委和政府分管领导为副组长、相关职能科室负责人为组员的推进工作小组。各村及时召开专题会议,明确"两委"班子成员工作职责,细化分解工作任务,严肃工作纪律,全面完成下沉任务。镇里还把集中办公情况与村干部绩效考核挂钩,采用查阅资料、走访座谈、实地查看等形式,结合村干部述职评议开展个别访谈,对集中办公落实情况进行不定期抽查并予以通报。通过组织宣传和机制完善,提高群众满意度和干部合作效率,"两委"班子完成了走出"舒适区"的自我革命。

(二)打造核心"服务区"

实行"两委"班子开放式集中办公,实现了服务态度、服务效率、服务规范、服务效果等全方位提升。

跨前一步,实行迎上去服务。针对有些村干部宗旨意识、服务意识淡化,坐等服务、被动服务等问题,采取"承诺+制度+监督"的方式,念好服务群众"紧箍咒"。通过各种形式加大宣传力度,提高群众知晓率,畅通监督渠道,广泛受理群众投诉问题,对工作纪律涣散、擅离职守、随意脱岗、不积极履行职责、首问责任制和限时办结制执行不力,以及应公开的信息不及时公开、应受理的事项不及时受理、应告知的事项不一次性告知,接待群众语气生硬、态度傲慢的村"两委"班子成员,都采取相应处罚措施。开放式集中办公后,村"两委"班子成员直接"走到台前",变"办公室坐等"到"服务窗口接单",成为群众的"勤务员""代办员"和"接线员"。

队伍一体,实行集成式服务。以往村干部"一人一间办公室"或"两人一间办公室"。虽说都是村干部,各自做些什么只知道大概,对彼此之间的业务并不熟悉。有时候来村委会办事,正好遇到分管的人员不在,别人也不好插手。群众多跑路,自然不开心;有时候事情很急,就会激化矛盾。村"两委"班子成员在一起集中办公,时间长了,彼此业务都能有所了解。有人离开也可以关照一下,认真做好工作记录,对村民来电来访,注明时间和具体诉求等。针对集中办公工作内容,根据轻重缓急,做到"简单事务马上办""复杂事务承诺办""疑难事务会商办",为群众提供了更方便、更快捷、更高效的服务,拓宽了联系群众的渠道,拆除了干群关系的"隔心墙",解决了服务群众的"末梢堵塞"。

流程一线,实行规范化服务。开展以"亮身份,树形象""亮职责,做表率""亮承诺,做贡献"为主要内容的"三亮"活动。一是"亮身份,树形象",通过佩戴工作证、摆放席卡等方式,公开"两委"班子成员的姓名、职务、分管事务和监督电话等信息,引导村干部强化宗旨意识,把干部身份亮出来、先锋形象树起来;二是"亮职责,做表率",要求"两委"班子成员认真坚守岗位,履行职责,公开工作职责、办事程序、工作时限等,制作"两委"班子成员去向公示牌和排班表,方便群众知情办事、开展监督;三是"亮承诺,做贡献",要求"两委"班子成员结合各自岗位职责和实际情况,在本年度内明确完成1—2项实事工作,以公开承诺的形式在党(村)务公开栏公开。同时,制订服务规范,要求"两委"班子成员着装规范,接打电话、接待村民遵行文明礼仪。周一至周五,"两委"班子成员全员上岗,严格落实双休日值班制度,确保不少于1名班子成员在岗,杜绝脱岗、漏岗现象。改变门牌、制度、展板等牌匾乱挂乱贴的现象,把实用性不强的牌匾全部拆除,统一更新完善。设立村"两委"班子成员集中办公区域醒目标识,让群众看得懂、找得到、好办事。

(三) 开发效能"拓展区"

村"两委"班子开放式集中办公,要求对群众热情接待、对事情认真对待、对自己严阵以待,不仅优化了服务过程,而且拓展了治理效能。

一是促进了资源节约利用。在物质资源上,村"两委"班子成员集中办公后,按照集成化的思路把原有办公场所进行整合,原来的办公室被改造成了民情恳谈室、调解室、会议室、妇女之家和农家书屋等,多了一批为民服务的阵地。这些阵地一般都放到二楼,需要的群众才上去,各取所需。在人力资源上,村

"两委"班子成员开放式集中办公,可以让"两委"负责人抽身谋划村庄发展的大局、大势和大事,也能够让一些干部根据群众要求离开办公现场走到田间地头、农户家中和事件现场。在时间资源上,由于服务放在底楼,流程都很清楚,大家都在一起,反应更加灵敏,这样也就节约了群众办事的时间。

二是促进了干部能力提升。推行村"两委"班子成员开放式集中办公,不是简单的挂挂牌子、调调位置,而是在夯实执政基础、服务百姓群众上做文章,是切实增强社会治理"内生动力"。其一,职责明确倒逼干部能力提升。各村通过结合实际细化工作任务,完善工作职责,严肃工作纪律,实行公开承诺践诺,强化宗旨观念,增强服务意识,提高服务本领。要求村干部必须从人民群众关心、让人民群众满意的事情做起,补观念意识上的短板、补能力素质上的短板、补队伍建设上的短板,以绣花般的耐心、细心和卓越心做好服务。群众的口碑来自好事的"好"、实事的"实",群众反映了问题,只有及时落实解决了,在推进工作时才会更有底气,走到群众中去时就会更有人气。其二,功能转换需要干部能力拓展。按照"服务区域最大化、办公场所最小化、社会效益最优化"的原则,取消村"两委"班子成员独立办公场所,对原有办公场所进行统一布局,实现功能转换。村"两委"负责人要抽出时间了解大局、谋划大事,围绕乡村振兴战略和美丽乡村建设做好调研、出好思路,要制订并督促落实好相关制度,针对群众反映的疑难问题联合攻关妥善予以解决,条线干部要更加熟悉自己业务内的上情和下情,同时尽可能地了解彼此的业务。其三,加强管理提高干部人格力量。对村干部集中办公的情况及处理的各项事务要进行详细的书面记录,记载具体日期、来电来访人员姓名、当日受理事项和办理结果、处理或待处理工作等情况。各村加强内部管理,细化区分村"两委"班子成员与其他工作人员的办公区域,并以不同颜色的席卡加以区分身份类别。包括村"两委"班子成员、大学生村官、系统干部及各条线工作人员在内的工作人员,能下沉集中办公的,全都纳入开放式集中办公范畴。凡在村内办公人员均要严格遵守相关工作制度,认真做好办公室及过道走廊的清洁卫生工作,文件资料摆放整齐,不乱丢纸屑、烟头,不随地吐痰,养成良好的卫生习惯,保持整洁办公环境,塑造良好形象。制作集中办公台账杜绝了可能的敷衍行为。

三是促进了干群关系和谐。村"两委"班子成员开放式集中办公,很好地把办好事情和增进感情统一起来。村"两委"班子成员开放式集中办公,不仅为群众提供了一站式、全方位服务,还方便了村干部之间相互交流、相互启发、相互提高,特别是遇到热点、难点问题时,"两委"班子成员可以发挥集体智慧,形成办事合力,及时找到解决问题的新途径、新办法,让民意有及时回应,让诉求能尽快落地。而且开展开放式集中办公后,老百姓可以一眼看见村干部在忙什么,遇到工作人员解决不了的事,可以直接找村干部协调解决,通过集中办公、下楼服务、一线解难,切实解决好服务群众"最后一公里""最后一步路"问题。村"两委"班子成员在与村民的"零距离"服务中提升了村级治理的"温度",从楼上到楼下、从分散到集中,让广大群众"进得了门、找得到人、办得了事、说得上话"。

三、基层服务新思维:供给侧结构性改革

上述两个案例,从正反两方面反映了一个大趋势,就是要全面地具体化地落实以人民为中心的发展思想。今天的群众工作是在群众权利意识明显增强、权利诉求不断增加、权利期待普遍提高背景下展开的。"权利时代"的到来使权力运行面临更多更高的要求,"善待权利"成为当政者必备的素质。党的十八届五中全会提出的"供给侧结构性改革",不仅是经济改革的指示灯,也在更广泛意义上启发了人们的思维。供给与需求是对立统一的关系,供给能创造需求,需求也能倒逼供给。强调"供给侧"就是把供给作为供需矛盾的主要方面,突出"结构性"就是要求深入内在关系,科学地探因谋策,以实现供需适恰与良性互动。"供给侧结构性改革"思维运用到基层组织的服务上,就要求克服高群众一等的"长官思维",也要扫除应对群众诉求的"对手思维",始终保有对群众的敬畏之心,有适度的压力感知,一句话,就是不能太舒服,不能随意和任性,不能懈怠和无为。要把群众呼声当作第一信号,做到民有所呼,我有所应,努力实现好、维护好、发展好人民的根本利益,及时解决发生在群众身上和身边的痛点问题。

(一) 供给主体的功能性责任

供给侧改革思维要求基层党组织明确自身作为公共服务供给主体的责任。新形势下,更出色地发挥服务功能、更有力地担当政治功能、更积极地促进自我发展,要求基层党组织自觉并显著地提高服务意识与服务能力。

1. 服务承载。从一定意义上讲,基层党组织从事的就是一种为基层服务的"服务业",服务是基层党组织的天职。人民群众需要基层党组织的服务,社会需要基层党组织的服务,基层党组织也需要在服务过程中证明自身的存在价

值。基层党组织要"服务改革、服务发展、服务民生、服务群众、服务党员"。① 这是中央的精神,也是社会的期盼。当前,社会对公共服务的需求在量和质两方面都呈增长趋势。中国梦语境下的成长性需求、利益变动中的协调性需求、社会流动过程的港湾式需求、个体化生存样态的组织化需求、高度信息化条件下的公共平台需求、应对各种压力的焦虑舒缓需求、面对生老病死的人文关怀需求、着眼权利维护和公共决策的参与性需求,②等等,都空前高涨。在信息高度开放和快速交流条件下,普遍存在的社会比附和社会效仿,更使这些需求呈现倍增效应。同时,人们对服务的精准化、个性化、便捷化和公平化也提出了更高的要求,有时达到近乎挑剔的程度。适应日益增长的社会需求,基层党组织必须更出色地发挥服务功能。

2. 政治担当。基层党组织是党全部工作和战斗力的基础。发挥基层党组织的政治功能,不仅要坚定政治方向,自觉维护党的领导,严肃党内政治生活,敢于对歪风和邪恶亮剑,而且要特别重视紧密联系、真心服务群众,创造性地完成党的任务,更好发挥推动发展、服务群众、凝聚人心、促进和谐的作用。要使基层党组织的领导方式、工作方式、活动方式更加符合服务群众的需要,通过服务更好地贴近群众、团结群众、引导群众、赢得群众。政治功能寓于服务功能之中,服务功能体现政治功能。基层党组织通过自己的真心服务,协调各种社会组织之间的关系,加强思想政治工作,化解矛盾、维护团结,在紧急关头和关键时刻把握方向、驾驭全局、稳定形势,可以最大程度地促进社会的制度认同和价值认同,把党的发展方略和政策主张变为群众的自觉行动。相反,如果基层党组织软弱涣散、麻痹大意、行动不力,不仅会直接败坏党的形象,损害党的威望,而且会让群众心冷心寒,集聚社会怨气,埋下社会隐患,甚至引发恶性事件。近年来,一些看上去很小的事件却引发很大的社会风波,基层组织工作不到位、方式不恰当、情感不温暖是一个重要原因。③ 满足强基固本的组织需求,基层党

---

① 《关于加强基层服务型党组织建设的意见》,《人民日报》2014 年 5 月 29 日。
② 比如,上海某社区 10 年前综合改造,800 多万元的一个大项目,并没有多少居民提出自己的想法或者建议。最近却为了一条机动车道由双向行驶变为单向行驶的改动,居民就提了 882 条建议。参见《"小巷总理"的大智慧与新挑战》,《新民晚报》2015 年 1 月 25 日。
③ 绝望的人最可怜,绝望的人也最可怕。厦门的陈水总纵火事件不能不引起我们的反思。"小事拖大,大事拖炸""你不给他一个说法,他就要给你一个做法",这是网友对陈水总犯案留下的极端评论。这种解决问题的方式固然不对,但有一点是肯定的,只有我们能善待社会底层人员,关注社会弱势群体,缩小贫富差距,给他们以温暖和希望,社会才能实现真正的和谐。

组织必须更有力地担当政治功能。

3. 自我发展。做好服务是基层组织安身立命的前提。想群众所想,急群众所急,服务群众所需,不三心二意、不敷衍了事、不急功近利,可以在干群之间建立一种融洽的鱼水关系,同时也可以净化和提升自身的精神境界。当前,基层党组织既面临内部的优化压力,也面临外部的生存挑战。内部压力表现在相对治理现代化的要求,基层的组织结构、奖惩机制、成员心理和素质能力等还存在诸多的不适应。外部挑战最突出的有两点:一是社会组织的竞争性挑战。社会组织大量增加,提供越来越多、越来越优的社会服务,在缓解社会需求压力的同时,也会降低群众对党组织的心理依赖;如果它们能够提供更加专业和周到的服务,党组织服务供给却不能与时俱进,就可能引发社会的不满。二是机器人的替代性挑战。不管结果是否会达到专家预测的程度,机器人替代肯定是一个趋势。[①] 面对潜在的对手和更高的服务期望,人的强项是什么?共产党员的先锋模范作用如何凸显?这是一个深刻的时代问题。共产党员必须自觉地提高工作的创造性,培养更高的为民情商,只有更敏锐地去发现,更迅速地去服务,更深切地去关怀,才能拥有未来的优势。体现人的情感越多,越需要人的服务;体现机器功能的越多,越容易被机器替代。审视自我发展需求,基层党组织必须更积极地顺应社会经济和科学技术的发展大势。

(二) 供给结构的病理性分析

为什么许多惠民工程,群众不说好?为什么有时管也不是,不管也不是?为什么有时服务越周到,社会越不满意?为什么在基层干部抱怨"白加黑,五加二""加班是常态,不加班是例外"的同时,基层群众也在频频抱怨?这主要是结构上出了问题。

1. 服务气量。一是霸气。有些基层党组织领导干部不是把自己当作服务者,而是抱有居高临下的心态;不是把对基层的帮助服务作为一种义务,而是把它作为一种恩惠。二是怨气。一些基层党组织领导干部由于行政权力受制和资源调配权力受限,权力影响相对弱化,心生失落;有些人面对上面的任务和群众的需求,感到力不从心,心生抱怨。三是小气。有些基层党组织干部存在干

---

① 牛津大学的卡尔·贝内迪克特·弗雷和迈克尔·奥斯本称,未来 20 年,美国几乎一半的就业岗位、印度 2/3 的岗位以及中国 3/4 的工作都很可能被计算机取代。见萨拉·奥康纳:《人工智能时代该教孩子学什么?》,英国《金融时报》,2016 年 4 月 8 日。

好本职工作就是称职的思想。有些囿于传统的地域观念和身份观念,按亲疏划圈,不能一视同仁;或者对有来头的人物唯唯诺诺,对"没花头"的群众则不屑一顾。四是呆气。一些基层党组织干部责任心不强,精神萎靡不振,习惯于通过发布命令、召开会议、下发文件等形式来推动工作。有些人开始时爽快承诺,遇困难就虚与委蛇,或不了了之。

2. 服务眼量。一是看不到真正的需求。习惯站在自我的角度评价服务的好坏,很少考虑服务对象的想法和感受。这种自高自大、自说自话、自卖自夸式的思维方式,导致公共服务供给的盲目性、迟钝性和低效率。二是看不到更好的方法。老办法不管用,新办法拿不出。搞一些简单应付,做一些表面文章。轰轰烈烈,却难以持久。有人只顾尽快了事,却忽视了办事过程带来的价值观伤害。三是看不到可用的力量。一些基层党组织干部重对上负责轻对下负责,重对上服从轻对下服务,重指标政绩轻人文关怀,对下级党组织、党员要求尽义务多,保障权利少,服务少、关怀少,却埋怨下级不尽心、普通党员素质低。一些基层党组织干部对社会组织功能、各种关系纽带、功能性平台和物联网机遇缺乏兴趣、缺乏了解,没有合作意愿和统战策略。四是看不到潜在的对手。有些人还坚持那种"搞定就是稳定,摆平就是水平""无过便是功"的观念,全然不顾市场、法治、科技和社会组织的兴起,权利意识的增强和高度信息化带来的真实挑战,涛声依旧,夜郎自大,无知无畏。

3. 服务质量。存在两个极端,一些人热衷"创新",一些人坚持"唯上"。热衷"创新"的,盲目追求风光呈现和可见效果。创新只是为上级来检查和新闻宣传作"盆景"。也有一些创新重制度制订、轻操作实施,搞"面子工程"。或者只是玩概念,搞花样换新。刚刚开始探索,随即请人总结,文章写好了,项目也就终结了。于是,再提新理念,再上新项目,总之是语不惊人死不休。有些人存在浓厚的"唯上"心理,他们盼上面的指示,等上面的说法,靠上面的资源,做上面的台账,当然也埋怨上面的错误。他们的行动指南是上级指到哪儿就打到哪儿,活动载体和组织形式创新不够,服务手段传统,科技化水平不高,个性化服务不强,与群众联系和沟通不紧密。即使知道有服务"真空"和"盲区",也抱着多一事不如少一事心理,不主动反映,不积极弥补。再加上服务机制不完善等原因,基层公共服务不对路、不到位、不实在、不划算、不可持续情况不同程度的存在。

4. 服务能量。群众感到不解渴、不公平、不满意,基层党员干部也感觉到力不从心、吃力不讨好、有力使不上、合力难形成，服务能量急待提升。一是单兵能力有待加强。部分党员干部缺乏敢为人先、争创一流的勇气；有些党员干部文化程度偏低、见识有限；有些流动党员多的党组织存在"无人办事"现象；"两新"组织的普通党员生存压力大，影响了他们的公共服务意愿。二是组织效能有待提升。有些基层党组织领导核心和党员先锋模范作用发挥不明显，有些领导班子能力不强、威望不高。三是服务平台有待拓宽。做实区域化党建平台、拓宽群众诉求表达平台、搭建党群合作治理平台、引导群众自治平台、借力社会互助平台、铺设网信交流平台，等等，都有很多文章可做。四是供给动力有待增强。由于群众满意度测评机制不健全；针对服务作风和效能建设评价、评选先进以及年度考核的制度不健全；考核评价结果与干部提拔任用、绩效工资、评先树优的相关性不高等，导致服务压力和服务动力不足。另外，对党员权利保障和人文关怀不够，也消解了部分服务动力。五是服务保障有待夯实。经费不足导致有些活动无法主动开展，人员不足造成联系和服务群众难以深入。由于缺乏活动阵地，有些基层组织的党建活动和党内民主生活无法正常开展，既影响党组织对党员的教育，也导致综合服务承载能力偏弱；有些党务干部待遇偏低，保障制度不健全，影响了岗位的吸引力，等等。

（三）供给策略的系统性优化

适应人民群众需求提高服务水平，做到服务意识明显增强、服务作风明显改进、服务绩效明显提高、服务能量明显提升，必须进行服务创新。各地都有很多创新实践，这里重点介绍创新的主要思路，可概括为"四善"。

1. 诚释善意。一是主动表达服务意愿。如果因为怕麻烦，不愿公开服务意愿，久而久之就会造成善意萎缩。明示服务项目就是对社会的承诺，决不能讲空话套话，更不能说过头话。必须诉诸真诚的实践，同时注意引导社会预期。二是真心探知社会需求。善意以服务对象为目的，了解他者需求为必要一环。需求包括显性需求与隐性需求、共性需求与个性需求、当下需求与长远需求、福利需求与心理需求，等等。要把群众的深切意愿收集起来，把群众的真正痛点寻找出来。要通过定期走访调查、民情沟通、民主恳谈、民主听证、网络征询等活动，及时收集和梳理群众意见。三是坦诚践行服务承诺。群众的意见和建议，有合理的，有不合理的，有部分合理的。合理的就接受，就去做；基本合理的，合理的部分就做，办不到的要解释；对不合理的，要做耐心的说服工作。怨气、失望和太长的等待都会增生心理毒素。

2. 广结善缘。一方面要扩大服务对象,另一方面要壮大服务队伍。在扩大服务对象上,要打破等级观念,突破身份界限,提供惠及更多人口的公共服务。不管是本地人还是外来务工者,既然因"缘"际会,就应该得到相应服务。要切实维护每一位服务对象的正当权益,心甘情愿地为他们排忧解难。在壮大服务队伍上,首先要打造核心团队,锻造坚强组织。要建立选拔、培育、激励、管理"四位一体"工作机制,加强基层党组织带头人队伍建设;健全教育、管理、服务党员长效机制,扎实推进党员队伍建设;探索建立网络党组织,通过QQ群、微博客、微信等开展党的活动;做实区域化党建。要尊重党员主体地位,做到党员服务和服务党员的统一,让温暖常驻党员心间。上级党组织在强调基层服务的同时,也要竭力为基层组织服务。其次要调动社会力量,丰富参与主体。开展活动和服务要跳出纯党员的思维局限,和各类志愿服务机构、组织及评价机构衔接,有效整合方方面面的资源,引导社会组织资源、社会人力资源、社会资本资源向党建资源转化,引导和凝聚广大群众支持、参与基层党组织倡导的服务项目。深化网格化管理工作制度,建立条块联动、横向到边、纵向到底的服务网络,使之真正成为"民情沟通之网、为民服务之网、平安建设之网"。再次要畅通交流渠道,促进互通互学。加强组织之间的学习考察;实行组织之间的信息共享;扩大党建工作干部交流等。

3. 精求善果。如果脸上微笑不能转化为实际的成效,态度再亲切,也不能令人满意。因此要做到如下几点:

创新服务供给方式。既要通过增强组织内力提升服务质量,又要善于运用外包、学习、合作等方式实现产品优化。要围绕群众多样化需求,坚持立足实际,尽力而为,运用多种形式和手段开展服务。加强与各类组织和单位的沟通协作,健全无偿服务与低偿服务相结合、社会化和产业化相结合的多类型、多层次、广覆盖的服务网络体系,综合发挥行政机制、市场机制、资源共享机制、志愿服务机制的作用,形成服务群众的经常性机制。推广服务全程代理制,推动服务时间全天候、服务内容全方位、服务对象全覆盖,广泛开展窗口服务、预约服务、常规服务、应急服务、自助服务、互助服务和组团服务等。

提高服务供给效率。对于群众诉求要及时回应;不仅要顺应群众的即时性需求,而且要开展需求预测,做到未雨绸缪;要进行服务跟踪,拓展延伸服务。要建立和完善各项服务办理制度,实行"一站式服务",缩短办理流程。依托基层组织活动场所,坚持一室多用,丰富活动载体。推行网络服务,整合基层党建信息化工作平台和网上民生服务平台,充分运用网络信息系统等开展服务,缩短服务群众时空距离。建立服务质量评价平台,及时反映服务质量和效果,落实责任人,改进服务工作。要特别注意资源节约。

健全服务供给保障。一是责任体系。要通过建立健全书记述职和激励保障制度,形成一级抓一级、层层抓落实、层层抓服务的良好局面;扎实执行党组织和党员服务承诺机制,激发服务型党组织创建动力;探索建立分类定级工作机制,突出服务效能评价,促进基层党组织整体晋级。二是民意流程。健全民意调查排摸机制、民意快速反应机制、民意定期研判机制和利民惠民服务机制;推行公开承诺,完善群众评议机制,加大服务群众考核权重。三是力量整合。坚持重心下移、夯实基础,将各方面的资源和力量整合集聚在基层;发挥条块党组织协调协同、互帮互助的作用,召集所有定点联系的各部门领导"集体会诊";建立条块互评制度,形成条块党组织互帮互助、整合资源、解决问题的整体合力;发挥区级层面统筹协调、整合资源的作用。

做好服务补救工作。有效的服务补救能够消除群众的不满,赢得群众的满意与忠诚,进而树立良好的形象与声誉。服务补救的态度要诚恳、过程要及时高效、结果要尽可能公平。补救方案要尊重服务对象的意见,真诚礼貌地回答他们的问题,尽心尽力地解决他们的问题。

4. 常怀善念。常怀善念就是要始终把做好服务工作与社会主义核心价值观涵养结合起来。不仅要着眼于做成事,而且要通过做事过程有效培育社会主义核心价值观。一个事情具有了价值观的影响,也就达到了文化的高度。有时"小题大做",可以体现"迂则直"的大智慧。中央电视台曾播出一个居委书记陈叶翠的故事。她负责的甸柳一社区,建于20世纪80年代,设施老旧,不到4米宽的路两边停满了车。碰上火情,消防车也开不进来。硬件设施改造不容易,消防部门建议至少要先给每个单元配上灭火器。43栋楼要花5万元。尽管居委会咬咬牙也能拿得出来,但陈叶翠还是到山东大学找研究社会管理的老师咨询。老师说这不光是掏钱的事,得立项。陈叶翠回去以后马上开会征询意见。每个灭火器50多元,一家拿几元钱,为了人的安全,大家都同意拿这个钱。就这样,陈叶翠又是跑大学,又是组织开会,又是挨家挨户一家几元钱地把钱收起来。在陈叶翠眼里:直接买一批灭火器挂上只是简单的政府行为,而按照项目制,让居民从头到尾地参与决策,这才是现代的社会管理理念。无论何时,都不能做竭泽而渔的事情。那种"搞定就是稳定,摆平就是水平"的观念和做法,既与治理体系和治理能力现代化背道而驰,也与社会主义核心价值观格格不入。

当然,强调运用"供给侧改革"思维,既不是要否定需求侧的重要性,也不是主张一味迎合群众的自发需求,而是要着眼于服务型党组织建设目的和群众现实需要,通过供给系统的优化升级,为社会提供具有引领性、精准性、高效益的服务,实现供给侧与需求侧的均衡协调和良性互动。

第四章　城市化背景下农村集体"三资"管理研究[①]

农村集体"三资"指属于乡镇、村（组）集体经济组织全体成员集体所有的资金、资产、资源。农村集体资金指乡镇或村（组）集体所有的货币资金，包括现金和银行存款；农村集体资产指乡镇或村（组）集体投资兴建的房屋、建筑物、机器、设备等固定资产，水利、交通、文化、教育等基础公益设施，以及农业资产、材料物资、债权等其他资产；农村集体资源指法律法规规定，属于集体所有的土地、林地、山岭、草地、荒地、滩涂、水面等自然资源。农村集体"三资"是广大农村集体经济组织成员辛勤劳动积累的成果，是发展农村经济和实现农民共同富裕的物质基础。加强农村集体"三资"管理对于维护农村社会和谐稳定，促进农村党风廉政建设，完善巩固农村基本经营制度，发展壮大农村集体经济，促进农民持续增收，推进基层民主政治建设，加强基层组织建设都具有十分重要的意义。青浦区着眼经济社会发展大局，按照上级相关文件精神，建立了比较完整的"三资"规制体系，形成了区域治理经验。

一、青浦区农村集体"三资"管理的前期成果

改革开放后，农村生产经营方式发生重大变化，"三资"管理问题也日益凸显，国务院和中央部委下发了一系列文件，指导加强农村集体"三资"管理工作。[②] 上

[①] 本章是在青浦区哲学社会科学研究项目2014年立项课题"青浦区农村集体'三资'管理研究"基础上修改完成的。除笔者外，课题组成员还有王根夫（时任青浦区农委副主任）、刘冬梅（青浦区农委科长）等。
[②] 1995年12月，国务院下发《关于加强农村集体资产管理工作的通知》。各地按照《通知》要求，积极探索"村账乡（镇）审"或"村账乡（镇）管"等村级财务管理方式。农村税费改革后，各地相继成立乡镇农村会计委托代理服务中心，对村级财务会计实行委托代理服务，并且由过去单纯代理村级集体经济组织账务，转变为财务、资金双代理，进一步规范了村级财务管理工作。此后，中央有关部门（转下页）

海在推进城市化、工业化进程中,第一产业比重日渐减少。但农村集体"三资"管理的重要性并不因此降低,而且快速城市化和工业化还给"三资"管理工作带来了许多新情况、新问题,历届市委、市政府高度重视,社会各界也高度关注。[①] 青浦区根据国家和市委、市政府有关精神,结合本地实际,以抓农村财务服务中心建设为基础,以农村财务审计监督为重点,不断规范农村"三资"管理,实现了管理民主化、操作程序化、监督制度化、办公现代化的"四化"管理。

(一)初步理顺了"三资"管理的体制机制

1. 理顺管理体制,完善治理结构。1997年4月,成立集体资产管理办公室,与区国资办合署办公。2010年5月,区委、区政府决定将区农村集体"三资"管理职能由区国资委划转到区委农村工作办公室、区农业委员会,同时增挂青浦区农村集体资产监督管理委员会牌子,明确加强对农村集体"三资"管理的指导、监督、协调、服务的职能。各镇(街道)成立农村集体资产管理委员会,履行镇(街道)集体经济组织经济联合社的职能。明确集体资产管理委员会是镇(街道)集体资产所有者的代表和产权主体,依据国家有关法律、法规和政策行使镇(街道)集体资产的所有权、使用权、收益权和处分权。其下设的办公室与

(接上页)相继制订下发了加强农村集体资产财务管理的一系列文件,从财务公开、民主管理、会计委托代理、农村审计监督、征地补偿费管理、村级债务管理等多方面提出规范性要求。2004年,中央相关部委署开展了农村集体财务管理规范化建设工作,从健全财务会计制度、规范账务处理程序、建立民主管理机制、加大审计监督力度等方面,提出了相关要求。经过多年努力,全国大部分地区基本扭转了农村财务管理混乱的局面,初步形成了财务管理机制比较健全、财务公开比较全面、民主理财比较规范、审计监督比较有效的新局面。为推动村级财务管理和监督向经常化、规范化、制度化迈进,2009年,农业部下发《关于进一步加强农村集体资金资产资源管理指导的意见》(农经发〔2009〕4号);2010年,中纪委、财政部、农业部、民政部印发《关于进一步加强村级会计委托代理服务工作指导意见的通知》(财会〔2010〕4号);2011年,农业部监察部印发修订后的《农村集体经济组织财务公开规定》。近年来,各地结合实际,积极探索,勇于创新,丰富了农村集体"三资"管理模式,"三资"管理框架体系基本形成。

[①] 2010年10月,上海市政府办公厅转发《市农委关于加强农村集体资金、资产、资源管理的若干意见》(沪府办〔2010〕77号);2011年4月,市纪委、市监察局、市农委、市财政局、市经信委出台《关于推进农村集体"三资"监管平台建设工作的意见》(沪纪〔2011〕59号),部署加强农村集体"三资"监管平台建设;2012年1月,市委组织部、市委农办、市农委、市民政局制订《进一步加强和完善郊区村主要干部报酬考核管理的意见》(沪委农办〔2012〕2号);2010年10月,市政府办公厅转发《市农委关于加强农村集体资金、资产、资源管理的若干意见》(沪府办〔2010〕77号);2011年4月,市纪委、市监察局、市农委、市财政局、市经信委出台《关于推进农村集体"三资"监管平台建设工作的意见》(沪纪〔2011〕59号),部署加强农村集体"三资"监管平台建设;2012年1月,市委组织部、市委农办、市农委、市民政局制订《进一步加强和完善郊区村主要干部报酬考核管理的意见》(沪委农办〔2012〕2号)。

镇(街道)"三资"管理部门"镇财经事务管理中心(街道)经管中心"(农经部门)合署办公,行使集体资产管理委员会的日常管理工作。为提高集体资产运营效益,盘活存量、拓展增量,镇(街道)集体资产管理委员会按照《公司法》组建镇级农村集体资产经营有限公司。公司是独立的法人实体,在镇(街道)集体资产管理委员会授权下行使出资者权利,并以出资额为限承担有限责任,承担集体资产保值增值责任,公司在业务上受镇(街道)集体资产管理委员会办公室指导。成立农村集体资产监督管理委员会,统筹全区农村集体资产管理,改变了以往农村集体资产管理各部门各自为政、各镇(街道)村自行运营管理的局面,使全区农村集体资产管理有了一个统一制定和执行重大决策的常设机构,改变了从前决策权集中于行政首长的现象,避免了权力滥用和个别领导的决策判断错误。设立农村集体资产监督管理委员会,还有利于全区各职能部门的沟通协调,在研究制定全区农村集体资产管理政策过程中,能够充分了解其他部门面临的问题,便于各部门的协调配合,有助于决策的执行。

2. 注重制度建设,实行依法办事。注重加强"三资"管理制度建设,自2002年起先后推行了村民代表会议制度、农村党员议事会制度、村务公开民主理财制度和村干部离任审计等制度。2007年又将农村集体"三资"管理分为6个方面30项具体制度,汇编成册。2011年,区府办转发区农委《关于进一步加强本区农村集体资金资产资源管理的实施意见的通知》,初步形成青浦区农村集体资金、资产、资源管理制度体系。2013年,区农委进一步对财务收支预决算、财务管理、资产管理、土地承包、"三资"监管平台管理、收益分配、民主管理和财务公开、财务人员岗位职责、内部控制、内部审计等10个方面进行规范,形成新的《青浦区农村集体"三资"管理制度》(青农委〔2013〕157号)。

3. 依靠信息科技,构筑监管平台。在全区实行农村会计电算化基础上,建设农村集体"三资"管理信息化系统。系统分为资金管理、资产管理、资源管理、报表管理、合同管理、"三资"预警、"三资"公开、领导查询等八大模块。把需要公开的信息,通过"农民一点通"向集体经济组织成员公开,实现农村集体"三资"管理及运行情况的实时查询、实时分析、实时监管。[①]

[①] 从2011年9月9日区委、区政府召开"三资"管理工作推进会以来,全区156家镇级企事业单位的资金报表录入工作基本完成。资产台账、合同等相关资料也已收集、录入。191个村(居)的村级资金报表、资产台账、合同等资料已全部录入信息平台。2011年底基本完成了"三资"监管平台建设,2012年对现有资料不断补充、完善。

（二）农村集体财务管理规范化建设迈出坚实步伐

1. 实行村账镇管。2002年起，全区开始实行委托代理记账（简称"村账镇管"），各镇（街道）都成立了会计管理服务站，各行政村（居）实行村账委托镇（街道）集中代理记账，并实行会计电算化，进一步加强了会计管理，规范了会计核算和监督，提高了会计核算的质量和效率。实施农村集体资产台账管理，通过对农村集体资产进行清产核资、建立账册，摸清了农村集体资产的家底。通过对财务资产实施电算化管理，实现了对农村集体资产的实时监管，完成了对财务资产管理从"静"到"动"的转变，有效防止了集体资产的流失。同时，对农村集体资产的债权债务关系进行清理，实施债权催收、债务偿还的管理制度，提高了农村集体资产管理的水平。

2. 规范财务流程。2004年7月，夏阳街道枫泾村被农业部列为全国农村集体财务管理规范化建设试点村。2005年8月，被农业部授予"全国农村集体财务管理规范化示范单位"。2006年，区政府提出实施村级集体财务管理规范化建设三年行动目标。[①] 通过实施三年行动，青浦区村级集体财务管理进一步规范，走上制度化、规范化、经常化轨道。实施新的农村集体资产管理体制、制度等措施，统一了集体资产的运营管理，规范了会计管理、账户设置和核算操作。同时，通过对农村集体资产不定期的专项审计和财务凭证的严格审核，有效规范村集体资产管理中的财务开支行为，非生产性支出得到较好控制，农村集体资产总额有所增加。

3. 经营性资产托管。根据区委《关于进一步深化村级组织综合配套改革的试行意见》（青委〔2008〕13号）文件精神，对村级的经营性资产委托镇（街道）管理，被委托单位在不收取任何费用的前提下，加强对集体经济组织签订合同的监管，加大资产收益的收缴力度，促进集体资产良性循环和保值增值。截至2012年底，共托管房屋建筑物面积827 740平方米，托管土地面积9 448亩，托

---

① 2006年为扩大试点年，全区设立33个区级试点村，其中3个村被推荐为市级第一批试点，至2007年经市、区两级验收，全部合格。2007年为全面推进年，全区192个村（居）除33个市、区试点村外，全面开展村级集体财务管理规范化建设。2007年4月6日，区人民政府办公室转发区集资办等部门《关于全面推进本区村级集体财务管理规范化建设的意见的通知》（青府办发〔2007〕23号）。当年又推荐设立第二批市级试点村9个。2008年为完善巩固年，重点提出三项工作目标，一是进一步严格执行各项财务会计制度，二是进一步健全完善财务公开和民主管理制度，三是进一步加强村级集体经济组织年度财务收支预决算管理。

管房屋土地年收益12 109万元。资产托管规范了租赁手续,减少了随意性;提高了租金收益额和收取率;摸清了经营性资产家底。各镇(街道)先后对每项经营性资产建立了台账,跟踪掌握资产变动情况。

(三) 稳定完善农村承包关系并实施流转管理

2009年4月《上海市人民政府关于进一步稳定完善农村土地承包关系建立健全土地承包经营权流转市场的指导意见》(沪府〔2009〕34号)文件出台后,区政府于7月下发《青浦区关于进一步稳定完善农村土地承包关系加强农村土地承包经营权流转管理和服务的实施方案的通知》(青府发〔2009〕74号),正式启动稳定完善农村土地承包关系工作。2011年9月顺利通过市农委专家组验收,验收分值98.2分,在全市涉农区县中名列前茅。

1. 稳定完善农村土地承包关系。截至2011年5月30日,全区开展稳定完善工作的有10个镇(街道)134个村,共涉及1462个村民小组。需要新签合同或变更合同涉及的农户有37 233户,已签订合同或变更合同的有36 167户,签订率为97.14%,尚有1066户因各种原因未签订承包合同。① 剩余未签合同或权证未发的原因:一是片林地区未解决好农民的镇保待遇影响签约或权证发放;二是因解决镇保需要核减面积但个别农户不理解不愿签约;三是农户因其他因素与村委会产生矛盾而不予配合。

2. 建设农村土地流转服务中心。需要建立土地流转服务中心的8个涉农街镇(赵巷、华新、重固、白鹤、夏阳、朱家角、练塘、金泽),均已建成并投入运行。土地承包管理信息化建设方面,10个街镇已将完善的农户承包信息经核对后输入平台,已签订的1130份流转合同中有945份合同已输入平台。

3. 开展农龄统计,保障相关权益。按照市农委(〔2009〕108号)文件要求,对暂不具备产权制度改革条件的村,完成集体经济组织成员界定和农龄统计核实工作。农龄统计张榜公示无异议后,资料进入"三资"监管平台。

4. 建设农村土地承包经营纠纷调解仲裁体系。青浦区农村土地承包仲裁

---

① 已签订合同情况具体为:其中变更份数为22 995份,占63.58%;新签份数为4611份,占12.75%;补签份数为4006份,占11.08%;注销份数为4555份,占12.59%。需要发放土地承包经营权证的农户有35 756户,已发放土地承包经营权证34 146份,权证到户率为95.50%。其中:变更换发21 434份,占62.77%;新发4515份,占13.22%;补发8197份,占24.01%。截至2011年11月底,又新签449份承包或变更合同,尚余617份未签,现合同签订率为98.34%;新增权证发放份数为905份,尚余705份未发放,现权证发放率为98.03%。

委员会成立于 2009 年,聘任区政府法制办、区法律援助中心、区信访办、区规土局、区纪委监察局、区经管站、镇(街道)司法所等部门的 11 人为仲裁员。自仲裁委成立至 2012 年底,接待来信来访数十起,已受理 7 件仲裁案件,其中 5 件已裁决,1 件已调解,1 件已终止。11 个镇(街道)都建立了调解委员会,并落实镇(街道)调解员 31 名、村调解员 176 名。

二、青浦区农村集体"三资"管理的焦点问题

青浦区现有建制村 191 个(含涉农居委 7 个)。村级经济发展状况不容乐观。

(一)监督管理刚性不足

1. 管理制度的效能未能充分发挥。目前,青浦区已成立农村集体资产监督管理委员会,作为全区农村集体资产管理的常设机构;形成了覆盖全面的管理制度体系;建立了农村集体资产台账,记载和反映集体经济组织资产现状、价值、收益和变动等情况;在清产核资基础上,由村级集体经济组织将经营性资产委托镇(街道)有关专业公司经营;农村集体资产托管后,村干部绩效考核体系发生了重大调整。[①] 这些为加强农村集体"三资"管理奠定了基础。但在制度执行和监督效果上还存在一些问题。比如,(1)区级层面成立的农村集体资产监督管理委员会是监督全区农村集体资产管理的主体,履行监督的成员单位之一是区监察局。但作为监督主体目前它还存在不适格问题。[②] 村民和村级集体经济组织是农村集体资产监督的当然主体。但由于资产托管至镇一级的资产经营公司,村民的切身利益与资产公司没有直接关系,加之村民普遍缺乏监督渠道,导致对农村集体资产管理不想关心也无法监督。(2)由于资产托管,许多重大的集体资产处置和运营都无法做到事前监督,村民代表大会、村党员议

[①] 村级组织不再从事招商引资,农村干部考核指标分为四类,分别是社区管理指标占 40%,公共服务指标占 20%,党务和精神文明指标占 20%,村民评价指标占 20%,非生产性支出全部由区、镇两级政府安排保障资金予以托底。规定村集体组织成员分配的比例不得超过资产托管收益的 10%,村干部的基本报酬也完全由区、镇两级拨付资金加以保障。
[②] 2018 年 3 月 20 日第十三届全国人大一次会议表决通过的《中华人民共和国监察法》,把基层群众性自治组织中从事管理的人员和其他依法履行公职的人员纳入监察对象范围,解决了监察对象适格问题。

事会的事前评估、事前决策、事前监督作用无法发挥。农村集体资产的事中运行也很难监督,目前资产管理过程几乎成了各镇资产经营公司内部的事情,企业外部很难进行事中监督,甚至连知情都很难。目前,主要由镇一级政府对农村集体资产管理以审计、检查等方式实现监督,但发现问题后缺乏有效的纠正和制约措施,监督力度大打折扣。少数村干部贪占集体资产、工程项目串标、合伙虚报冒领等违纪违法问题仍有发生,偶尔也出现小官巨腐。

2. 村民管理诉求未得到应有满足。调查显示,村民对当前农村集体资产管理满意率不高,"满意占43.7%;基本满意占31.1%,不满意占25.2%"。对集体资产公开、村民参与资产管理监督和确认产权归属等有强烈的要求。(1)村务公开。被调查者中,几乎全部(99.14%)认为有必要公开农村集体经营性资产有关情况。村民已不再满足于公开基本情况,而是要求公开农村集体经营性资产运行决策、管理过程、收益分配等诸多内容。65.33%的被调查者认为需要这样做。(2)村民理财。80%以上的被调查者认为有必要实行村民民主理财制度。但在是否需要成立专门的村民理财组织,是否把村民理财纳入村民代表大会行使对农村集体资产监督管理等问题上还存在分歧。(3)资产确权。99.23%的被调查者认为应当清产核资、摸清家底。超过50%的被调查者认为应当进行产权制度改革,解决产权模糊、主体不明、管理混乱、监管不严等老问题,促进资产保值增值。产权问题造成的资产质量低下、效益不高,曾引发农民信访和集体上访事件。

3. 农村集体资产管理队伍建设滞后。一方面,农村集体资产的日常管理主要依靠村"两委"班子。他们一般没有系统的财务管理知识,相关法律知识也很不够。[①] 少数村干部民主观念淡薄,廉洁意识不强,作风不扎实,办事不公道,决策不民主,落实不到位,对农村集体资产管理产生了不良影响。另一方面,虽然建立了村民理财制度、成立了村民理财组织,但有关人员的管理意识和管理能力还十分欠缺。

(二) 资产增值能力受限

1. 行政介入的半途性影响。在城市化快速发展形势下,上级行政力量介

---

① 目前,青浦区共有184个村党组织和村委会,班子成员总数593人,平均职数为3.2名。班子成员中高中或中专以下学历的有397名,占班子成员总数的66.95%。

入农村集体资产管理是必要的，没有政府的大力引导很难实现农村集体资产保值增值和有效管理。目前，区政府对农村集体资产管理的发展导向是：以资金托底为基础，资产托管为依托，村级组织逐步不再从事招商引资，逐渐转向社会管理和公共服务。但是，这一政策没有充分考虑到村级自治组织对农村集体资产的依赖性和对农村集体资产实行民主管理的正当性要求，对农村集体资产管理缺乏系统规划。目前遇到的政策、资金、组织管理、考核、监督等方面问题，迫切需要政府及相关部门重新审视农村集体资产管理，制订中长期的系统规划，帮助农村集体组织有序进行农村集体资产管理。

2. 基层经营的自主性缺乏。一是农村集体资产产权不明晰。理论上讲，村民是农村集体资产的所有者，村级集体经济组织是这些所有者的代表。但长期以来，由于原始投资凭据不足或历史遗留问题，各街镇不同程度地存在农村集体资产与国有资产产权不明晰现象，上级机关和职能部门往往依靠行政手段无偿划拨集体资产，造成集体资产账实不符或资产流失。有些农村集体资产由于历史原因登记为国有资产，有些按照行政命令无偿划转给国有。农村集体资产产权不明晰，直接导致了农村集体组织的自治职能被削弱，资产大量流失，农民和农村集体经济组织的合法权益得不到保障。[①] 二是政府强势主导造成产权意识异化。从本质上讲，农村集体资产产权应归集体经济组织成员共同所有，集体经济组织代表本集体经济组织成员对其实行管理，是最直接、最合法的管理主体。但由于深受政府主导的影响，产权问题上的缺陷十分明显：(1)产权意识普遍薄弱。由于长期实行自上而下的政府主导，区、镇两级政府对农村集体资产产权归属问题淡化，缺乏对资产的评估和产权的界定，不但管理资产的党政干部产权意识缺乏，习惯于被管理的农村集体经济组织和农村居民也未给予充分关注，他们往往依赖上级行政机关或其他部门去管理和监督，使农村集

---

① 农村集体资产的所有者按现有的体制来说是"队（村民小组）为基础，三级所有"，即村民小组、村、镇三级集体经济组织所有，在县级以上就没有农村集体资产。由于县级以上没有农村集体资产，造成法律、法规、条例、规章制度和有关管理办法的立法缺失。改革开放至今，对农村集体资产的管理依据还是1995年由国务院颁布的国发〔1995〕35号文件，即《国务院关于加强农村集体资产管理工作的通知》。同时，现行法律没有对农村集体经济组织的法律地位予以确立。虽然《宪法》《民法通则》等法律中确认了农村集体经济组织存在的合法性地位，比如"农村集体经济组织实行家庭承包经营为基础、统分结合的双层经营体制。农村中的生产、供销、信用、消费等各种形式的合作经济，是社会主义劳动群众集体所有制经济"（《宪法》第八条）。但是，农村集体经济组织究竟属于何种性质的组织，农村集体经济组织的法人地位究竟是经济法人还是社团法人等问题，至今没有立法予以确立，因此农村集体经济组织在经济纠纷、合同纠纷中屡屡吃亏，造成资产损失。

体资产管理始终置于行政干预之下。(2)运行中政企不分。各镇(街道)虽然普遍成立了农村集体资产经营公司,但公司总经理要么是由镇(街道)政府任命,要么由镇(街道)行政领导兼任,行政色彩浓厚。(3)资产收益归入财政。虽然在农村综合配套改革中明确资产的收益权归农村集体经济组织所有,但实行资产托管后,都由镇资产经营公司管理运营,有些镇级政府将资产收益用于弥补财政赤字,产权所有人却享受不到资产收益成果。三是现行政策压抑了村集体资产管理积极性。通过拨付大量资金到农村,保障农村社会管理和公共服务的做法,目的是希望村级组织和村干部重视农村社会管理。但将资产收益分配比例和村干部基本报酬都通过政策施行和政府主导,则压制了农村集体资产管理的民主性和积极性。资产收益分配上限比例过低、村干部基本报酬由区镇统筹,直接导致了农村集体资产管理工作干好干坏一个样、资产收益挣多挣少一个样;综合考核中片面强调社会管理,将农村集体资产管理收益与村干部奖金脱钩,村级组织和村干部将农村集体资产管理看成是额外工作,打击了其资产管理的积极性。四是项目落地没有给予基层应有的尊重。青西地区作为黄浦江上游水源保护区,承担着保证上海人民饮用水安全的职责,属于生态敏感区和保持区,产业发展和调整极为谨慎。因此,新的产业发展和产业布局,选择条件苛刻,选择面比较窄。青西地区逐步形成了"一产不能养、二产不能动、三产空对空"的现象,严重限制了当地农村居民靠副业经营、非农就业提高收入的方式和途径。金泽镇十余年来没有一个二、三产新项目开工建设。有些新办企业项目即使通过了环评,也受土地供给限制难以落户;存量企业经营停滞,有萎缩的趋势;培育壮大起来的优势企业不断外迁,企业持续发展后劲不足、动力缺失。特别是一些能带动镇内经济社会事业发展的规模型优势企业,由于无法满足其扩张发展的战略需求,纷纷外迁,不仅带走了税收,也带走了当地就业岗位。①

问题还在于,青东地区对自主权失落也有类似的感受。徐泾镇城市化水平很高、进程很快,但是基层干部和村民也反映规划项目落地没有给予基层应有的尊重。比如,联民村②原村级集体经济收益主要来自全村 30 家各类公司企

---

① 伴随着长三角一体化上升为国家战略,青西地区被整体划为生态绿色一体化发展示范区核心区,迎来了前所未有的发展机遇。但不能据此便骄傲地认为,以对该地区的亏待具有充分的历史正当性。
② 该村地处徐泾镇中南段,北临沪青平公路(318 国道),南靠沪渝高速路(A50),东临沈海高速路(A15),西近镇西向河道,村区域是通往市区和进出江浙外省交汇要道,交通十分畅便。全村共有 14 个生产大队(村民小组),区域总面积 4 200 亩,其中耕地 2 308 亩,其他 1 892 亩;总人户 478 户,总人口 1 682 人。(注:统计时间为 2013 年底。)

业租金、土地使用费和农业种植性收入等共计230万元。自2003年开发以来，经10年大量房产开发，征用土地3750亩，占村总面积89%，共涉及圣堡、捷克、金地、伊露华、沁风雅泾、郡都、观庭、远大健康城等项目。目前，全村仅存一个整体生产小队（村民小组）32户、135人和一遗留开发基地5户、30人未实质动迁。村现有未开发土地450亩，该地块均由村农业服务队负责管理，并由承包专业户种植和村民自主分散种植经营，村集体已无农业经济收益。村原区域所属30家公司、企业因动迁全部外迁，原有150万元稳定税收租金收益全部失去，村级集体经济收益仅靠异地招商引资地方政府财政奖励（2012年共招税收1805万元，镇得财力420万元，村得实际奖励近300万元），这种收益具有不稳定性。2012年全村各类支出为450万元（其中，人头工资近200万元、百姓各类福利150万元、其他各类管理费100万元），年度村级经济收支已不平。特别2012年10月"远大健康城"项目开发，原村部全部拆除，只能在偏僻地借用过渡临时用房，由于交通不便，对村部办公、百姓办事、进出安全等造成很大困难，且无公共活动场所，无大会议室，借用房费用大，村干部和老百姓意见很大。因此，在当今开发动迁大潮中，如何在确保政府动迁项目顺利推进的同时，有效保障和促进村级集体经济利益，让世代生活在这块土地上的百姓分享到改革发展带来的成果，不仅是村级组织的答题，也是上级政府的课题。

3. 村级资产的结构性缺陷。一是村级集体经济组织经营性资产占比较低。2014年，全区村级集体经济组织资产总额保持稳定增长态势，但纵观资产结构，经营性资产（包括短期投资＋农业资产＋长期资产＋经营性固定资产＋无形资产）比率低。全区占比为23.40%，最高是夏阳街道，占比35.49%；最低是盈浦街道，仅为17.38%。青西地区经营性收入普遍较低。青西三镇1996个实地型工业企业中，有1287个集中分布在以减量为原则、重点实施生态修复和复垦的198地块区域，占比高达64.5%。随着198地块减量化实施，青西农民就业渠道进一步萎缩。二是村级集体经济组织资产收益较低。现有村级集体经营性资产，即厂房及少量集体建设用地，占村级总资产的比重仅为13.38%。有的合同签订时间较长，租金较低。总体上资产质量不高，相当部分已属危旧厂房，且"无证"建筑占很大比例，这部分建筑无法进行改扩建。现有经营性用房中无证面积比例高达66.18%，尤其是危旧厂房中无证面积更高达75.2%，给经营性收入的持续增长埋下了隐患。"两房"（即厂房和商业用房）中，部分资产没有实际使用价值，"无证"资产也占有很大比例，故这部分资产目前只能"做减法"不能"做加法"。农业虽然是农村产业基础,但由于历史原因和农产品特别是粮食作物利润率低下,村级组织集体经营的积极性不高,村集体经营的比重很低。2012年,全区有集体农场18家,种植面积仅1.47万亩,占全区种植面积的4.2%。

4. 村庄发展的外部性困境。一是交通设施影响发展。全区"四横两纵"高速公路体系和"六横七纵"公路主骨架和"五横六纵"城区交通路网大多集中在青东地区和青浦新城。交通基础设施的滞后,严重影响了青西地区主动接受市区及青东地区的带动辐射效果。二是基础设施薄弱制约发展。农村公交站设施简陋,农田建设投入不足,农田水利设施老化或缺失,晒场、仓库等设施数量不足,针对极端天气的抗灾能力弱。农村污水规范化处理,农村道路、燃气入户等也需要进一步完善。青西地区地处市区远郊,外向经济基础设施基本没有。落后的基础设施也成为产业引进、人才引进的瓶颈。

(三) 村庄收支矛盾突出

1. 收入增长趋缓。全区村级集体经济总收入主要来自三方面:一是不动产租赁等经营性收入;二是招商引资产生的税收返回;三是包括财政转移支付在内的各级财政补助收入。目前,村集体经济组织所拥有的不动产规模已基本定型,招商引资处于无地困境,租金收入和税收增长已无多大的空间。青东一些村虽有一定资金实力,但由于受土地指标的限制,无法扩大物业资产规模,增加资产租赁经营收入。随着城市化的推进,集体土地被征用后,因村级原有物业资产的拆迁、招商实地型企业的搬迁,租金收入和招商税收将减少。

2. 支出不断增加。事权与财权的不对称、管理费用的刚性增长等,增加了村居的经济负担,为民造福无财力、社区建设缺资金渐成普遍现象。虽然启动了一些公益项目,但对当地经济发展带动效果不明显。随着城乡一体化进程的加快推进,村级组织承担着日益繁重的社会管理职能。随着整体生活水平的提高,村民对农村基础设施和公共服务设施建设不断提出新的需求,加上日益增加的管理人员工资、①村民福利费用等,村级刚性支出持续快速增长。条线上各

---

① 村集体的人员报酬负担过重且呈刚性增长。2010年度,全区村集体人员报酬费用总额为19 540万元,占总支出的33.5%(最高的金泽镇为44.2%),平均每个村为102万元。报酬支出占总支出的比重逐年上升,与2005年相比增加9.1个百分点,"十一五"期间报酬支出平均年递增15.0%,2007年以来平均年递增12.1%。人员费用居高不下并快速增长,其主要原因:一是推行村级组织综(转下页)

项达标创建工作,项目多、投入大,也加重了村级经济负担。① 特别是来沪人员的涌入,更加重了村级组织的管理负担。2012年村级总支出同比增长7.85%,支出增长速度是收入增长速度的近5倍。许多村出现了"收不抵支"的状况。经济赤字村(即村级可支配收入与支出相抵后收入为负的村)数量自2009年后迅速增加,到2012年达101个。若扣除区级80万元/村的财政转移支付补助,经济赤字村数量将增加到166个,占建制村总数的86.9%。

3. 发展极不平衡。2010年底,全市9个涉农区县村级集体经济组织资不抵债的有147个,青浦有45个。几年过去了,这一情况并没有得到扭转,而且青东与青西村级集体经济发展差距进一步拉大。青东3个镇(赵巷、徐泾和华新)村集体总收入为23988万元,占全区村集体总收入的37%;平均每个村600万元;超过800万元的有8个村,其中3个村超千万。青西三镇(朱家角、练塘和金泽)村集体总收入为18907万元,占全区村集体总收入的29%;平均每个村228万元。平均村总收入青东与青西比为2.6∶1。最高的是徐泾镇,平均每个村的总收入为853万元,最低的是练塘镇,平均每个村的总收入为197万元,高低比为4.3∶1。从单个村看,总收入最高的是徐泾镇光联村,其总收入为2367万元,最低的是朱家角镇水产村,总收入为76万元,两者高低比为31.1∶1。②

4. 债务风险增加。一方面,农村集体资产运行效益不高。从2006年起,青浦农村集体资产的负债率逐年攀升,至2010年末,资产负债率已达79.14%,并有继续攀升的趋势。资产负债率过高,以后可能很难举债,甚至可能资不抵债。另一方面,资产运行合同不规范,合法权益得不到法律保护。虽然村级经营性资产托管、监管工作取得了一定成效,但以前签订的合同存在着不规范现

(接上页)合配套改革以后,村干部报酬考核注重社区管理和公共服务,由于职责相同,因而街镇在确定村干部报酬时易产生攀比心理,致使村干部报酬增长过快,造成其他条线管理人员的报酬也水涨船高。2010年尤为突出,村管理人员报酬每村达55万元,占报酬费用总额的53.9%。二是随着新农村建设步伐加快,卫生创建、平安建设等社区管理和公共服务力度加大,各类服务人员数量激增。以赵巷镇为例,2010年度由村集体经济组织支付报酬的各类人员("两委"干部除外)多达568人,平均每个村63人,比2005年增加211人,增长59%,平均每个村增加23人。此外,随着上海最低工资标准的逐年提高,这类人员的报酬或补贴水平也相应提高,是人员报酬费用快速增长的原因之一。

① 主要表现为:一是公共福利支出的范围扩大、金额不断增加。福利开支范围包括文教、医疗卫生、计划生育、"五保户"补助、助残、移风易俗、村民活动室、环境保护和献血补助等支出;二是为农服务等支农支出逐年增长;三是村民对村级道路等公益性基础设施建设的需求日益提高,基础设施建设投入费用压力更大。

② 关于地区发展比较的相关数据,统计时间为2013年底。

象,有些合同要素不全、条款不明,对权利和义务规定不平等、不全面;有些合同签订期限随意,有些合同到期后没有重签,甚至有些合同没有签订期限;少数村签订阴阳合同或签订后不按照要求履行,对合同随意变更,存在较大风险。

三、完善"三资"管理的对策建议

问题需要花大气力来解决。整体思路是:贯彻落实中央、国务院及相关部委加强农村集体"三资"管理文件精神,按照上海市加强农村集体"三资"管理总体要求,按照"制度加科技"工作要求,坚持镇、村"三资"管理一同加强,深化改革和加强管理一同落实,监管网络化和管理规范化一同提升,实现农村集体"三资"管理工作组织体系化、制度规范化、管理信息化、监督多元化、产权明晰化。

(一)强化制度落实,做到"管得牢"

1. 继续完善制度体系。全力推进《青浦区农村集体"三资"管理制度》(青农委〔2013〕157号文件)①的落实;同时,密切关注相关上位法的制订情况,根据制度执行的具体情况不断完善。要强化村级集体年度财务收支预决算的监督管理。村级集体在编制年度财务收支预算计划时,要坚持量入为出、留有余地的原则,特别是在产权制度改革后收入来源减少的情况下,要严格控制和压缩相关开支,不准搞赤字预算和虚假预算。要严格执行年度财务收支预算计划,对确有特殊原因需要进行预算调整的,须按规定程序办理,不准少数人说了算,不准搞弄虚作假、转移费用开支。对因执行预算不力或严重失职,造成赤字的,要追究村级组织主要领导的责任。

2. 着力强化监督措施。一要丰富村务公开的内容和方式。在公开内容上,应当公开本村享受误工补贴的人员及补贴标准,村集体经济所得收益的使用,本村公益事业的兴办和筹资筹劳方案及建设承包方案,土地承包经营方案,村集体经济项目的立项、承包方案,宅基地的使用方案,征地补偿费的使用、分配方案,以借贷、租赁或者其他方式处分村集体财产,村民会议认为应当由村民

---

① 《青浦区农村集体"三资"管理制度》(青农委〔2013〕157号文件)对财务收支预决算、财务管理、资产管理、土地承包、"三资"监管平台管理、收益分配、民主管理和财务公开、财务人员岗位职责、内部控制、内部审计10个方面47条制度进行了完善与补充,形成了相互耦合与相互支撑的制度体系。

会议讨论决定的涉及村民利益的其他事项。[①] 还应当公开本村国家计划生育政策的落实方案,政府拨付和接受社会捐赠的救灾救助、补贴补助等资金、物资的管理使用情况,村民委员会协助人民政府开展工作的情况,涉及本村村民利益、村民普遍关心的其他事项。[②] 除上述法定公开的内容外,还应将村级组织和村级集体经济组织的运行成本及其明细、各类重大村务事项的落实过程、各类政策和村务决策事项的实施结果和实施效果予以公开。在公开方式上,农村集体资产管理部分应当做到主动公开。要梳理好集体资产台账和村财务管理台账,以便村民随时查阅,并将这些资产、财务账目主动予以公开,特别是对农村集体资产的收购、兼并、转让、调配、收益分配等情况,要每月公布,让村民及时掌握相关信息,能及时有效地进行监督。要做好农村集体资产管理的点题公开工作,即村民指定本村集体资产管理中的某一事项要求村级组织或村级集体经济组织予以公开。在公开渠道上,要畅通便捷,确保传统公开渠道,如公开栏、黑板报、村务小报、村务广播等;同时通过电视、网络等现代媒体开展村务公开,比如在各村设置"农民一点通"多媒体机器,导入一些比较复杂的公开内容,使村民可以在多媒体平台上点击浏览;设立村务公开网页,把大量的资产台账、财务报表等予以公布,方便村民查阅。二要发挥好村民自治的监督作用。农村集体资产管理中的重大事项、重要项目、大额资金使用等必须经过党员议事会和村民代表大会决议后方可实行。村民代表可以对农村集体资产管理提出意见、提案等,对村"两委"班子和村级集体经济组织管理农村集体资产进行质询和日常监督。发挥民主理财监督小组对村级组织财务管理的监督,充实监督内容、扩大监督范围。比如,对农村集体资产管理中经营效益、成本、收益分配的民主理财;实行邻近几个村民主理财监督小组对口监督方式。三要发挥好职能部门的监督作用。区、镇两级政府建立农村集体资产管理的检查指导小组,特别是区农村集体资产监督管理委员会,可以抽调各部门优势资源组成检查指导小组,对各村集体资产管理进行日常指导和定期检查,帮助和督促村级组织和村集体经济组织做好集体资产管理各项工作。定期检查的结果可以作为对村级组织和村干部的考核依据。区、镇两级政府对村民关于农村集体资产管理的来电、来信、来访应积极回应和关注,要及时调查核实,保障村民合法权益。区、

---

① 《中华人民共和国村民委员会组织法》第二十四条。
② 《中华人民共和国村民委员会组织法》第三十条。

镇两级政府应对村级组织和村干部进行经济责任审计,全面掌握任期内村级组织和村干部在农村集体资产管理上的实际情况。对涉及资产量和资金量较大的项目要进行专项审计,确保资金资产运行安全。要把审计结果作为考核与责任追究的重要依据。

3. 加强人员选配培训。镇村两级要加强对农村年轻干部的选拔和培养,将一些年富力强、诚实敬业、文化素质较好的年轻人选拔到财务管理队伍。在招录大学生村官时要有一定比例的农经财会类人员。各级主管部门要重视对农村财务管理人员的培训,有计划、有组织、有步骤地定期组织他们进行财会知识、财经法规和财务管理制度的系统培训,努力提高农村财务管理人员的业务水平。要稳定财会人员队伍,财务管理人员被确定之后,一般不要随意变动。要严格财会人员的任免程序,建立农村会计任用审批制度。凡农村会计的任用、调换都要经过乡镇或上级主管部门批准,以稳定农村财会队伍,保持农村会计工作的连续性。要打破用人界线,在本村或本镇范围内公开招聘村财会人员,以解决少数地方村会计人员年龄偏大、素质不高但又无人接替的问题,促进财务监督和管理。

4. 定期开展专项督查。一是开展制度执行情况督查。通过对制度、合同文本、"三资"监管平台内容的完善,加大对经营性资产的管理力度;同时加强对盘盈、盘亏资产的清理和历史欠收租金的清理收缴力度,使全区经营性资产租赁合同管理进一步规范化和程序化。二是严格防范村级债务风险。要采取有力措施,推动债务化解,严控新债增长,避免债务风险。要加强对村级建设项目的监控,坚持量力而行原则,发展公益事业,搞好基础建设。规范票据凭证,严格账务处理,完善财务公开,实行以收定支。把村级债务增减列入乡村目标考核内容,加大奖惩力度,严格执行责任追究制度。三是消除农村集体资产管理中的违规现象。既要坚决消除农村集体资产管理中村干部侵占、挪用、私分集体资产的腐败现象,消除农村集体资产管理中滥用职权、贿赂、私设"小金库"等妨碍农村集体资产健康运行的违规行为,也要严肃处分村干部挥霍浪费集体资产等丑陋现象。

(二) 焕发内生动力,做到"激得活"

要把保证农村集体经济组织利益与国家利益有机结合起来;保证农村集体经济组织的独立性、灵活性同国家农村经济社会发展目标的整体性、指导性有机结合起来,通过法律为集体经济组织创造良好的运行环境,使集体经济全面纳入现代化市场经济体系中。

1. 深化产权制度改革。建立归属清晰、权责明确、保护严格、流转通畅的农村集体资产产权制度,是保护村民合法财产权益的需要,是促进农村发展、农民增收的需要,也是深化村级组织综合配套改革和落实农业发展规划的重要任务。一要继续做好清产核资、清人分类等基础工作。对各村所有集体资产,包括动产、不动产、债权、债务进行全面清理核实,分门别类,登记造册,摸清全区农村集体资产的存量、结构、分布和效益等情况,做到账实、账款、账账相符和资产财务明细、债权债务明细清晰。清产核资阶段,需要明确界定集体经营性资产的范围,依法对经营性资产进行价值评估,可以委托有资质的中介机构评估,经村民代表大会确认通过后入账。同时,界定农村集体经济组织成员,统计核实村民农龄并向全体村民公示结果。二要依法开展产权股份制改革。农村集体资产产权股份制改革是农村集体资产管理的发展趋势。建议在村一级建立新型集体经济组织——农村集体资产管理股份合作社,由区政府和农村经济主管部门颁发集体资产产权证。股份合作社按照公司法人治理结构,实行股东代表大会、董事会、监事会"三会制",按现代企业制度运行,参与市场竞争。[①] 要完善股权设置和股份配置。可以人口、土地、劳力等为基本要素,结合清人分类的结果,区分村民类别,确定合理的计算比例,界定个人股权。股权设置和股份配置的具体办法要充分尊重和保障村民自治权利,由各村集体经济组织成员讨论制订方案,报镇(街道)和区农村集体资产监督管理委员会审批确定。通过股权设置和股份配置,将农村集体资产变为股权,把村民变为股东,颁发股权证明,作为收益分红凭据。

2. 提高资产运营质量。一要激发生产要素潜能。美丽乡村建设要按照生产、生活、生态相互统一、相得益彰、相互转换的原则,统筹谋划、精心部署、扎实推进。所谓相互统一,就是同时实现生产发展、生活富裕、生态优美目标;所谓

[①] 根据股份合作社的规模,按一定比例直接选举产生股东代表,组成股东代表大会,股份合作社的所有重大事项都必须经其审议同意方可通过。董事会是股份合作社的日常工作机构,其候选人采取民主推荐和组织提名相结合的办法产生,获得到会代表一定票数以上方可当选。董事长是社区股份合作社的法定代表人。董事会主要决定公司的经营计划和投资方案,制订股份合作社的年度预算、决算,决定内部管理机构设置和管理制度。监事会是股份合作社的专门监督机构,由一定人数以上的普通股东代表组成,其成员不得与理事会成员交叉,不得是股份合作社的财务人员,其选举产生方式与董事会一致。

相得益彰,就是让优美的生态为生产和生活提供更多的机会,生产发展和生活富裕又为生态的改善提供更充分的条件;所谓相互转化,就是生态资源可以转化为生产资源,生产过程可以促进生态修复,生活本身成为一道亮丽的风景,既是生态的一部分,也是生产的一部分。生态农业、观光农业、体验经济、乡野居住等都是可以大有作为的,关键是要规划好、建设好、管理好、引导好。二要整合经营性资产。推动发展集体农场等农村集体经济新型实体。华新镇嵩山村、杨家庄村等在发展集体农场方面取得了很好的经验,说明发展集体农场不仅有利于壮大集体经济和促进农民增收,而且有利于调控外来人口增长和推进美丽乡村建设。积极探索和创新集体农场、农业合作社等经营形式,形成规模经营的示范效应,推动农业经营的规模化、集约化。引导社会资本参与美丽乡村建设,积极探索社会资本与村集体资产股份的合作形式,实现优势互补。吸引社会资本投入适合企业化经营的农业产业及农产品加工、流通等产业链,着力培育优势品牌,打造龙头企业。积极探索村级集体建设用地的流转,推进集体经营性资产的整合开发,保障村级经济的可持续发展。在集体建设用地流转整合中,可探索由镇(街道)统筹开发和经营的模式,按照各自所占份额分配权益。对历史遗留的村集体"无证"资产,可在符合区域规划且对建筑物做出安全性检测的前提下,准予补办相关手续;对资金积累较多的村,支持其在相关开发区建造或购置标准厂房,奠定村级经济可持续发展的基础。

3. 优化运行管理流程。一是降低村级组织和村集体经济组织的运行成本。围绕村级组织和村级集体经济组织中人、财、物的使用,建立成本控制管理体系。比如,对进人、用人的数量加以限制,明确用人的条件;制订合理的接待费、会务费、差旅费等消耗性经费量化幅度,超出部分不予报销或者由个人支付;物资使用的登记、核查、追讨、赔偿制度等。要提高村干部控制成本的意识和能力。教育村干部树立勤俭节约的意识,学会应用诸如财务、审计、法律等方面的技能,特别要善于共享各类资源降低成本。二是增加农村集体资产经营效益。要经常清理农村集体资产经营过程中产生的债权债务,通过债权催收、债务清欠,有效降低资产负债率和坏账风险;同时坚决防止新增债务的产生。要拓宽农村集体资产的投资渠道,建议投向具有发展潜力、对村级经济有一定影响,并且产权明晰但资产不足,有一定融资扩股需求的企业;还可投向村内基础设施建设,以此改善招商引资的环境;还可以用在资本运作上,基于产权股份制改革,推动农村集体资产股权转让、置换、兼并、重组等,增加股权的流动性。要规范各类经济合同的签订，农村集体资产的承包、租赁、转让等应当签订书面合同，明确双方权利义务，有规范的合同文本格式的，应按照规范合同文本格式签订；没有规范的合同文本格式，可以咨询区农村集体资产监督管理委员会，或者聘请律师等专业人士出具法律意见后签订合同。三是探索农村产权交易市场建设。要将招投标和公开竞价机制引入农村集体产权交易，以农村土地承包经营权流转服务中心、集体"三资"服务中心为依托，构建农村集体产权交易平台，将集体资产资源的发包、出租，集体资产变卖处置，集体工程项目招投标，持有股权转让等纳入农村产权交易中心交易，推动农村产权要素合理流动，实现集体资产资源的有效利用。有条件的地方可建立资金、资产、资源三合一的综合性股份经济合作组织，搭建农村物权、债权、股权、知识产权等交易服务为一体的综合性专业化农村产权交易平台，构筑一个开放性的农村产权交易市场。

4. 完善绩效考核体系。完善绩效考核制度有利于村干部、村级组织更好地管理农村集体资产，对保证农村集体资产管理系统规划目标的实现具有重要意义。建议在设定村干部报酬时，将总的报酬分解为固定工资和绩效薪酬，而绩效薪酬中除包括正在实施的农村社会管理和公共服务部分外，还应增加农村集体资产管理部分，使农村集体资产管理工作通过绩效予以体现。要运用定性考评与定量考评相结合的方法，在注重分值、系数、数量等定量考评的同时，对农村集体资产管理工作的文字描述、等次排序、鼓励先进等形式给予精神激励。

（三）完善分配体系，做到"配得公"

1. 权益性公平。一是依法协商确定集体土地产权。在土地权属调整过程中，要始终遵循土地管理法律法规中的相关规定。依法登记的土地所有权和使用权受法律保护，任何单位和个人不得侵犯。相关土地行政主管部门应按法律程序做好土地权属的审核、登记、发证等工作。依法改变土地权属和用途的，应当办理土地变更登记手续，以保障土地产权人的合法权益。土地所有权与使用权的调整应在各有关权利人协商一致基础上进行。参与土地开发整理各方之间的飞地、插花地及交界处的不规则区域，应在各方协商基础上，根据项目完成后形成的沟、渠、林、路等线状地物重新划定。二是依法保障被征地农村集体和农民的权益。征收集体土地必须依法依规进行，及时足额支付征地补偿安置费用，落实被征地农民社会保障费用。要多渠道安置被征地农民，积极推行留地安置、土地或征地补偿费入股安置，以土地换社保。对依法征收集体土地的应按不低于被征地面积15%的标准,留给被征地集体经济组织作为建设用地,发展二、三产业,以解决被征地农民就业和长远生计。三是根据中央保障农民宅基地用益物权、改革完善农村宅基地等方面新政策,积极探索农民增加财产性收入渠道。

2. 发展性公平。政府在开发中应对原村集体资产和经济收益给予一定保障。把房产项目开发和维护村级集体经济利益放在同等位置,至少不减少原村集体经济收益(例如,对原村部集体资产不能等同百姓住房补偿方式,应有开发商以房资产置换或政府托盘确保)。因大量房产开发而受影响的经济薄弱村,政府应给予特殊扶持政策,确保村级组织能基本正常运行(例如,对原区扶持80万元/村财政政策不能一刀切,对经济困难村应增加资金,加大扶持力度)。在不影响规划和产业前提下,允许村集体利用本区域分散小角地块,针对性发展三产服务行业,以增加村级集体经济收益。有些地块虽小但位置好,却因无法报批,其资源只能长期浪费荒废。可实行政府牵头、村级集体参与、集中创建商务园区模式。① 对减量化释放的建设用地指标进行横向转移,为村集体和村民增加财产性收入奠定基础,既缓解区财政支出压力,又为村级集体经济提供造血机制。② 对于青西来说,最根本的还是区域规划和产业定位问题。要站在

---

① 2014年3月20日《东方城乡报》报道枫泾镇扶持薄弱村建长效"造血"机制的做法和经验,这种做法和经验曾得到杨雄市长的充分肯定。
② 笔者曾参与练塘镇利用"198区域"土地减量化工作契机形成村级集体经济造血机制的方案研究,摘其要者附录如下:其基本原则是:(1)合作双赢。在推进土地减量化工作的同时,结合做好村级集体资源的统筹整合,以股份合作的方式,组建经营主体(镇级经济联合社),实行共同出资、共享收益,确保各村集体经济组织均有长期稳定的经营性收益。(2)聚焦发展。各村集体经济组织所得的土地减量化补偿资金应按时足额到位,除支付企业安置、土地垦复等费用外,必须集中用于村级经济发展。对没有土地减量化任务或土地减量面积少的村,争取政府予以适当扶持,按一定基数予以托底保障。(3)合理分配。正确处理村委会、村社区经济合作社、村民之间的利益关系。村社区经济合作社通过合作经营所得的年度净收益,首先提取一定比例给村委会保障基本运转,其余部分按合作社章程的规定用于村级公共服务及社员分配。具体做法包括:(1)梳理各村可用资产。一是按照"198区域"土地减量化政策,测算各村通过土地减量化可获得的资金总量,并根据土地减量化工作进度提出资金到位时点。二是利用村级产权制度改革清产核资的成果,摸清没有土地减量化任务或土地减量化面积较少村可利用的存量资金,包括鱼塘复垦、征地上物补偿等未到账资金。(2)制订物业收购方案。在调查了解物业收购价格、供应单位和物业所在区域等情况的基础上,根据可用资金总量和土地减量面积5%—10%的比例配比待购物业,制订物业收购方案。(3)建立镇级合作经营主体。为克服单个村集体经济组织势单力薄的短处,提高经营能力和经营效益,要建立由25个村集体经济组织(村社区经济合作社)和镇集体资产经营公司共同出资入股的镇级经济联合社,作为市场经营主体,负责物业购置和物业经营管理。经济联合社应建立董事会,逐步完善治理结构,其管理人员可由镇级资产公司相关人员兼任。在股权设置上,25个村社区经济合作社应占有多数股权。每个(转下页)

长三角一体化的高度,加快制订和推动淀山湖地区中长期发展规划,提升湖区产业功能,将环淀山湖区域建设成为与上海国际城市功能相适应的著名湖区,引进一批与生态环境兼容的优质企业、高等级的文化旅游项目和生产性、生活性服务项目。

3. 补偿性公平。一是提高水源保护区生态补偿金额。在原有生态补偿机制的基础上,建立水源保护区专项资金,用于弥补为水源地保护做出贡献的青西地区,加大专项转移支付力度,扶持适宜的产业项目。市级层面要统筹将其他撤销水源保护区释放的生态补偿转移给青浦区。二是拓宽生态补偿资金使用渠道。要将生态补偿资金用于养老、医疗等民生工程,使老百姓真正受益。比如,充实本地农户个人养老账户、提供养老的社会化服务补充基金,补充本地农户个人医保账户、探索建立青西农户医疗保障互助基金等。

(四) 确保正常运作,做到"托得起"

1. 加大基础投入。一是不断优化路网建设。积极开展青西地区道路网格化建设,重点打通与浙江平湖、江苏吴江、昆山的连接道路,构建畅通的交通网络。青西郊野公园周边配套道路建设规模大、投资高,市级相关部门要将其列为市政道路建设规划,享受一定的道路建设资金补贴,缓解建设资金压力。二是持续改善快速通行能力。建议:(1)轨道交通17号线向西延伸,和沪青平高速公路形成带动区域发展的轴线,串联青西各镇区;(2)参照赵巷奥特莱斯高速收费口政策,研究取消朱家角、西岑、金泽等青西区域范围内高速公路收费,促进旅游休闲人流量的上升;(3)在金泽、商榻地区探索建立快速公交系统(BRT),加快该区域道路快速通行能力。三是加大农村道路桥梁补助力度。建议市级层面对该区域经济薄弱村以外的行政村村级道路改造给予相应补贴;

(接上页)村社区经济合作社可以有2%的基本股;剩余50%的股权也基本按各村社区经济合作社出资金额或提供资产的数量进行分配。镇集体资产经营公司只占有少量股权。对土地减量化面积很少或无力出资的村,争取区政府予以托底扶持。(4)委托镇级公司经营管理。考虑到镇经济联合社缺乏经营人才、经营管理能力需要逐步提高,建立后可委托镇级公司经营管理。双方要签订托管协议,明确权利义务关系。托管单位应加强经营收益的收取与管理,及时掌握资产变动及租金收取情况,不断提高经营性资产的使用效率,确保集体资产保值增值。(5)规范经济联合社的收益分配。联合社所得收益扣除管理费用、资产折旧及提取法定公积金后,按照同股同利原则进行分配。村社区经济合作社在取得相应收益后,先提取用于村委会运转的资金,具体比例由各村根据年度实际收支情况在30%—50%之间合理确定,并经成员代表会议审议通过。然后,根据合作社财务核算要求拟定其余部分的分配方案。

鉴于青西地区水系发达,桥梁较多,市、区可进一步增加该地区农村桥梁危桥改造资金补贴。四是调整村、镇布局体系。着眼于现代化生产与生活,加强青西片区统筹管理,形成淀山湖东岸特色水乡群落:在以现有古镇改造和水乡新市镇开发为主的同时,以宅基置换、平移为手段,建设好商塌、蒸淀等集镇社区;研究迁移偏远农村人口至集镇周边农民新村,既增加集镇人口数量,提升集镇服务性产业发展基础,又节约公共基础服务资源,也有利于形成规模化农业生产经营模式。

2. 加大转移支付。市、区财政转移支付要进一步向水资源、环境保护做出贡献的地区倾斜,向集体经济薄弱、发展难度又大的地区倾斜,继续扩大公共财政在农村基础设施建设等范围的投入,积极落实"城市支持农村,工业反哺农业"的政策。

3. 推进综合帮扶。结合美丽乡村建设,积极推进农村综合帮扶工作,增强村集体经济组织自主发展能力,提高村级经济成长机会和经营收益。

总之,农村集体"三资"管理,必须坚持"两手抓,两手都要硬"的方针。

第一,既要重视资产管理,更要着眼于经济发展。管理的目的是为了发展,发展过程又必须完善管理。这几年农村"三资"管理可圈可点,但壮大集体经济力不从心。要从实际出发,盘活集体"三资",宜租则租、宜转则转、宜工则工、宜农则农。要激活生产要素,发挥自身优势,拓展经营渠道,通过物业租赁、产业开发、资本经营、旅游带动等多种方式,发展物业经济、产业经济、农贸经济和旅游经济等。

第二,既要重视制度设计,更要着眼于制度执行。制度管理是规范管理、科学管理、长效管理。这就要求在制度设计中必须做到覆盖层面明确、规定边际清晰、条文内容细密。青浦区在农村集体资产管理制度的设计和制订上花了很大力气,防止了集体资产大量流失。今后,一方面要检查制度缝隙,严密程序对接,加强防范措施,使制度真正成为农村集体经济的保护神;另一方面要强化制度执行,加大审计和监督力度,坚决查处违规违纪案件,使制度真正成为铁规和高压线。

第三,既要重视集体资产的阳光运作,也要着眼于管理方式的改革创新。要在城乡一体化融合发展的大思路下推进城乡统筹综合改革,大力破除城乡二元结构;以要素市场化为核心,积极探索农村集体经济发展新路子;更彻底地实行政经分开、地资分开、户产分开。①

  第四，既要重视对农村的财政扶持，更要着眼于农村内生动力的激活强化。这几年，从中央到地方，各级政府对农村的财政扶持力度不可谓不大，但仍有不少农村发展乏力。要继续加大对农村特别是欠发达地区的转移支付、专项补助和结对帮扶力度，改善它们的发展条件，同时更加注重激活农村内生动力，强化培育造血功能。要着眼富民这个目标，在农村干部培养选拔教育上，在集体经济发展思路上，在政策支持的方向和方式上，在农经管理机构及队伍建设上大做文章、做好文章。

---

① 政经分开就是把村"两委"组织和村级集体经济组织分开，使"两委"成为单纯的村民政治自治组织，由村股份经济合作社直接掌管村集体资产中非土地资产的经营和分配，并且委、社职能分开后，人员交叉任职，建立各自台账，从而确保了二次分配的公平；地资分开就是把土地（资源）与非土地资产（指集体建设用地租金收入、集体资金和公共设施设备）分开，保持土地属性不变，并经地改后新成立的土地合作社代表村民进行管理、流转和处置，而剥离后的非土地资产则由村股份经济合作社代表社员股东进行掌握、管理和经营，从而改变了过去土地与非土地资产捆绑一起、统由村"两委"掌管的状态，促进了农村集体资产正常自由的流动；户产分开就是把户口与产权关系分开，使农民作为农村集体经济组织成员所享有的土地承包权、宅基地用益物权、集体经济权益等，不因婚嫁、户口转换、居住地改变等原因而改变和丧失，这不仅有助于鼓励和促进离乡创业成功人员的回乡投资和反哺，而且有利于社会的稳定。

第五章　城市化背景下农村政策演进过程与基层心态

从2006年中央提出建设社会主义新农村的战略任务，到2017年党的十九大提出乡村振兴战略，农村经济和社会发展机会越来越多、空间越来越大，目标也越来越高。我们始终关注农村社会发展，在攸关农村发展和农民命运的重大政策出台之后，都深入村镇进行调查研究，虽然每次各有侧重，但始终关注生活在那片土地上的人，关注他们的命运和悲欢。把十余年的调研放在一起，从中可以看出宏观政策演进与利益攸关主体的态度变化之间的互动关系。

一、新郊区新农村建设的热情与理性[①]

2006年7月中旬，上海市委八届九次全会通过了《关于推进社会主义新郊区新农村建设的决议》，10月，市委、市政府又下发了《关于推进社会主义新郊区新农村建设的实施意见》（沪委发〔2006〕14号），进一步明确了推进社会主义新郊区新农村建设的目标任务。区委党校成立课题组开展主题调研。除开展大型问卷调查外，还进行了多次访谈式调查。综合这些调查，提出了几点建议。

（一）在超越社会热情中体现政策理性

新郊区新农村建设要尊重群众的愿望和要求，尤其是农民的愿望和要求，这是毫无疑义的。但是，决策科学的辩证法要求我们在热情高涨时保持冷静。

[①] 课题组成员有黄文燕、姚东平、莘小龙、鲁家峰、沈迅、蔡冯玲、应豫、倪敏芳等。鲁家峰负责调研设计和问卷制订，全程参与调研，担任报告执笔。调研过程得到区内各街镇和区直机关党工委的大力支持，特别致谢！报告主要部分曾收录于《长三角地区新农村建设研讨会文集》（香港文汇出版社2006年版）。这里是节选。

尤其是对小城镇保险的推进和促进就业的方法更要保持高度的理性。

关于小城镇保险政策。有78.2%的被调查者认为,应该让全体农民享受镇保;有40.1%的被调查者抱怨步伐太慢,应该分期分批尽快全覆盖。但是,即使可以按照人们的愿望,为小城镇保险的全覆盖制订一个指日可待的时间表,也必须与农民土地使用权的让渡结合起来。① 只有这样才能有效促进农业经营的规模化,降低规划实施的经济成本和社会成本,并防止已保人员由于比较利益受损而产生不公平感。另外,对标准的提高幅度和依据也要作科学研究,因为幅度越高,已保与未保之间的张力越大,越影响社会稳定;增长的依据必须有利于社会期望与社会经济发展的同步性。

关于促进就业政策。人们普遍对就业问题表示深切的关注。在促进就业方面,政府面临着很大的社会压力,应该千方百计去促进就业。但同时要注意到,政府促进就业的任何政策都不应造成求职者对政府的过分依赖,不能为了促进就业而人为设岗,不能侵蚀市场竞争的公平平台,不能损害企业的合法权利和正当效益。更要防止刺激政府安排的就业者过高的薪酬期望,防止公益岗位从业者形成某种利益集团,防止一些人利用"合法伤害权"牟取部门和私人利益,造成社会"公害"。

(二)在实施建设方略中注重管理

建设新郊区新农村的重要途径就是推进"三个集中"。而推进"三个集中"特别需要慎重处理的是规划和动迁。

关于村镇规划。对于中心村建设,人们普遍表示赞同和接受。一定要珍惜和利用好这个民意基础,探索中心村建设的具体形式、农民进入中心村的具体步骤、农民进入中心村后的配套服务等。首先,中心村建设一定要有利于发挥市郊农村的多功能性。与现代化国际大都市相适应新郊区中的新农村,不仅是农民生活居住的地方,它还承担着经济、政治、文化、生态等多方面的功能。② 其

---

① 农民的土地承担着社会保障和生产资料两大社会功能。土地承包经营权实际上是持续获得社会保障和使用生产资料的权利。当镇保代替了原来土地所承担的社会保障功能之后,农民的土地承包经营权就要作相应的让渡;对于土地所承担的生产资料功能,政府可以通过提供非农就业,或者给农民提供不低于原来使用水平的租用权,以合法地获得土地承包经营权的完整让渡。
② 随着现代化新郊区的发展和传统农业向现代农业的转化,农村经济已由单一的农业经济部门变为包括农业、工业、建筑业、交通运输业、商业和服务业的立体经济形态。新郊区的新农村是人们参与政治活动、管理社会事务的基地。它应该传承和弘扬上海传统文化,保持江南水乡独特风土人情。它应该有不同于城市的特色。如果说,城市是壮美的,新农村却是秀美的。

次,要注意区域所处的城市化和工业化发展的阶段性特征。要分析农村人口向城镇转移后的乡村人口数量,分析工业化发展后农业规模经营与村庄规模的关系。再次,要注意经济、人口、社会和资源环境承载的协调。村庄的位置要力避建设在生态敏感区域,以利于保护区域生态环境;村庄规模要适应社会管理需求和可能的变化。最后,要注意政府预期与市场导向、农民意愿相结合,注重规划弹性。既要避免过于分散导致配套难、资源浪费等现象,也要避免违背农民意愿的强制性村庄撤并,保证政府规划的科学性、严肃性和约束性。有31.7%的村民倾向于保留宅基地,自己建房。这或者是因为对建筑质量的潜在担忧,或者是对建筑风格自主性的合理向往,兼有对自己利益让渡后的失落情结。因此,要认真研究如何将村镇规划的统一性与老百姓建房的自主性结合起来。

关于动拆迁问题。人们对动拆迁的认可度还是较高的。但调查也反映出动拆迁问题的敏感性;它表明动迁中的矛盾主要不是绝对的利益受损,而是由利益比较中的相对受损引发的。因此,做好动拆迁工作,不仅需要政府依据相关政策和法律,正确认识和处理有关各方的利益关切,而且需要在策略选择上让老百姓感知动拆迁政策的公平性,避免由于纵向或横向的利益比较而产生心态失衡。同时,认真做好各种善后工作,诚信践诺,防止那些认为动迁完毕就万事大吉的工作态度。①

(三) 在发挥政府主导作用同时激发农民主体意识

新郊区新农村建设必须把发挥政府主导作用和激发农民主体意识结合起来,把关注民生与激励民志、培育民力结合起来。一是发挥政府的主导作用。发挥政府主导作用,需要将政府统筹与市场调节结合起来。市场机制不能保障农村公共物品及时、足量、公平的供给,因此必须发挥政府制度安排和宏观调控的作用,使城市化与工业化和农村现代化同步协调发展。同时,必须使相关的制度安排更加适应市场经济的发展规律,更加有利于激发各种社会资源进入涉农领域的兴趣。要创新投融资体制,建立政府、企业和个人共同投资的多元化投资机制,使政府预期与市场导向、农民意愿形成有机结合和正向耦合。发挥政府的主导作用,需要政府站在公正的立场上整合社会利益。调查显示,政府关心的、村干部关心的以及农民所关心的问题往往存在差异,甚至有很大的差

---

① 比如,在制定宅基地置换方法以及农民社会保障的水平时,应该考虑到集中后农民能否保持不低于原来的可持续的经济能力;土地向规模集中后,应该提供相应的就业机会,保证离开土地的农民能持续就业;对集中后的土地产生的收益,农民应该有参与分配的权利,等等。

异,而差异的实质在于利益的相关程度。因此,政府必须整合不同地区、不同人群的利益,保证群众的合法利益不受侵害,保证发展代价的公平分摊与及时补偿。发挥政府主导作用,需要政府既着眼全局又因地制宜,控制好新郊区新农村建设的步骤和节奏。要把政府的规划与农民的愿望以及农民利益的保护结合起来;把整体目标的推进与不同地区对相关问题的紧迫程度结合起来。比如,东部地区对违章搭建相当敏感,西部地区对于村庄规划给予了更多的期盼。因此,新郊区农村建设的切入点应该有所不同。二是尊重农民应有的主体地位。人们对这个问题的认识还存在很大偏差,这根源于实践的扭曲。比如,从产业规划、村镇建设、村务管理到集体利益的分配,农民往往处于被动地位。因此,激发农民的主体意识,最重要的是要尊重农民对利益的关切。其一是保护农民的经济利益,包括对土地使用、就业机会、集体资产处置和收益分配等方面的利益诉求。联系青西地区的发展困境,特别要呼吁市级决策尽快解决作为"都市绿肺"区域的农村经济如何发展以及农民收入的稳定增长问题。[1] 其二是要保护农民的民主权利。不仅是选举过程中的民主,而且是贯穿管理全过程的民主。农民对集体经济的家底不清楚、对农村干部的收入有意见、对村务公开情况不满意等,说明农村管理亟待加强民主法制方面的建设。其三是要尽量满足农民对公共服务的要求。包括村庄建设、基础设施、社会事业发展等方面的要求。其四要善待来沪务工人员,同时加强教育和管理。一定要把唤起和增强来沪务工人员及其家属的家园之感,作为农民主体意识教育的一项重要内容。激发农民主体意识既是保障和促进民生的过程,也应是激励民志、培育民力的过程。建设社会主义新郊区新农村,关键就是要解决农民生产生活中切身利益问题,提高农民经济地位和社会地位。调查数据不仅反映了人们对民生和民志、民力的普遍重视,而且反映了它们的内在联系。就业是民生之本,解决农民就业问题,既要从经济结构、产业布局和政策指导等方面入手,又要着力提高农民的自身素质。农民素质不高既是制约农村经济发展和农业现代化的重要因素,也是制约农民自身境况改善的重要因素。因此,要按照提高农民整体素质,培养造就有文化、懂技术、会经营的新型农民的目标,改进培训方式,加大培训力度。要分类实施培训:一是技能更新培训,即提高农民转岗就业所需要的

---

[1] 上海黄浦江上游涵养林的建立、淀山湖水质保护、上海水网系统保护等,不仅长期抑制了所涉地区的经济发展,造成了发展机会方面的不公平,更使当地农民的利益受到直接损害,如果没有公平的生态补偿,甚至迟迟看不到考虑补偿的真诚努力,当地农民自然就会感到寒心!

知识和技能。青年农民可根据需要和意愿进行较长时期(1年甚至更长)的培训,以便获得较高难度的竞争性技能。二是提高性培训,即有针对性地加强新型农民科技培训,提高他们经营涉农产业或科学种养的本领。三是保健性培训,即对年龄偏大、文化程度较低的劳动者开展直接劳动技能教育和纪律安全培训,以适应非农产业部门对于劳动力的基本要求。

二、关注美丽乡村建设中的村民获得感[①]

美丽乡村建设承载着农民过上美好生活的新期待。青浦区从2013年8月开始探索美丽乡村建设,并根据中央和上海市政府有关文件精神,[②]于次年7月出台《关于本区推进美丽乡村建设工作的实施意见》(青委办〔2014〕20号),形成了"1+6"的美丽乡村建设工作推进制度。首批美丽乡村示范村建设取得很大进展和有益经验,金泽镇蔡浜村和朱家角镇张马村被评为2014年度美丽乡村示范村,张马村还被农业部推介为2015年中国最美休闲乡村。为全面了解有关镇村美丽乡村建设的基本经验,用新的发展理念审视美丽乡村建设过程,进而为推进美丽乡村建设建言谋策,2016年1月中下旬,课题组围绕"青浦美丽乡村建设:经验与问题"开展主题调研,重点聚焦村民获得感问题。课题组走访了金泽镇蔡浜村、东西村,朱家角镇张马村,练塘镇东庄村,赵巷镇中步村和华新镇嵩山村,并通过其他方式了解金泽镇莲湖村有关情况。除实地走访外,调研组还通过开座谈会、问卷调查等方式了解基层态度和群众期盼。[③] 为便于比较分析,既实行分村统计,又进行总体合计。

(一) 美丽乡村建设中村民获得感分析

1. 权益保障感。村民们认为,在美丽乡村建设过程中,知情权得到了较好

[①] 本次调查由中共青浦区委党校课题组共同完成。常务副校长陈菊英担任课题组负责人,成员包括:莘小龙、占雪根、鲁家峰、沈迅、蔡冯玲、应骏、闻丽、李继力、倪敏芳、王扬、李秀元、孙倩雯等。鲁家峰担负研究设计和执笔任务。报告的部分内容曾发表在《科学发展》2016年第11期。
[②] 包括:2013年中央一号文件、农业部《关于开展"美丽乡村"创建活动的意见》(农办科〔2013〕10号)、国务院办公厅《关于改善农村人居环境的指导意见》(国办发〔2014〕25号)、上海市政府办公厅《关于本市推进美丽乡村建设工作的意见》(沪府办〔2014〕17号)等文件。
[③] 共发放调查问卷112份,回收有效问卷105份。对象包括村"两委"班子成员、村民小组长、村民代表和一般村民。收回的问卷中,金泽镇东西村18份、蔡浜村19份,朱家角镇张马村19份,练塘东庄村9份,赵巷镇中步村20份,华新镇嵩山村20份。

的保障。对青浦区推动美丽乡村建设的政策与举措,44.8%的被调查者表示"非常了解",53.3%的被调查者表示"有些了解"。只有2人(1.9%)表示"不清楚";没有人表示"不了解"。座谈中,村民们也表达了这样的感觉:美丽乡村建设过程中基层和老百姓的意见是受到尊重的。中步村村民举例说:一是每周召开工作例会。村民组长反映的问题,班子成员当场能解决的就解决,能解释的就解释;不能解决的,会后再协调做思想工作。二是村里的规划都是村里先提初步设想,征求意见后再定下来。遇到老百姓不支持的项目,先协商沟通,再宣传引导,等取得老百姓理解后,最终实施建设。选举中现在班子成员的得票达90%以上。张马村村民说:工作中存在意见是难免的,但一般都通过沟通来做工作;村民小组长选举竞争很激烈,但在表达民意方面也发挥了很大作用。东庄村村民认为,村委基本上能尊重村民意见,遇事商量、讨论后,再决定和执行。蔡浜村村民也说,村"两委"能够听取和吸收村民建议,设法调动村民的积极性。东西村村民表示,对村里没有什么意见,大政策就是这样,村里能决定的"大事"都是通过村民代表会议来决定的,经费使用也做到了公开透明;但是,市里、区里的一些决定没有充分考虑到村民的利益。比如,金泽水库的建设,村民养不成鱼,也打不成鱼了,每年最少要损失100万元;村民希望整体搬迁,但一直没有结果。嵩山村村民则反映,村民有意见向村委反映,村委向镇指挥中心反映,但常常得不到回应。

有一些细节反映出政策的制订和宣传问题。在某村座谈时,村民推举一位长者发言(后来了解到他曾任村干部)。他反映了两个主要问题(村民无处种菜和创建成功后补助款减少),但在职干部解释说,这两个都已不是问题。因为村里已经决定,在下一轮土地发包中专门留出一块分给村民种菜;创建成功后补助款并没有减少,只是计算和考核的方法改变了。"这个问题不是问题",也是值得重视的问题。至少说明村庄建设中参与式决策和及时性宣传还不到位。

2. 利益获得感。村民们普遍认为,美丽乡村建设给自己带来了更多的实惠和机会。当问及"通过美丽乡村建设,群众是否得到更多实惠和机会?"有59人(56.2%)认为"明显提高";40人(38.1%)认为"有些提高"。各有3人(2.9%)表示"没有影响"和"不清楚"。但对这个问题的回答,各村差异很大。其中,回答"明显提高"的,首推赵巷镇中步村(95.0%),其次是朱家角镇张马村(68.4%)。而华新镇嵩山村表示"明显提高"的人数最少,只有10.0%。东庄村、蔡浜村、东西村表示"明显提高"的比例接近,分别是55.6%、52.6%、

55.6%(见表5-1)。

表5-1 通过美丽乡村建设,群众获得感(得到更多实惠和机会)是否提高?

村庄	选项	小计	比例(%)
中步村	明显提高	19	95.0
	有些提高	1	5.0
嵩山村	明显提高	2	10.0
	有些提高	16	80.0
张马村	明显提高	13	68.4
	有些提高	4	21.1
东庄村	明显提高	5	55.6
	有些提高	4	44.4
蔡浜村	明显提高	10	52.6
	有些提高	9	47.4
东西村	明显提高	10	55.6
	有些提高	6	33.3

对于美丽乡村建设对本村群众的影响,被调查者中有87人(82.9%)认为"利大于弊"。只有7人(6.7%)认为"弊大于利"。另有6人(5.7%)和5人(4.8%)分别表示"没有什么影响"和"不清楚"。具体来说,被调查者对生态环境的改善给予高度一致的肯定(91.4%),对公共设施的改善也有较高的认可(59.1%)。但只有33人(31.43%)认为"生活水平"有显著提高。尤其是就业,只有11.4%感受到这方面的显著变化。对于美丽乡村建设是否促进了"休闲农业"和"乡村旅游业"的发展,总体评价不高,分别占20.0%和29.5%(见表5-2)。而且对于产业促进这一项,各村差异也很大。对于休闲农业的促进,张马村、中步村有超过1/3的人认可,其他各村反应都很冷淡(见表5-3)。

表5-2 您认为通过美丽乡村建设本村最大的变化有哪些?(可多选)

选项	统计值(人)	比例(%)
A. 生态环境	96	91.4
B. 休闲农业	21	20.0

(续表)

选项	统计值(人)	比例(%)
C. 乡村旅游业	31	29.5
D. 公共设施	62	59.1
E. 生活水平	33	31.4
F. 就业岗位	12	11.4
G. 其他(请说明):幸福指数提高;环境卫生好	4	3.8

表5-3 美丽乡村建设对有关产业带动情况(各村的看法)

村庄	选项	统计值(人)	比例(%)
中步村	休闲农业	7	35.0
	乡村旅游业	11	55.0
嵩山村	休闲农业	2	10.0
	乡村旅游业	4	20.0
张马村	休闲农业	7	36.8
	乡村旅游业	7	36.8
东庄村	休闲农业	0	0
	乡村旅游业	0	0
蔡浜村	休闲农业	3	15.8
	乡村旅游业	6	31.6
东西村	休闲农业	2	11.1
	乡村旅游业	3	16.7

3. 期待满足感。对青浦区美丽乡村建设存在的不足,被调查者认为最主要的是没有促进经济发展(54.3%),村民获得实惠不多(56.2%)。有超过1/3的被调查者认为"规划不科学"(37.1%)。值得注意的是,在备选项之外,还有12人(11.4%)选择了"其他"。虽然没有注明,却透露出一种莫名的失落情绪,需要进一步具体考察(见表5-4)。

表5-4　您认为本区美丽乡村建设存在的不足有哪些方面？（可多选）

选项	统计值（人）	比例（%）
A. 规划不够科学	39	37.1
B. 没有促进经济发展	57	54.3
C. 建设过程浪费严重	6	5.7
D. 形式主义严重	4	3.8
E. 村民获得实惠不多	59	56.2
F. 其他（请说明）	12	11.4

说到对美丽乡村建设的具体期望，被调查者最希望能提高日常生活水平（74.3%），其次是期望政府部门加大投资力度（63.8%），希望交通更加便捷（61.0%）。对于提高知名度，村民们也表示了很大的兴趣（41.9%）（见表5-5）。

表5-5　您对本区美丽乡村建设的具体期望有哪些？（可多选）

选项	统计值（人）	比例（%）
A. 提高日常生活水平	78	74.3
B. 交通更加便捷	64	61.0
C. 提高知名度	44	41.9
D. 增强建设过程中政务的透明度	32	30.5
E. 促进与周边地区的交流	34	32.4
F. 政府部门加大投资力度	67	63.8
G. 其他（请说明）	1	1.0

4. 政策公平感。对于美丽乡村建设相关政策是否公平，村民感受不一。有些村民坦言，由于对其他各村相关政策不甚了解，很难说。有些人认为，区里分先后，总有它的道理；区里对各村政策是统一的，应该是公平的。有些人说，每村撒胡椒面不是公平，有重点扶持才可以慢慢趋于公平；美丽乡村要有准入机制，可操作性要强。但也有人对当前政策提出了异议。比如，东西村村民就说，同是美丽乡村，蔡浜村投入大于东西村，不知道依据是什么；部分村民不了解、不熟悉；嵩山村部分村民说，听说美丽乡村建设有1.2亿元投资，但资金未到村里，大部分拆除违章费用和树木苗圃补偿费用由村里支出，村里的钱是集

体的,本来村里经济不错,现在进行美丽乡村建设后变成负债;蔡浜村村民认为,村里本来建设用地就不多,只有10来亩,现在区里面土地减量化指标给青东,百姓意见大,本来青西就为生态做出了牺牲,政策调整理应向青西倾斜。

(二) 农村基层的心理与期盼

1. 满意与不满意。课题组询问了村民对本村美丽乡村建设中最满意的地方和最不满意的地方,并请他们说明理由。大家一致认为,环境改善了,河道整治了,道路清洁了,绿化搞好了;村内的基础设施不断完善,村民有更多的文体活动场地,可以锻炼身体,健康益寿;村民文明素质也有很大提高。有少数村民还表达了对百姓生活质量提升的满意和对政府大力支持的感激。但对于不满意,各村的看法差异很大(见表5-6)。

表5-6　您对本村美丽乡村建设最不满意的地方有哪些?请说明理由。

村庄	最不满意的地方
中步村	(1) 外来人口较多,由此引发的治安问题、环境问题较突出。 (2) 资金紧张,土地指标紧张,宅基地减量,鸡、鸭等禽类不能散养。 (3) 整体协调方面不到位,例如,户与户之间的弄堂也应该清洁统一,路灯尚未完全装好。
嵩山村	(1) 资金不到位。①老百姓拆违后的损失,包括拆违费、青苗费等都由村里出资垫付,村里负债累累,百姓得不到实惠。②由于缺少资金导致工程搁置,后遗症很多,百姓生活不便利。 (2) 绿化不科学。①影响基本农田耕作。绿化带要6米宽,占用农田太多,造成土地浪费,农田减少百姓收入也减少。绿化造成农田路面不平整。②绿化布局不科学。在农田边上种植绿化树木对机械操作打农药等都有影响。③树种选择不科学。如杉树长大后很高,减少农作物光照,影响农作物生长。 (3) 工程质量不过关。①16个工程队一起进驻,同一时间段同一区域多个工程施工,影响工程质量,产生矛盾后协调不好,监管形同虚设。②工程招标后层层转包,工程队的资质和工程的质量都不能保证。 (4) 规划不合理。①公园设点离村民居住点太远。②垃圾处理站投资290万元,不切合实际。③农田进出水口管道改造,实际与需求不一致,影响排灌。
张马村	(1) 道路两侧绿化需要改善。 (2) 长效管理机制需要建立。 (3) 服务项目功能需要提升。

(续表)

村庄	最不满意的地方
东庄村	(1) 村庄未得到真正的变化。 (2) 应该重新规划村庄,集中建设,置换多余土地。
蔡浜村	(1) 长效管理资金来源。目前是区财政每年补贴70万—80万元用于美丽乡村建设,后期需要自给自足,靠村创收获取资金来源。 (2) 受开发限制,百姓实惠不多。 (3) 没有人气,留不住人。 (4) 自来水、污水管网应该统一规划和管理。
东西村	(1) 美丽乡村建设投入(人财物)是比较多的,但村里大多是老人,投入这么多,享受的人却不多,这是一个值得思考的问题。 (2) 投入虽多,外貌变化不少,但老百姓得到的实惠却不多。刚修路地面都开始下沉了,希望能尽快修复。 (3) 美丽乡村建设资金不足。因为后期还要持续管理;基础设施需要进一步完善(如健身器材)。 (4) 绿化太少,尤其冬天显得荒凉。 (5) 没人气,吸引力不够,没有旅游产业。 (6) 宣传不够,没有知名度。 (7) 金泽水库建设,牺牲了农民利益,收入不增反减少。

进一步的财经分析让人对资金的支撑表示担心。一是建设美丽乡村的一次性投入巨大:华新镇的坚强村和嵩山村美丽乡村建设投入了1.2亿元,朱家角张马村投入了1亿元,金泽镇蔡浜村是一个不大的村庄,投入也有5000万元。二是投入与产出不成比例:投入几千万,甚至过亿,而直接产出很少,产业带动有限,主要还是以往农田出租的收入。三是日常管理的费用越来越大:绿化养护、道路保洁、宅前宅后保洁奖励,不准养家禽补偿、河道保洁以及各类设施日常维护的人工费和材料费一年比一年增加,一般的村一年总管理费用要在30万元以上。美丽乡村建设的一次性投入就很大,村级要配套也是一笔不小的负担,而且大多是非生产性投入,村里和村民直接经济回报比较少,再次投入的可能性低,村民难有持续的"获得感"。

2. 硬件与软件。村民们对美丽乡村的理解,没有仅仅停留在环境优化和物质改善上,他们对文化软环境建设也给予了高度的关注。他们固然希望优美的村容村貌,完善的生活设施,以及富裕的物质生活,但也希望获得良好的精神氛围和精神生活。很多人认为,良好的思想观念(63.8%)和文明的生活习俗(40.0%)也是美丽乡村建设的适恰愿景(见表5-7)。

表5-7　您认为美丽乡村的"美"最应体现在哪里？（可多选）

选项	统计值（人）	比例（%）
A. 优美的村容村貌	84	80.0
B. 良好的思想观念	67	63.8
C. 文明的生活习俗	42	40.0
D. 完善的生产设施	50	47.6
E. 其他（请说明） 村民收入提高；交通方便	4	3.8

一些基层干部群众反映，新农村改造设计内容偏少。按老一套设计理念将墙面白化，而像嵩山村这边房屋，外墙砖都很新式，根本不用白化。只有少部分老旧房屋进行了墙面白化，整体效果不明显。也有一些基层干部群众反映，美丽乡村建设实施主体都在上面：资金是上面拨的，工程由上面招投标，实施都按设计操作，村里只有在工程实施中有矛盾时才需要帮助解决，至于工程实施和质量问题村干部和群众无权提出合理化建议和进行监督。

3. 重点与难点。被调查者对美丽乡村建设重点进行排序，结果依次是优化居住环境、提高农民素质、增加资金投入、培育新型产业。也有3人选择了"其他"（见表5-8）。

表5-8　您认为美丽乡村建设的重点应放在哪些方面？（可多选）

选项	统计值（人）	比例（%）
A. 培育新型产业	45	42.9
B. 提高农民素质	53	50.5
C. 优化居住环境	67	63.8
D. 增加资金投入	49	46.7
E. 其他（请说明）	3	2.9

对美丽乡村建设难点，被调查认为最主要的是资金的保证、村民的支持和科学的规划。有28.6%的人对政策的制定表示了疑虑。17.1%的人认为，"人气不足"是个大问题（见表5-9）。

表5-9 您认为美丽乡村建设主要难点在哪里？（可多选）

选项	统计值（人）	比例（%）
A. 政策的制订	30	28.6
B. 资金的保证	59	56.2
C. 科学的规划	46	43.8
D. 村民的支持	56	53.3
E. 人气不足	18	17.1
F. 其他（请说明）	1	1.0

座谈中，东西村村民提出：目前美丽乡村建设主要是靠外来的输血，如果没有政府的扶持就无法保持；美丽乡村建设的常态化和长效化机制，村里没有能力保证；如果没有特色，人气肯定提不上来；①土地减量化后，村民的就业情况更加紧张了。蔡浜、东庄、莲湖等村表达了类似的忧虑。基层干部和群众对一些不切合实际的规划也有微词。如嵩山村存在村庄内的道路、停车场在布局方面脱节问题。绿化出现集中化，宅前屋后绿化偏少。农田边绿化影响后期农田作业，设计也不合理。基层干部希望，政府在规划前要做充分的调查研究，调研中要多听取基层干部群众的意见和建议；规划实施过程中，要考虑到村庄发展的历史和风俗，尽量让有价值的村庄故事得以传承，形成生态的看点和文明的支点；在不影响环境质量的前提下，通过技术改进和技术监督扩大生产准入范围。

4. 放心与担心。对于美丽乡村建设，村民们最担心的是"长效管理困难"（72.4%），其次是出现豆腐渣工程（44.8%）和生活没有得到改善（35.2%）。只有12.4%的人担心"有人从中以权谋私"。这是一个好现象，说明党务公开、政务公开、村务公开和财务公开已经取得很好的效果。权力得到制约，办事规则透明，群众才会给予很高的信任（见表5-10）。

表5-10 在美丽乡村建设中您最担心出现哪些问题？（可多选）

选项	人数	比例
A. 自筹资金比例过高	25	23.8
B. 有人从中以权谋私	13	12.4

---

① 他们说，来到村里纯粹为了旅游的人，几乎没有。虽然绿化率提高了，可种植的树木没有特色，再加上不能形成规模，根本没有什么吸引力。

(续表)

选项	人数	比例
C. 出现豆腐渣工程	47	44.8
D. 生活没有得到改善	37	35.2
E. 成为政绩或形象工程	23	21.9
F. 长效管理困难	76	72.4
G. 其他（请说明）	2	1.9

对于美丽乡村建设的前景，村民们总体是充满信心的（见表 5 - 11）。

表 5 - 11　您认为美丽乡村建设的前景如何？请说明理由。

村庄	前景展望
中步村	普遍看好美丽乡村建设前景。仅一两年的时间，成效已经显现。未来制订了长远规划，一定会越来越好。具体政策方面：居住要集中；村内可发展旅游产业，如农业观光、农家乐、亲子乐观、枇杷基地等；流转出去的土地逐步收回，成立合作社，统一经营管理。
嵩山村	拆除违章出租房屋，老百姓经济损失较大，村里负担太重，老百姓得不到实惠就不赞成。心理平复需要一个过程。 美丽乡村建设总体出发点是好的，前景乐观，但在具体操作上有些问题，建设花了大价钱，建好容易管好难。
张马村	建立长效管理机制，裁判员与运动员分开，实行打包补贴。 实行农业产业化，实行农户＋家庭农场＋合作社模式。 搞好沈太路两侧一路一带建设，加大财政投资力度。
东庄村	前景良好。 百姓富起来是关键。 长效管理造成经济负担。 需要政府财政补贴。 实行第三方委托管理。
蔡浜村	没有自己的特色，就做不大、做不好。 单靠村自身力量，肯定搞不好，会半途而废（资金是最大的瓶颈）。
东西村	希望通过美丽乡村促进本村经济发展，提高百姓生活水平。 前景虽然看好，担心后续管理资金缺位。 无支柱性产业，发展堪忧。

（三）进一步完善美丽乡村建设的建议

1. 意义再认识。要进一步认识青浦美丽乡村建设的意义。美丽乡村建设除了一般意义之外，在青浦至少还具有两种特别的意义：一是生态保护的意义。这一点在青西地区尤其明显。不能把美丽乡村建设看成是一个单纯的政府施惠过程，而应看作一次共享发展的机会。真心诚意地把美丽乡村搞好，是对青西人民顾全大局的一种奖赏，由此可以构建起一种牢固的心灵契约，其实质就是"政府不会让老实人吃亏"。因此，尽管我们必须考虑财政投入的效率，但这种效率主要不是政府能从中得到什么回报，而是村民是否因此得到了更多的生活机会和生活满足感。二是社会综合治理意义。美丽乡村建设过程也是一次治理社会管理顽疾的契机，在青东地区可以有效配合对违法建筑、非法出租、无证经营、环境脏乱等问题的整治；在青西则主要是唤起村民的公共意识，共同克服生活陋习，集体守望美丽家园。从补短板的视角来看，它们对整体提升区域文明程度和市民幸福感，进而引导社会向上向善具有重要作用。

2. 措施须精准。一是要完善村镇规划。美丽乡村建设不能仅限于村庄自身规划，而要把村庄纳入镇域甚至全区规划。主管部门要结合城乡总体规划、产业发展规划、土地利用规划、基础设施规划和环境保护规划，将周边地域相近、人缘相亲、经济相融的村庄成片组团统筹发展，做到统筹兼顾、城乡一体。规划编制起点要高、定位要准，要立足当前、远近结合，综合考虑农村山水肌理、发展现状、人文历史和旅游开发等因素，既符合区、镇的总体发展定位，也要体现地方特色，明确经济发展方向；要在政府引导、专家论证的基础上，公开征询意见，并由村民会议决策。既要突出乡村的特色，也要充满现代气息，要考虑农民居住的相对集中，资源的整合和适度的规模管理，这样有利于节约水、电、路、桥等的建设费用，有利于土地资源的开发和利用，有利于集中力量建设农村精神文化设施，也可提升美丽乡村建设的受益面。二是要分类擘画建设。要综合各种因素，确定三类村庄：永久保留村、随即搬迁村和待机过渡村。美丽乡村建设的重点，应该是永久保留村。这类村庄要着眼于生产、生活、生态一体化构建，让村民留得下，让客人愿意来。随即搬迁村要抓紧做好异地建设规划。比如，东西村村民比较一致的意见是整体搬迁。由于市政工程已经破坏了村庄的完整性，金泽水库建设改变了村民以渔为生的生存基础；由于村庄规模太小，难以建立比较完善的设施；而且水库的风光并不能与村庄环境相映成趣，而是已经被强行阻隔,很难借机发展乡村旅游。待机过渡村建设的重点是安康,它不需要过度的艳美,也不需要借美来招揽顾客,而是要实现生产发展、生活宽裕、乡风文明、村容整洁和管理民主。三要加强项目对接。美丽乡村建设是通过政策叠加,前期沟通对接不充分,很有可能造成建设内容遗漏或重复。如村庄道路、桥梁既可以安排在农村道路里,也可以安排在农田水利设施配套里;绿化(林带)种植既可以安排在防护林(生态林)里,也可以安排在河道整治配套里,相应的补贴政策也不相同。要充分发挥区、镇两级美丽乡村建设领导小组作用,明确各自职责定位,理顺各自责权关系,有效破解"九龙治水水不治"的困局。要统一梳理各类项目的建设标准和程序,严格建设程序,落实监管部门,全过程委托审价、审计单位,确保项目建设规范、有序。四是要实施产业帮扶。采取政府财政、社会资本和村庄集资相结合的办法,培育一些有基础、有潜力的生态产业。张马村的薰衣草项目是一个很好的启示。蔡浜村的旅游基础设施建设还需要大量的投入,政府在建设湿地公园时,可以统筹考虑进行立体式的旅游开发。比如,青东各镇村最主要的依托是城市体系,青西各镇村最主要的依托是生态体系。青东的村庄一般都交通便捷,紧邻市场,产业兴盛,村民就业不是大问题,重点要严格管控违法建筑、加强来沪人员管理、确保社会平安和谐。青西的村庄,有些已经有比较好的乡村旅游基础,比如说张马村,与朱家角古镇邻近,交通便捷,农业生产和生态景观富有特色,人气渐浓,可以做强特色农业和生态旅游业。蔡浜村虽紧邻淀山湖,但村庄太小,暂时还没有穿梭的游客,也缺乏吸纳较大规模游客的条件,可发挥其静谧优势,走小众路线,比如,建设一些亲文楼,打造富有特色的文士休闲中心、文艺创作中心和文教培训中心。不要一味地着眼于生态旅游,造成乡村的旅游依赖症和饥渴症,似乎不能吸引顾客就是美丽乡村建设不成功。要设法平复村民的这种产业焦虑。

3. 民生更给力。目前,村庄环境和基础设施都已经大大改善了,接下来的工作重点就是大幅度地改善村民生活。通过美丽乡村基础设施建设和环境整治,村容村貌改善是必然的。但美丽乡村建设不是"涂脂抹粉",不能仅仅成为城里人到乡村旅游休闲的快乐"驿站",而是建成广大农民群众赖以生存发展、创造幸福生活的美好家园。在项目实施过程中,特别是在宅前屋后的细节处理方面,要贴近群众的诉求,使有限的建设资金发挥最大的效益,给今后的生产生活带来更多的便捷。如道路延伸、排水系统、河道水桥、绿化景观、环卫设施等方面建设,都要以群众需求为出发点和落脚点。要结合美丽乡村基础设施建设,提前考虑、认真谋划,因地制宜发展村级集体经济。根据各村的资源条件和农业基础,加快转变农业发展方式,引导土地规范流转,探索实施集体运作、合作社管理、农民入股、利益分红的高效生态品牌农业。同时,加强沟渠路、排涝、灌溉等农田水利基础设施配套建设,推动农业规模化、标准化、产业化、品牌化经营。要加大生态补偿,确保生态贡献区域的居民生活质量有较大提升。即使没有优质产业做支撑,也要保证水源保护区居民生活接近青浦区居民平均生活水平。要高度重视青西农民的就业问题。即使单纯地从就业考虑,也必须在减量化进程中为青西地区保留一定数量的建设用地。青西各村可以用于减量化的土地本来就不多,如果指标全部东移,站在全区的角度看,经济效益可能提高了,但对有关村庄村民来说,产业能动性、就业机会和幸福感就下降了。

4. 管理待提升。调查显示,对于美丽乡村建设,村民们认为"长效管理困难"(72.4%),担心出现豆腐渣工程(44.8%)。有些村庄反映尤其强烈(见表5-12)。而且,认为"村民的支持"是美丽乡村建设的主要难点,成为一个比较普遍的看法。这些都说明美丽乡村建设中,基层各项管理有待提升。

表5-12 认为"长效管理困难"是美丽乡村建设主要担心的一项村民意见

村庄	统计值(人)	比例(%)
中步村	17	85.0
嵩山村	19	95.0
张马村	13	68.4
东庄村	9	100
蔡浜村	12	63.2
东西村	6	33.3

做好工程质量管理。加强事前、事中、事后监管。严格工程招标程序,确保工程承包商的资质,严禁层层转包现象;对出现重大质量事故的责任人进行问责;严格做好项目过程管理和竣工验收。除按规定聘请施工监理和加强政府监督外,可组织村里老党员、老干部组建村民监督小组,参与建设工程全过程监管。一方面可以让群众参与,加强质量安全管理和文明施工,保障村民利益;另一方面可以搭建沟通平台,避免群众与施工人员的矛盾和冲突,提升群众满意度。

建立运转长效机制。做好中长期的财政资金支持规划,根据不同类型的村庄,设置差别化、可持续的资助标准;建立有利于吸引社会投资和村民积极参与的机制;健全民主决策制度,加强班子建设,并注意发挥广大党员和村民代表的作用。对于水闸泵闸、排涝灌溉站等管理要求高、专业性强的公共设施,要积极探索通过政府购买的方式,交由企业或市场去运作,形成长效运行机制;对于其他公共服务设施的维护和运行,应积极发挥村民自治和社会组织的作用,大力培育和发展乡村社会组织,探索农民自我组织、自我维护、自我管理的社会民主治理机制。一方面,可以发挥村委情况熟悉的特点,便于沟通协调和考核监督,有些条线的以奖代补激励政策,可以帮助村里增收;另一方面,可以就近解决一部分村民就业,帮助村民增收。此外,通过管理、养护、保洁等政策叠加和资金聚焦,村里可以统筹安排、划片管理、整体考核,将联防联治、违法建筑巡查等职能结合起来,发挥综合管理效能,最终形成"政府引导、市场运作、社会参与、村民自治"的美丽乡村长效管理格局。

加强村民心理建设。长效机制不仅是持续的资金投入、严格的管理制度,更重要的是村庄百姓的家园心理,以及基于这种心理的真诚守望。调查发现,获得"村民的支持"是美丽乡村建设的主要难点之一(见表5-13)。要通过积极谋策、民主参与、生活关照、耐心教育唤起村民参与村庄建设的热情;同时要防止不切实际地吊高群众的心理预期。要通过宣传,让人们了解美丽乡村建设的内涵和意义,让他们积极主动参与建设美丽家园。即使打下了良好的基础,幸福还得通过辛勤的劳动来创造。要树立劳动光荣、勤劳致富、守法致富、共同创业的生活观念,跟上时代步伐,做新一代的时尚农民。

表5-13 认为"村民的支持"是美丽乡村建设主要难点的意见占比

村庄	统计值(人)	比例(%)
中步村	15	75.0
嵩山村	11	55.0
张马村	5	26.3
东庄村	9	100
蔡浜村	6	31.6
东西村	10	55.6

总之,美丽乡村既包括村容村貌整洁之美、基础设施完备之美、公共服务便利之美、生产发展生活宽裕之美,也包括管理创新和精神风貌之美。村民的获得感不仅包括物质获得感,还包括政策公平感、期望满足感和权利保障感;不仅指向自身福利的实际增加,而且指向横向比较的公平对待;不仅意味着当下的利益满足,而且意味着未来的前景预期。

三、以城乡共融谋城乡共荣[①]

目前,上海已经发展到这样一个阶段,在这个阶段,既不能延续传统的城市与农村的对立,也不是简单地城市支持乡村,而应是城乡发展的有机融合、相互滋养。这既需要对城乡发展图景进行系统擘画,又需要对城乡发展资源进行统筹配置。

(一) 实践悖论:十分必要,十分尴尬!

有些在政府看来十分必要的事情,农民并不叫好,甚至反感和反抗。

1. 土地减量化问题。科学、合理、高效地利用有限的土地是国土资源研究与管理的重要内容。作为超大型城市,上海建设用地已占陆域面积的44%,远高于国际大都市和北京、天津、广州等国内大城市的水平。青浦"104区块"土地规划面积占全市的1/10,但产出效益不高;"195区块""198区块"的土地产出效益更低。[②] 为确保新的发展不突破耕地红线,必须盘活低效用地,提升土地产出效率,倒逼产业结构转型升级,因此对土地进行减量化十分必要。但有些镇内没有104区块甚至远离104区块;有些195区块面积也很有限。198区块主要分布在郊区乡镇,即使产出较低,其经济收益还是大于农业收益,它们也曾是镇村经济的倚仗。土地减量化的实施,有些镇财政收入锐减,有些村级经

[①] 本部分原是应青浦区"培育壮大新动能 加快区域经济创新发展"研讨会(2017年)而写的征文,编入本书时作了删节。

[②] 目前上海的工业用地包括"104区块""195区域"和"198区域"。其中104区块是指全市现有的104个规划工业区块,195区域指规划工业区块外、集中建设区内的现状工业用地;198区域指规划产业区外、规划集中建设区以外的现状工业用地,面积大约为198平方公里。2016年,青浦开发区单位土地产出水平为42.94亿元/平方公里,在全市郊区中排名第八,低于全市平均水平(71亿元/平方公里);单位土地税收为3.3亿元/平方公里,处于全市靠后,低于全市平均水平(11.1亿元/平方公里)。(资料来源:青浦区统计局。)

济被严重削弱;那些依赖家门口工贸企业挣钱的农民,一夜之间被扯断了工作脐带。即使通过培训、推荐和异地就业,也增加了居住成本、交通成本和时间成本。

2. 美丽乡村建设可持续问题。美丽乡村建设面临一系列深层次的问题,最突出的是能否持续。不但要能建成,而且要治理好;不但要有靓丽的形态文明,而且要有坚实的物质基础;村民们不但有收红包时的快感,更要有稳定可期的获得感。从目前情况看:一是资金支撑的强度不可持续。(1)美丽乡村建设的一次性投入巨大,日常管理的费用越来越大。绿化养护、道路保洁、宅前屋后保洁奖励,不准养家禽补偿、河道保洁以及村里各类设施的日常维护人工费和材料费一年比一年在增加,一般的村一年总管理费用在30万元以上。因此,不仅财政投入难以为继,而且使村级经济也面临挑战。二是美丽工程的产业带动能力有限。被调查者对生态环境的改善给予高度一致的肯定(91.4%),对公共设施的改善也有较高的认可(59.1%)。但只有31.43%的人认为"生活水平"有显著提高;只有11.4%人在就业方面感受到显著变化。对于美丽乡村建设是否促进了"休闲农业"和"乡村旅游业"的发展,总体评价不高,分别占20.0%和29.5%。让人心忧的还有:由于市政工程和环境整治,瓦解了部分村民原有生存手段。东西村村民反映说,建了金泽水库,村民养不成鱼,也打不成鱼了,每年要损失上百万元。

3. 农民住房权益问题。农民建房问题是管理者和被管理者都感到头疼的问题。一是能不能建问题。因为规划方面举棋不定,很多村民的建房要求被搁置下来,有些等了多年也没有结果。村民意见很大,信访持续不断,偶尔也有过激行为。二是普遍违建问题。按照规划农民建房限高10米,被批准建房的农户,往往倾向于建得更高。青东地区建成三层四层的不在少数,由于"众犯难禁",有人甚至有"更上一层楼"的冲动。群众"普遍地公开地违法",基层管理面临日常性尴尬,侵蚀了法律的威严,也带来潜在的公平问题。三是动拆迁问题。动拆迁过程中的政府与农家,可谓"欢喜冤家"。被动迁的人家,动辄获利千万元,少的也有数百万元。"好哭的孩子多喂奶",助长了一些人的刁蛮。

(二) 制度反思:公平效率,可否兼得?

城乡发展既依赖物质实体性的要素(如人口、产业、土地、网络设施等),又依赖发挥着宏观调控作用的制度性要素。"组织""制度"作为要素与资本、劳动、技术等共同对经济增长起着影响甚或决定作用。利用制度因素建立有效的组织创新机制是城镇体系向着城乡经济一体化目标发展的重要保障。上述尴尬处境,说明城乡一体化制度供给上还存在诸多不足。

1. 资源配置:为何集中,如何集中？上海通过实现"三个集中",即工业向集中发展区集中、土地向规模经营集中、农民向城镇集中,形成工业区、集中居住区和城镇构成的统筹城乡的空间格局。"三个集中"顺应了工业化、城镇化和农业现代化的演进规律,是形成生活、生产、生态空间优化组合和配置的城乡空间形态的有效途径。但相关制度存在断层情况。一是产业基础薄弱造成吸附能力不足。由于青西诸镇产业薄弱,吸纳劳动力的能力极其有限,区里为缓解地区就业矛盾,采取"西劳东输、青劳外输"方法,引导和促进青西地区农村富余劳动力到青东地区就业,区镇两级给予交通费补贴。但问题的根本解决必然依赖地区间均衡发展和城乡一体化发展。二是权益焦虑造成农村人口迁移动力不足。农村人口向城镇迁移需要内推与外拉的双重合力。[①] 在上海的城乡接合部,开展农村居民点整理,[②]不仅可以促进土地集约节约利用,最终实现城乡统筹和谐发展的目标,而且对打破城乡二元体制、建设社会主义新农村都有现实意义。目前,青浦农村的务农人口比例已经很小,但多数农民并不愿意举家迁往城镇或集中居住区。眼看着多数地方农民住宅凌乱分散、占地较多,基础设施建设严重滞后,浪费大量宝贵的土地资源,但农村人口的系统迁移难以落实。作为国家级小城镇建设试点的金泽镇和练塘镇,在宅基地置换方面也进展缓慢。这一方面是因为产业发展的不确定性导致规划难以明晰;另一方面是因为农民担心迁移过程会造成不可逆的权益损失。现有农村居民点整理模式都涉及现有宅基地土地使用权、土地承包经营权甚至土地所有权的调整,涉及政府、集体及个人多方面的利益。在具体实施过程中,仍缺乏明确的土地权属调整法律支持及技术支撑,处于弱势地位的农民,担心其生存利益受到损害。反

---

① 内推就是由于农业的现代化和区域社会经济的发展而导致的人口向更高层次的聚落空间转移。外拉或者是由于区域高级聚落自身的发展,使得低层次聚落中的人口向区域高级聚落的空间转移;或者是由于区外的高级聚落发展而导致的人口异地转移。
② 农村居民点整理,就是运用工程技术及土地权属调整,通过村庄改造、归并和再利用,使农村建设逐步集中、集约,提高农村居民点土地利用强度,促进土地利用有序化、合理化、科学化,改善农民生产、生活条件和农村生态环境。

观上海在居民点整理上的成功案例,①不论是整村搬迁模式还是城镇社区模式,它们都有两个前提条件:一是现状权属清晰、无争议,项目权属调整方案合法、合理;二是充分尊重、征询农民意愿,农民对安置、补偿无异议,搬迁农民未来生活有保障。

2. 农民境遇:穷爸爸,还是富爸爸? 一是地区差异。青东的农村依托城市体系,交通便捷,紧邻市场,村民就业不是问题,财产性收入机会也多。青西由于受环境保护政策限制,农民在镇区内非农就业空间有限,财产性收入机会很少。如果不能建立具有活力的造血机制,不可能根本扭转青西的发展颓势。二是暴富期望。农民并不是"贫穷和落后"的代名词。在上海,"农民"也意味着一夜暴富的可能性。由于动迁补偿政策具有一定的夸张性,一方面造成了动迁农民与非动迁农民的天壤之别,另一方面造成了农民对住宅权利的宗教般狂热。动迁暴利不仅扩大了农民内部的不平等,而且刺激了农民争取建房权利的激烈性。不仅正常的村民建房诉求不断,有人还绞尽脑汁地钻政策空子。需要指出的是,2001年以来,上海市出生的人口一律视作非农户口。但这些人与父辈之间的土地和住宅权益是什么关系? 如果毫无关系,其斩断的依据是什么? 如果可以承袭这些权益,又将造成社会财富的非均衡积聚。

3. 公共服务:供给不足,还是供给过度? 一方面,欠发达地区的公共资源配置整体不足。城乡基础设施建设与公共服务供给方面差异明显。农村污水规范化处理、水电设施、道路交通、通信设施等方面比较落后;教育、医疗和社会

---

① 一是整村搬迁。如奉贤区庄行镇的新叶村,对项目区内农民实行整村搬迁,统一安置在新叶村南部农民新村。由于"不离土不离乡",农民旧房换新房的安置方式农民基本都可以接受,且安置前后农民身份不变,所享有的土地权益有增无减,即仍享有原有数量的土地承包经营权收益,同时对于搬迁安置前后新增耕地部分由村农业经营合作社统一经营管理并平均分配新增耕地收益给农民,因此,对于此种搬迁模式多数农民乐于接受和认可。二是城镇社区,如嘉定区外冈镇。外冈是上海市政府确定的新能源汽车及关键零部件产业基地所在地,发展潜力巨大,用地需求旺盛。农民以宅基地换产权房,但土地承包权益和农民身份不变。通过"等价交换、等量置换",宅基地置换为可上市交易的产权房。农民在拆旧区的土地承包权益不变和农民身份不变,拆旧区原有的土地权属关系原则上不变更,复垦新增土地及其土地流转收益也归原集体经济组织所有。在建新安置方面,坚持好地段、好房型、好品质的原则,在镇区范围内高标准、高水平建设农民集中安置小区,通过落实公益性岗位、开发就业项目等工作,积极开展就业援助、就业培训等活动,让参加置换的农民优先就业,基本上实现"不挑不拣,立即就业"。社会保障方面,置换户全部解决了镇保,收入来源也从过去的单一收入变为拥有"四金"收入,即就业薪金、房屋租金、村集体经济组织的福利金、镇保或农保的退休养老金。庄行模式及外冈模式在一定程度上对目前居民点整理、农民安置、就业及养老问题上提供了有效的参考模式。(参见李福能:《上海农村居民点整理权属调整及农民权益分析》,《上海国土资源》2013年第34卷第3期。)

保障等公共服务领域的问题很突出;农业减灾、防灾、抗灾能力比较弱。交通基础设施滞后影响了青西地区接受上海市区及青东地区的带动辐射效果。另一方面,农村公共设施使用效率不高。由于城乡之间在发展规划上的严重脱节,农村基础设施建设不仅形态落后,而且功能不合理、共享性弱。虽说在美丽乡村建设过程中,政府并不希望从中得到什么物质回报,主要是要让村民得到更多的生活机会和生活满足,但是各种设施的建设也必须考虑使用效率。"标准化"建设造成资源浪费。不考虑村庄实际居住的人口规模和迁移趋势,机械地按照统一标准建设,造成土地、公共设施和管理资源的浪费。比如,华新镇嵩山村在紧邻镇边建设了村民休闲广场,还有像模像样的垃圾处理场。而在眼前就有镇里新建的大片绿地,而且品质更高。

(三) 城乡共融:播种太阳,收获光明!

青浦区在推进城乡发展一体化方面着力打造"五个一体化的体系",即一体化的创新产业体系、一体化的城镇布局体系、一体化的生态建设体系、一体化的公共服务体系、一体化的综合治理体系。要做好城乡共融这篇大文章。

1. 统筹城乡规划,实现"空间融合"。城乡土地利用和建设规划是充分实现城乡资源的合理与优化配置,有效促进城乡一体化进程的重要前提。一要美城。进一步优化城市功能,美化城市景观,提升城市品质,丰厚城市文明,提升区域竞争力和吸引力。二要强镇。发展小城镇,可以使城乡之间形成一种优势互补、双向互动的经济关系,实现城镇与农村产业相互衔接、经济有效融合的良性互动和一体化发展目标。要特别注重毗邻区域(如青东、青中、青西)的内联式发展和门户区域(如示范区各镇、白鹤镇等)的外联式发展。三要靓村。要稳步推进农村居民点整治。美丽乡村建设的重点,应该是具有特色优势的规划保留村。停止在远离城镇体系、没有产业支撑的地方建设中心村的做法,把更多的农民引导到镇区内、镇区旁或并镇前的镇所,不管是原村居住,还是移居街镇,都要提供满意的居住环境和配套服务。四是密网。网络设施为城乡间各种交流提供了连接平台。其连续性、空间布局、流动成本,决定了城乡间要素流动的便捷程度,影响着城镇体系发展进程。[①] 要构建城乡一体化的商品流通网络、

---

① 城镇体系内的网络设施包括各类联系的媒介,包括网状设施和点状设施,它们同时形成了城镇与城乡间的网络联系框架。网状设施包括各级城镇之间及城乡之间的生态走廊和基础设施,如(转下页)

交通运输网络、教育科技网络、经济信息网络和资金融通网络等城乡之间发达的网络体系,注重美化各级城镇之间及城乡之间的生态廊道、河流水系等生态环境连通介质和设施。

2. 厚植生态优势,实现"三生融合"。"三生"就是生产、生活、生态。生态建设按其功能,可分为安全屏障型、舒适保健型、产业载体型、点缀映衬型等几类。要因势利导将生态优势转化为发展优势。对于安全屏障型生态,要注重发掘其经济功能和潜质。因为保护的严格性成就了资源的独特性,对于偏爱生态的企业具有特别的吸引力;环境科技的进步,大大提升了环境预防和净化能力,增加了产业选择的余地。对于产业载体型生态,既要有明星化的打造,更要有体系化的融入。美丽的村庄和自然的风光,只有融入一定的城市体系、生态体系和文化体系,才能形成辉映之势。张马村与朱家角古镇邻近,农业生态景观别有风味;蔡浜村紧邻淀山湖,凸显出静谧的特质;重固、白鹤具有文化底蕴,也依赖文化体系的整体兴盛。当然,我们不能希望所有的生态资源都转化成直接的经济资源。

3. 确保公平交换,实现"利益融合"。城镇化作为一个人口、产业、资本和市场的集中过程,利益平衡是核心要求。要建立一个妥善平衡各方利益关系的协调机制,包括建立和健全利益表达机制、利益补偿机制、利益约束机制和利益引导机制。重点要做好征地动迁补偿、区域发展补偿和生态补偿。征地动迁补偿要充分尊重农民意愿,做到地面补偿与土地增值补偿相结合,贯彻征地留用地政策,保障农民的居住权利,统筹失地农民就业,建立城乡一体化的社会保障。区域发展补偿要完善整治指标统筹和有偿调剂制度,加大对农村居民点用地整治和耕地保护好的镇、村的财政转移支付力度,激发农村居民点用地整治和耕地保护的热情。积极推进城乡建设用地增减挂钩并和农用地整治紧密结合,高效集约利用土地资源。要完善198地块产业调整补偿机制;同时,对减量释放的建设用地指标进行横向转移,为村集体和村民增加财产性收入奠定基础。要提高生态补偿金额,改善补偿方式,将其

(接上页)生态廊道、河流水系等生态环境连通介质以及各类基础设施,包括路网、电力通信网络等。这些网络设施是城镇发展的有力支撑,也是城乡发展的重要引导手段。点状设施是指呈点状分布在各城镇、农村地区的服务设施,是城乡服务网络的各个节点。这些服务设施在一定区域内分布,形成多个服务点,提供不同辐射范围、不同类型的服务,包括各级医疗卫生、教育文化、商贸市场等设施。网状设施对城乡互动发展体现在各类生态走廊和基础设施上,决定了城乡分布的生态格局。

更多地用于养老、医疗等民生工程,使老百姓真正受益。

4. 创新组织结构,实现"业态融合"。一要加强区域产业体系协调。一方面要提高三次产业的联动和融合发展,实现城乡产业一体化;另一方面就某一产业内部,加强城镇之间的产业链、产业集群等方面的产业联系,夯实区域经济发展基础。要顺应城乡经济发展走向融合的趋势,通过制度创新解决城乡产业分割问题。制定并实施城乡产业整体性推进战略,引导城市市场中的资金、科技、人才、管理等各种生产要素逐步向农村地区流动;按照产业发展规律和城乡经济互融的趋向,不断加强城乡之间各次产业的有机联系与相互协调发展;大力推进农业的专业化生产、集约化经营与科学化布局。二要用园区化和现代化装备农业。农业既是一个弱势产业,需要大力扶持,也是一个潜力无限的产业,可以大有作为。① 实现缩小城乡差距的重任,很大程度上要落在农业现代化上,关键在于组织创新和技术创新。在农业资源占有方式上推行规模化。进一步提高土地规模化利用水平,土地使用权集中过程要充分保障农民权益。在农业经营组织方式上推行园区化。用现代农业园区方式组织农业生产,可以在更高水平上进行分区规划、长远规划和技术革新;也能更好地在源头上解决农产品安全问题。在农业生产动力结构上推行科技化。上海郊区的土地具有更高的价值期待,必须使它显出"特异功能"。不仅要深化农旅结合,更要把农田变成农业科学实验基地,研发特色的农业产品、农业装备和农业工艺。这样不仅能提高本地区的农业附加值,更能引领全国农业的创新发展。②

5. 完善社会政策,实现"民生融合"。提升农民生活能力,落实国家各项惠

---

① 未来学家托夫勒在其1990年的著作中曾写道:"最重要的是,欠发达国家将对农业的作用刮目相看。它们不再将农业看作一个必然'落后'的领域,而是看成一个在计算机、遗传学、卫星和其它新技术的帮助下,有朝一日会变得比世界上所有的大烟囱、炼钢厂和煤矿都更先进发达的潜力极大的生产领域。以知识为基础的农业将成为明日经济发展的锋刃。此外,未来的农业将不局限于生产食品,而是越来越多地种植用作能源的庄稼和发展新材料所需要的原料。"他同时提醒,"如果一个国家无法加入运转迅速的全球经济以及支持它的通信和计算机网络,上述所有努力只能会竹篮打水一场空"。(参见〔美〕阿尔温·托夫勒:《权力的转移》,中共中央党校出版社1991年版,第436—437页。)
② 可以建立一种根据各生物群体的生物学、生态学特性和生物之间互利合作关系而合理组合的生态农业系统;实行产业带动,包括优质粮食产业、生态养殖产业、绿色林果产业、特色蔬菜产业和生态旅游产业等;增强科技扶持,即通过农业科技自主创新专项资金支持农业科研、教学、推广单位开展重大公益技术及产业共性技术的研究和开发,稳定公益性农业推广服务,支持农业创新科技人才队伍建设;维护生态循环,通过原料链、产品链、废弃物链、再生产品链和现代服务链5条传输链链相接,形成"横向共生、纵向闭合、系统耦合和有序循环"的有机网络体系;促进融合发展,将三次产业相互渗透、集为一体、优势互补,形成一批农业—旅游互动发展的主导产业,实现生态农业、文化产业和旅游产业的一体化发展。

农政策,壮大农村集体经济,提高农民生产能力和就业机会,鼓励和扶持农民自主创业。优化农村公共服务,建立城乡一体的基本公共产品和公共服务统筹制度,逐步实现城乡基本公共服务的均等化。在完善镇村结构基础上,大力发展镇村公共服务事业。完善城乡帮困机制,在国家相关政策基础上,建立具有地方特色的帮困机制,包括生态帮困、生产帮困和生活帮困。

四、把握乡村振兴的辩证法

事物的矛盾法则,即对立统一的法则,是唯物辩证法的最根本法则。科学推进乡村振兴战略也需要运用矛盾法则。乡村振兴战略的提出,本身就是基于新时代城乡矛盾的现实和城乡融合发展的需求,它的具体实践也要基于相关矛盾的深刻分析和妥善处理。

城市和乡村是人类两种社区存在方式。近代以来,城市的资源积聚和效率优势促使城市化快速发展。但城市化发展到一定的阶段,乡村除了传统的农业价值外,生态价值、美学价值、文化价值都凸显了。因此要树立城乡共荣理念。中央提出,要坚决破除体制机制弊端,推动新型工业化、信息化、城镇化、农业现代化同步发展,加快形成工农互促、城乡互补、全面融合、共同繁荣的新型工农城乡关系,正是顺应了城乡融合发展的现代潮流。党的十九大提出:"要坚持农业农村优先发展,按照产业兴旺、生态宜居、乡风文明、治理有效、生活富裕的总要求,建立健全城乡融合发展体制机制和政策体系,加快推进农业农村现代化。"在这个总要求下,村庄可以根据自身特点,找准用功发力的方向。

一是"重联"。毛泽东曾说:"当着我们研究一定事物的时候,就应当去发现这两方面及其互相联结,发现一事物内部的特殊性和普遍性的两方面及其互相联结,发现一事物和它以外的许多事物的互相联结。"习近平总书记要求:"我们要认识到,山水林田湖是一个生命共同体,人的命脉在田,田的命脉在水,水的命脉在山,山的命脉在土,土的命脉在树。"村庄要重视与大时代、大政策、大市场、大生态的联结,有效整合各方面资源,引导社会各界支持、参与乡村振兴项目。一要利益相联。要有大格局,让相关各方形成你中有我、我中有你的共生局面。乡村要振兴,就要避免"四孤",实现"四融",即避免孤芳自赏、孤陋寡闻、孤立无助、孤掌难鸣;主动融入相应的城镇体系、生态体系、文化体系、市场体系。莲湖村打造"相约莲湖"区域化党建联盟,将莲湖村内驻区单位、结对单位纳入区域化党建体系,助力乡村振兴;落实市委"结对百镇千村·助推乡村振兴"要求,与普陀区城投公司党委所属党组织结对共建;积极开展"村企结对",共同助力乡村振兴;依托镇党建服务中心、团委及妇联,积极组建的志愿服务队伍,也是统筹各方力量、合力推进乡村振兴的重要助力;在区"食药安办"支持下,莲湖村谢庄会所完成上海市食品药品科普站建设,打通食品药品监管服务的"最后一公里"。二要政策连贯。乡村振兴是全党的任务,是国家战略,必然伴随着整体规划和政策跟进,村庄必须在规划前提下和政策空间内努力做好自己的事情。要站在民生高度选择项目及优先顺序,以产业兴旺丰厚民生基础,以生态宜居美化民生环境,以乡风文明提升民生品位,以治理有效光大民生效益,以生活富裕彰显民生幸福。三要人员联谊。要重视各种人脉关系的培育。习近平在梁家河担任村支书的时候,就给中国农业科学院某研究所写过信,得到了他们的帮助;他到四川遂宁县学习沼气技术,还请了一位技术员来帮忙。梁家河的第一口沼气与过硬的技术指导是分不开的。四要产业联结。一方面,政府要顺应城乡融合发展的趋势,通过制度创新解决城乡产业分割问题,推进农业的专业化生产、集约化经营与科学化布局,在城乡之间形成合理的产业分工。另一方面,村庄要积极做好各种产业配套和空间调整,将三次产业相互渗透、集为一体、优势互补,形成一批农业—旅游互动发展的主导产业,实现生态农业、文化产业和旅游产业的一体化发展。另外,还要注意信息联通和行为联动等。

二是"用特"。毛泽东特别强调要研究矛盾的特殊性。李瑞环也说:"我们讲研究问题,最主要的是研究特点;讲认识事物,最主要的是认识特点;讲结合实际,最主要的也是讲结合特点。抓住特点,发挥优势,是搞好工作的基本要领。"村庄在乡村振兴实践中要善于研究特性,珍惜特别,发挥特长,突出特色。首先是尊重规律,谋制宜之策。《乡村振兴战略规划(2018—2022年)》第九章指出:分类推进乡村发展。要顺应村庄发展规律和演变趋势,根据不同村庄的发展现状、区位条件、资源禀赋等,按照集聚提升、融入城镇、特色保护、搬迁撤并的思路,分类推进乡村振兴,不搞一刀切。一切特色性运筹都在于对规律的运用、对机会的捕捉和对潜力的挖掘。要善于因时制宜、因地制宜、因事制宜、因势制宜,变潜在优势为现实优势,变现实优势为长久优势。其次是扬长避短,走精兵路线。一般的整洁还不足以吸引顾客。只有美得让人惊叹,美得让人留恋,美得让人点赞,加上便捷的交通和精心的服务,才可以形成强大的磁力。出类拔萃的品牌,不是自然而然形成的,它需要精心运筹。再次是珍惜特别,保护特色资源。在保护特色资源方面,要做到小事不马虎,大事不糊涂。尤其是那些珍稀的生态资源和文化资源,必须要像保护眼睛一样自觉。比如说,婺源的上晓起和下晓起两个村之间是茶马古道的一部分,上晓起的许多村民希望过上更现代的生活和吸引更多的游客,强烈要求将这条"老土"的石板路改成通车的公路,幸好被一个生活在这里的老教授叫停了。当时大家都不理解,嫌他碍事,还要赶他走。他们哪里知道这个茶马古道的价值!问题在于找到"三个点位"相统一的方法,即照顾关注点——增进群众利益;扼守关节点——保护特色资源;突破关键点——寻求致富方法。这里又要提到莲湖村。莲湖村不少农宅都建于20世纪八九十年代。在提升乡村风貌的过程中,莲湖村没有大拆大建,而是保持了现有建筑肌理,集中改造屋顶、外墙、门窗,提高居住舒适度,打造与环境协调、与历史相承的江南水乡;同时,改造工作也并不局限于"刷刷墙、抹抹灰",而是进行了深度改造并融入江南文化元素。如今,莲湖村里河湖纵横交错,民宅粉墙黛瓦、错落有致,风貌古朴典雅,极具江南水乡韵味。莲湖村还对村内原有的旧厂房、旧仓库等存量资源进行了改造升级,同时对相关空间进行了适当留白,为后续引入优质产业创造条件。良好的生态本底以及得天独厚的区位优势,为莲湖村开展生态清洁小流域治理提供了坚实的保障。依托青西郊野公园的资源优势,旅游业是莲湖村的产业主攻方向之一,莲湖村要瞄准"游在园中,消费在村里"的目标,发展旅游配套服务产业。为了让闲置宅子也有租金收入,金泽镇和莲湖村成立了一个莲湖企业发展有限公司,统一租下村里的闲置房屋然后再租给有需求的企业。良好的环境风貌能增加对游客的吸引力,有助于打造莲湖村自己的旅游"IP",和青西郊野公园相得益彰。

三是"致和"。矛盾无处不在,关键在于致和。(1)情和。要投入激情引发心灵共鸣,倾注真情做到以人为本,赢得同情实现协力同心。干部要善于把激情传给追随者,把他们拉入攸关公共利益的集体事务中。(2)义和。共识是团结统一的基础,是共同奋斗的目标。要善于以义统利、以义节利、以义导利、以义养利。(3)利和。党员干部要有一股傻劲,体现让利于民的情怀;要有一股钻劲,找到为民谋利的方法;要有一股狠劲,杜绝见利忘义的冲动;要有一股巧劲,建立互利共赢的机制。(4)事和。要善于合作共事,科学理事,热衷善事,攻克难事。在乡村振兴中要做到经济与文化结合、农业与旅游结合、保护与开发结合、富民与育民结合等。(5)人和。天时不如地利,地利不如人和。要努力做到通人情、彰人文、树人格、结人缘、固人脉、聚人气、遂人愿。乡村振兴过程的人文关怀,应该具有更广阔的时空视野和心灵境界;服务对象要兼顾村民和访客;不仅要服务群众的日常,而且要服务群众的梦想;不仅追求物质方面的富裕,而且要追求精神层面的充裕。

四是"善化"。世事纷繁复杂,智慧在于善化。要努力化难题为创新,化干戈为玉帛,化冲突为机会,化差别为优势,化平凡为神奇。新时代人们对美好生活的期待日益增长,社会交往更加频繁,信息传输更加快捷,政策对接、市场对接有更高的精度和时效要求。矛盾和冲突可能会增多,要善于学习、理性平和、保持沟通,不断增进了解、消除误解、加深理解、达到谅解。特别要建立一个平衡各方利益关系的协调机制。要善于借用现代科技手段,改造升级原来的生计依赖。以前农民种田,在意的是产品价值。随着生态农业、体验农业和休闲农业的兴起,人们不仅在产品价值上有了更高的期望,也欣喜地发现了其生态价值和美学价值。例如练塘的茭白叶,过去只是作为肥料和废料,现在却被做成编织品,出口国外。这都是化平凡为神奇的例子。

第六章 探索规划导入型社区的共治之路[①]

在城市更新过程中，市区人口有计划地向郊区转移，形成了规模庞大的规划导入型社区。因为它们具有保障特性、巨型特征、行政特色和后发特点，出现了许多传统管理方式难以解决的新问题。课题组以青浦区新城一站大型居住社区为例，通过对区级部门、镇级单位与社区干部和居民等多层次多角度的采访，借助实地观察和问卷调查，整理出其中的社区治理经验。

一、基本特点与主要问题

（一）基本特点

新城一站大居在青浦区赵巷镇西部，社区东部延伸到油墩港，西部与南部分别延伸至绕城高速、沪渝高速，北部延伸到上达河。社区规划面积为6.58平方公里，规划建筑面积423万平方米，镇管社区所涉面积为5.52平方公里，住宅面积323万平方米，总套数29118套，其中保障性住房24730套。规划总人口10.38万人，新增人口8.55万人。占据赵巷镇1/6的区域面积，承载着相当于一个镇的人口数。该社区具有典型的规划导入型特征，即功能上的保障特性、体量上的巨型特征、运行中的行政特色和发展阶段上的后发特点。

1. 保障特性。保障性住房依据国家政策法规建立，目的是为中低收入人群解决住房问题。它们在建设标准、供应对象等方面都有十分严格的规定。目前，上海保障性住房主要有廉租住房、共有产权保障住房、公共租赁住房和动迁

[①] 感谢青浦区社区办提供基础材料，感谢赵巷镇新城一站大型居住社区党委为开展调查提供的便利和帮助，特别感谢陈怡分享富有见地的观察和思考。

安置房四类。新城一站大居内已有的住房类型有商品房、动迁安置房、廉租房等,房屋类型具有混合性特征,但保障性是社区的底色和基调。

2. 巨型特征。沪府发〔2009〕44号文件明确了大型居住社区在住房保障中的作用。沪建交联〔2010〕1239号文件对"大型居住社区"做出如下定义:在政府主导下,结合政府的土地发展规划相关文件,以及地区基础设施建设,选择合适的基地用于建设经济适用房、公共租赁房等,而且还规划建设一些普通商品房。将这种混合性居住社区,全部归入"大型居住社区"中。上海相关社区规划文件还对大型居住社区进行了详细说明,指的是用地总规模约为5平方公里,约有10万人,主要功能是居住功能,以及一定的生活与就业功能,整体功能建设基本完善。[①] 依据上海市政府的发展规划,目前在青浦区共规划有4个大型社区,即新城一站大居、徐泾南大居、徐泾北大居以及华新大居,总规划用地面积9.6平方公里,规划人口18.28万。新城一站大居是青浦4个大型居住社区中规模最大,导入人口最多的社区。

3. 行政特色。上海市大型居住社区是上海保障性居住工程的产物,大型社区的建设发展与房地产市场的变化以及市中心城市更新息息相关。不仅是规划建设过程,包括人口导入和后续管理,都伴随着强行政作为。新城一站大居自交付以来,平均保持1 000人/月的速度持续导入人口,计划导入人口来自市区8个区、青浦动迁的4个街镇。组织架构和组织过程也具有浓厚的党政主导性特征。[②] 现已初步建立全覆盖的管理网络,大型社区党委受赵巷镇党委委托负责整个大居的管理,协调处理各类问题,居委会和楼组长组织居民开展自我管理,业委会向社会各方反映居民意愿和要求,并监督物业管理公司管理运

[①] 上海市规划和国土资源局:《上海市大型居住社区规划设计导则》,http://www.shgtj.gov.cn。
[②] 上海市委、市政府于2011年11月下发《关于加强新形势下社区建设的若干意见》,明确提出"镇管社区"模式,因地制宜采取"两委一中心"组织架构分片管理。所谓"两委一中心",指的是在社区党委的管理下,将社区中各方力量有效调动起来,凝聚成管理合力,通过协调来实现对诸多问题的有效解决;通过行政、文化等中心的设立,形成综合服务平台。2014年,上海就如何加强基层管理建设出台了专门文件,其中特别强调对大型居住社区在内的人口导入多、辖区面积大的郊区城市化地区必须将人口规模是否适度、公共服务配置水平,以及服务的可及性等因素考虑其中,在此基础上建立基本服务管理单元。管理单元应当建立专门的管理机构,负责社区公共服务管理,还应当建立四大中心,负责社区事务、卫生、文化等方面的管理。2015年,市民政局会同市编办、发展改革委、财政局制订了《关于做实本市郊区基本管理单元的意见(实行)》,将大居的管理纳入基本管理单元建设,对设置基本管理单元的条件和基本功能做了明确要求。2017年,在四大分中心的基础上又提出在城市管理、市场监管以及公安警力方面的要求,形成3个服务中心+3个管理中心(城管中队、市场监管所、派出所)模式,建立健全社区党委和社区委员会,并明确社区党委可配备3—5名行政编制,专编专用。

作,各类志愿者队伍弥补公共服务的短板,助力社区治理,社会组织为社区管理与服务提供专业支持。

4. 后发特点。新城一站大居按照10万人规划有教育设施,各类服务设施包括卫生服务、养老服务、文化服务,以及菜场、商业、公交等,规划配套比较充足,根据市委、市政府建设大型社区的初衷,似乎能满足社区人口的各项工作、学习、生活的需求。2017年底,青浦第一条轨交17号线通车,同时大居各公交线路与轨交接驳。从长远看,这里的生活便利和生活品质都是可期的。但社区成熟过程面临诸多现实困难。

(二) 主要问题

资料显示,2017年,新城一站大居信访案件共87起,占赵巷镇总件数16%;报警类案件991起,占赵巷镇总体数38.4%。与2016年相比,赵巷镇总案件数是下降的,但新城一站大居报警数反增加了204起;各种形式的投诉和信访也居高不下。突出的问题主要有以下4个方面:

1. 规划建设瑕疵引发的治理问题。一是与区域发展的协同性不够。将社区作为规划单元,进行相对独立的规划设计,没能充分考虑其所在镇域整体发展规划,难以形成有效对接和互动,资源整合和互补性差。二是与同类比较的公平性瑕疵。因为全市仅出台了最低标准,在实际管理中,通常采取的是属地管理原则,要求各区县在保证不低于最低标准的基础上制订实施政策,各地财力状况与重视程度造成类似项目标准的差异很大。由市中心迁入的老年居民,对比市内完善的服务,更是感到生地设施不完善,生活上难以适应,心理上倍感不爽。三是与实际需求的耦合性不够。规划仅考虑导入区保障性住房,对于配套设施建设关注不够,相关配套设施建设未能及时跟进,引发供需矛盾(参见表6-1)。① 实际上很多导出区居民并未迁入社区,迁入者中大部分是老年居民。

---

① 从总体规划来看,新城一站大居规划有行政设施2处,包括行政中心、派出所。教育设施19处,已经建成了多所幼儿园、小学、初中、高中。规划建设服务设施2处,包括社区事务受理服务中心1所、文化服务中心1所。规划建设文化设施6处,包括图书馆、博物馆各1个,档案馆1个在建,文化中心1个,社区文化活动中心2个。规划建设医疗设施8处,包括卫生服务中心2个、社区卫生服务站6个。规划建设体育设施3处,包括社区全民健身活动中心1个、社区体育中心2个。规划建设养老服务设施9处,包括养护院4个、托老所5个。规划建设大型商业体2个,包括崧泽华城生活汇、宝龙广场。还规划建设6处菜场。另规划建设消防站、垃圾站、公交站等配套设置。当前,已经有6所学校、1个卫生站投入使用。目前,已经规划并且成功建设了31条线路;在社区中有5条公交线,(转下页)

很多动迁地居民,尤其是35岁以下的,往往选择在其他地区选购商品房,从而衍生出一系列管理难题。其一,房屋大量空置,影响社区正常运行和管理。至11月底,已交付的房屋中实际入住率49.25%,其中商品房入住率仅22.3%,入住率低给社区的正常运行和管理带来困难。其二,房屋出租率过高,存在一定安全隐患。在入住的房屋中,自住的2 647套,出租的3 140套,出租率达54.3%,特别是市区动迁户房屋大量出租,出租率高达81.9%,租客中来沪人员占到97.1%,人口流动性大,存在安全隐患。至10月底,大型社区管理办公室已直接处理或协助相关部门处置了各类违法、违规行为170起,涉及159户。其三,人口结构比例失调,影响了公建配套设施的利用。在自住人口中,青浦区动迁户中的老年人比例达25.7%,而在市区动迁户中的老年人比例竟高达52.5%;青少幼合计527人,占自住人数的8.4%(学龄前儿童116人,幼儿园人数105人,小学人数159人,中学人数147人);若把租客也计算在内则更低。① 规划在社区周围将建造19所学校,从幼儿园到高中。规划的5所托老所,目前尚未启用;有4所养护院在规划之中,但未开始建造。已有设施配置与当前人口结构产生了严重的供需矛盾,陷入了学校过多造成空置,托老所需求无法满足的窘境。② 四是房屋建设整体质量欠佳。社区负责人在迎进博期间曾写一份建议给区有关部门,从中可以看到房屋质量问题的多发性和严重性,其中包括房屋外墙脱落、房屋渗水、露筋、电梯质量问题、小区公共设施问题(水管漏水、消防设施配置不齐全等)。特别是市属保障房普遍存在建筑质量问题。

2. 政府应对迟缓积累的治理问题。这方面有些是管理客观实际,有些是居民的主观感受。主要有:一是资源投放偏差。目前的行政管理方式,对行政资源分配依据严格的制度规定,即必须定岗、定编、定职,针对某个地区、某个部门,都制订严格的行政编制要求。编制的扩充和调整,需要经过严格的审批流

(接上页)社区居民能够享受到更加便捷的出行服务。因为规划时对人口导入的实际情况考虑不充分,目前包括养老设施、文化设施、服务设施等项目迟迟未建设并启用。
① 根据新城一站大居2017年底的数据采集情况,大型居住社区内(包括自住和出租),截至2017年底,14岁以下3 266人(来沪1 446人,本市1 820人),占6.9%;15—35岁18 874人(来沪14 221人,本市4 653人),占40.06%;36—59岁18 414人(来沪11 095人,本市7 319人),占39.09%;60岁以上6 555人(来沪2 001人,本市4 554人),占13.91%。
② 据访谈了解,目前就学方面的矛盾不是很多,各级学校完全能满足辖区内学龄儿童的就学。主要的问题集中在养老方面,尤其是从市中心动迁入住的老年居民,这些老人大部分独居,子女在市里工作,而老年居民因为年龄问题,身体各方面机能都有所下降,但是社区四周尚未建立起托老所,而且也缺乏足够的卫生服务资源,要求加快托老所的建设运营。

表6-1 基础公建配套启用情况

项目类型	规划数量	启用数量	启用率
行政设施	2	0	0
教育设施	19	6	31.58%
服务设施	2	0	0
文化设施	6	0	0
医疗设施	8	1	12.5%
体育设施	2	0	0
养老设施	9	0	0
商业设施	2	2	100%
菜场	6	2	33.33%
路段	31	31	100%
河道	24	24	100%

程。大型居住社区是在"三定"规定出台后兴起的,因而没有将它的实际情况考虑其中。当前在新城一站大居配备的民警仅有3名,面对社区人口规模、治理压力,警力配备严重不足。二是勘误周期过长。规划不能完全符合实际也属正常,问题在于勘误周期太长。当需要对有关民生项目进行修改时,需要上报区政府进行审批,有的项目还需要报备市政府,并且多数项目存在审批时限,有的与政府规划发生冲突,使得审批延后。虽然大型社区党委通过加强社区资源的挖掘与整合,缓解了一些民生矛盾,[1]但社区配套项目交付使用情况并不乐观,卫生中心、文化中心等还停留在规划中,未取得较大进展。[2] 针对普遍存在的

---

[1] 如2015年经过与相关部门沟通协调,建设了崧文路菜场;优化了四周的交通线路,目前已有5路公交线路通入社区;针对社区服务中心暂时缺失问题,开设专门的事务代理室,居民可从代理室获得就业、医疗、养老等方面的政策咨询服务。

[2] 原因主要受用地指标、资金等因素影响。其实,社区服务中心、卫生中心等机构早就列入了规划项目,但是至今尚未启用。这些都影响了社区居民的服务质量,阻碍了服务资源的有效延伸。尽管经过社区党委努力,已在很大程度上使这一状况有所改善,但消防、卫生这些与居民生活密切相关的领域,相关建设仍旧较为落后,使得社区居民无法享受到及时、便捷的服务。

房屋质量问题,新城一站大居向赵巷镇党委、政府进行了专题汇报,并对接上级职能部门,但仍未得到整体的改观。① 三是公共服务不到位。社区建设中驻区单位参与度不高,大居党委和管理办公室对驻区单位没有领导和指挥权力,如果希望获得行政支持,需要看相关驻区单位的上级部门态度。有些问题沟通协调过程较长,解决不及时,给居民对社区的信任造成负面影响。② 相关执法单位人员力量薄弱,辖区内共派驻城管2人、房管1人,相关工作推进困难。公建配套方面主要涉及公交线路班次少、公共设施(厕所、道板房、商业配套、绿地广场、停车场等)缺少,公建配套由上海淀山湖新城公司开发建设,存在用地指标等问题,迟迟没有开工。

3. 人口结构特点衍生的治理难题。一是入驻人口的结构失衡。入住总人数47 155人,其中户籍人数18 348人,来沪人员28 763人,外籍人员44人。目前新城一站大居市属保障房已交付14 316套,其中自住套数为2 547套,分别来自普陀、长宁、闸北、徐汇、静安、黄浦、卢湾。从结构上看有"三多"。首先是老龄人口多。市动迁区域内,60岁以上老人为2 224人,90岁以上老人有44人,而60岁以上老人中,空巢、独居和孤寡三类老人占比也高,有622人,占30%。具体来说,空巢老人(即没有子女照顾、单居或夫妻双居的老人,如无儿无女无老伴的孤寡老人,或是有子女但与其分开单住的老人,再者是儿女远在外地,不得已寂守空巢的老人)有501人,独居老人(家中只有一个老人,即子女不在家,丧偶)有113人,孤寡老人(无配偶,无子女,没人照顾,年纪超过60周岁,丧失劳动能力的人)有11人。有很大一部分老人已丧失生活自理能力,得不到子女照顾,容易发生意外。其次是低消费人群多。大居周边的崧泽华城生活汇已于2015年5月底开业,但目前入住的大型超市仅有麦德龙一家,且超市

---

① 青浦区赵巷镇新城一站大型社区,建设市属保障房小区20个,建筑面积132.21万平方米,分别由中建八局、华渲置业、坤昱置业等3家知名房地产开发商承建。目前,出现外墙问题主要是华中苑A、B、C、D区,和瑞东苑、和瑞西苑,占比30%以上;出现内部质量问题主要是华中苑A、B、C、D区,和瑞东苑、西苑,逸泰雅苑北区,逸泰雅苑B2区、观景雅苑,占比45%以上;公共设施不完善问题涉及华中苑A、B、C、D区,和瑞东苑、和瑞西苑、观景雅苑、逸泰雅苑北区、逸泰雅苑B2区、佳福雅苑A1、A2、A3、A4、A5、A6区,占比75%以上。具体问题包括:外墙脱落、房屋渗水、车库跑沙、排水困难、天花板露筋、消防设施缺失、电梯故障、进户电线缺失等。由于相关责任单位态度消极,推进缓慢,由此引发信访矛盾。一些人扬言进市上访,很多人次联名信访,而且潜在信访巨大。
② 大居信访数量多,而且问题分布集中。2017年,12345投诉304件,信访87件。在投诉和信访问题中,70%的是有关社区公共管理的,比如物业管理、公交线路、噪声问题等。物业管理方面主要涉及管理不善问题,其中包括两费问题(物业费、停车费),保安、保洁人员配置不足,居改非、违法违规现象上。

客流量非常小,其他店铺多未营业。尽管大居人口基数庞大,但居民收入水平较低,消费能力有限。再次是治安重点人员多。目前大居有社区矫正人员17人,其中市区来青浦人员10人,占比达58%;吸毒人员15人,来青浦2人,占比达13.3%;精神病人为42人,来青浦31人,占比达73%。二是房屋性质与使用混杂。一方面是具有混合性质。其中,经济适用房占27.4%、市属动迁安置房14.3%、市属廉租房占0.1%、区属动迁安置房占13.1%,另有45.1%的商品房,房屋性质的混杂带来了居民身份的差异和管理标准的差异,加大了管理难度。另一方面是房屋出租率高。因为房源充足、房租相对便宜,很多外来务工人员选择这里租住。[1] 他们对行政管理、行政服务往往缺乏认同,具有较大的流动性,管理起来比较困难。三是社区人群的心理障碍。首先是福利依赖。因为是保障性住房,加上老年人口多,社区对于公共服务和社会福利有一种特别的依赖。依赖不仅表现在数量上的巨大,而且表现在程度上的严重。其次是心理落差。尽管在居住条件方面有了显著改善,市区转移过来的人员还是存在一些不满。离开了熟悉的小区和环境,与昔日的街坊割舍分离,心中有一种挥之不去的"乡愁"。他们更习惯交通便利、资源丰富的市区,对暂时的不便感到难以忍受。客观地讲,搬到郊区后,子女就业、上学等方面确实会受到一些影响。再次是信任鸿沟。各地导入的人口容易形成大大小小的亚文化群落,也会因教育或职业背景差异而产生区隔。回迁安置农民往往被贴上"乡下人"的标签,市区迁入居民则被刻板地视为高傲和冷漠。即便是在社区组织的交流活动中,也会呈现不同群体各自聚集的情形。

4. 社区组织发育不足衍生的治理难题。一是强行政色彩影响社会组织发育。大型居住社区内的居民委员会、筹备组的工作人员编制属于赵巷镇政府,社区事务以及民间组织的建立都是由政府进行管理,带有很强的行政色彩,居委会班子成员也未能进行属地化选举。据了解,在居委会选举中要求各居民区党支部贯彻组织意图,根据组织提名人选进行引导。因此社区居民对居委会选举并不关心,参与度和信任度都很低。由户代表推荐产生的居民代表,大多是积极响应居民区党支部工作的志愿者及政府工作人员,虽然与居民区党支部保持一致,但并不具有代表性。居民与政府的矛盾往往转嫁到了基层工作人员身

---

[1] 截至2017年12月31日,大居内出租房屋为11 769套,出租率达82.2%。入住总人数为25 339人,其中户籍人口为6 298人,来沪人员总数高达19 041人,占比高达75%。访谈中一名居民反映,他们楼一共68户,只有4户是自住的,其余全部出租。

上,居民自治的职能发挥受到束缚。二是既有社会组织有效参与不足。大居在社区融合方面引入了上海新途社区健康促进社区建设,针对小区"群租"问题,引入青客时尚公司,而针对社区卫生管理、社区秩序等问题,也引入了社会组织负责相关问题的管理。但整体来看,社会组织在社区事务管理中的参与水平仍然较低,在公共服务方面能力较弱。特别是因为缺乏足够的人才,影响到项目的开发与建设,相关服务难以得到群众认可。社会组织的市场化发展尚不成熟,市场结构不够合理。虽有很多行业发展协会,但服务性组织不多;服务性组织中为工商企业提供服务的多,专门为普通民众提供服务的少。三是社工队伍综合能力有限。目前,大居社工队伍数量不够,年龄结构失衡,整体上缺乏较高的专业知识,综合素养水平还需提高。[1]

二、治理结构与共治实践

(一) 治理结构

1. 统筹协调的中枢性机构。采取"镇管社区"模式,社区党委负责统一领导。常设的职能部门有三个,还有一个社区事务代理室。其中,党群部主要负责党的建设工作,同时负责社区内部活动的宣传工作、社区志愿者管理和社区文化活动管理;社区管理部主要负责公建配套管理,以及为社区自治提供指导,督促物业管理等服务;综治工作部主要负责社会矛盾处理、社区顽疾预防等;事务代理室主要负责用工信息的发布,接受来自社区居民的事务咨询工作,提供职业技能培训,提高失业人员的就业机会和就业能力。社区党委还设立居委会筹备组,负责对社区自治工作提供引导,包括针对社区问题进行分析,进行社区资源整合,营造社区发展氛围,促进居民参与社区治理,提高社区治理效率。

---

[1] 目前,大居有社区工作人员 116 名,其中居委会工作人员 94 人。单从数量上来看,人数似乎并不少,但根据新城一站大居的实际人口,每名社工需要负责的社区居民为 400 多名,导致服务质量无法保障。社区工作者的专业化水平较低,工作能力亟待提高。社区工作队伍中,大部分是 35 岁以下的,而 35 岁以上的只有 3 名,且都在领导岗位。年龄低于 35 岁的,大部分是应届毕业生。因为社区工作主要与社区居民打交道,年轻人总体上在待人接物方面缺乏足够的经验,也缺乏足够的耐心。他们主要精力用于社区事务性工作,参与培训的机会很少,加上待遇水平较低,能力较强的人员更倾向于公务员和事业单位岗位,对社区工作缺乏足够的职业热情。

社区党委发挥领导作用的运作机制包括:(1)领导居委会开展工作。协商处理社区事务,探讨社区矛盾,寻求解决策略,为社区居民提供服务等。(2)与区级部门协商共治机制。与房管局、民政局等部门开展沟通,就居民反映较为集中的问题进行专题讨论,寻求解决方法。(3)与镇级部门协商共治机制。通过镇级联席会议,与派出所、社发办等职能部门召开会议,联合社区居委会对社区管理中存在的问题进行梳理,经过各职能部门的汇总整理,共同讨论后决定解决策略。(4)社事民情协商共决机制。定期组织物业、开发商等部门召开会议,就民情民意进行分析,讨论社区管理问题。(5)监督评价机制。定期召开社区代表会议,由居民代表、驻区单位等共同就第三方服务、公共服务等问题进行讨论,主要是对这些内容进行评价监督,为社区健康发展提供助力。

2. "3+3中心"的支撑性机构。3个服务中心:(1)社区事务受理服务中心,目前已开办咨询台+综合服务窗口(4个),截至2018年12月20日(11月12日开始运行),共受理接待业务507件,其中办结193件,受理135件,咨询179件。(2)社区卫生服务中心,已建成但尚未启用,故由华中苑社区卫生服务站代替。(3)社区文化活动服务中心,已完成建筑主体装修和功能布局,现开设出乒乓房、阅读室。3个管理中心:(1)城市管理中心,社区将原规划托老所用房改造用于城管中队(网格中心)和市场监管所。目前常驻城管2人、网格队员5人,均在居委会配套用房办公。(2)市场监管中心,现已开办市场监管站。(3)公安警力,社区内设崧润路派出所,共有警力24名。

3. 基层自治的常规性组织。(1)居委会。2017年正式成立新城一站社区党委,即将成立社区委员会,建成4个居委会以及14个居委会筹备组,工作人员116人。4个居委会平均入住率已达60%以上,其余筹备组平均入住率也已超过30%。第一届居委会委员人选均在赵巷镇党委推荐下产生,整个选举过程在镇党委指导下完成,居委会工作人员皆由基层政府工作人员担任。目前居委会主要负责调解邻里纠纷,组织各类活动,促进社区融合;同时挖掘社区志愿骨干,引导和培养社区自治能力。(2)业委会。截至2017年底,已交付的37个小区中有12个小区成立业委会,政府为业委会运转提供相关办公场所和办公用品。12个成立业委会的小区中,有6个区动迁小区,6个市动迁小区。据了解,区动迁小区业委会主任均为或曾为体制内工作人员,包括赵巷镇财政供养人员或青浦区事业单位在职或退休工作人员。市动迁小区业委会主任以退休居民为主,其中一人曾经从事物业管理工作。(3)物业公司。已交付的37个小区共有15家物业公司进行管理,有6个小区的物业公司管理不善退出,由开发商物业接盘;其余小区物业公司均为开发商招投标的前期物业。市动迁小区物业管理费定价为1.1元/平方米—1.45元/平方米不等,商品房物业管理费定价平均在3元/平方米。

4. 应运而生的志愿者组织。(1)调解志愿者。大居党委决定,每个居委会招募1—2名调解志愿者,要求65岁以下,在社区内具有一定威望,有调解工作相关经验,公道正派,了解社情民意,善于做思想工作。调解志愿者工作时间为周一至周五,早上9:00—10:30,下午13:30—15:30。周六周日早上8:30—11:00,工作采取轮班制度,确保每天有人在岗,明确工作职责,制订相关考核机制和奖励机制,由政府发放相关志愿服务补贴,目前共有调解志愿者近60人。各项机制还在探索和完善中。(2)平安志愿者。社区组织了15人的网格化平安志愿者队伍,分为3个大网格15个小网格,实施网格化巡逻。他们每天穿梭在大街小巷,发现情况要及时上报,以便弥补缺漏,确保平安。(3)生活服务志愿者。目前招募了20名"老伙伴"志愿者,对独居老人进行日常关怀。大力发展社区文化团队,截至2017年底,共成立社区文化团队近20支。

5. 规范专业的第三方组织。在上级党委支持下,大居党委在公共服务上全面采用购买第三方服务方式,把专业的问题交给专业的机构来处理,通过社会力量参与社区治理,社区从原本的"包打天下"转变为统筹协调,大大减轻了政府的人员成本以及管理成本。除引入全国5A级社会组织建立第一友邻中心(下文详叙)外,在其他公共服务方面也大力引入社会力量,例如在大居范围内31个路段的街面管控、道路保洁、道路养护、绿化养护、菜场运营、垃圾清运、雨污水养护、河道养护等18项工作内容上,均进行市场化运作,采用线上招投标方式,由中标单位进行管理,年运营管理费4760万元左右,基本涵盖了大居日常所需的各类公共服务。①

---

① 在街面市容管理方面,针对社区街面市容管理,引入励志优保安服务公司,规范了社区街面市容管理工作,而且还延伸了管理范围,基本实现了社区各个角度的全面覆盖。针对管理中的难点问题重点解决。而且,还加强了相关法规的宣传工作,加大了对违规行为的规范和引导,还为社区居民提供专业的政策咨询服务。通过该做法,使大居社区建设中行政资源缺乏的问题得到了有效弥补,而且以往的行政管理模式也随之调整。在社区配套服务方面,引入上海美都环卫公司与闵骋市容公司,由这2家公司负责整个社区主要道路的清洁工作;针对社区菜市场管理,通过国企公司来管理绿欣崧文菜市场;针对房屋租赁管理,由青客时尚生活公司以及鑫骋宏地产公司负责,内容包括租赁房屋的管理、出租等问题。在社区融入方面,引入上海新途社区健康促进社,负责社区友邻中心管理工作,提供的服务涉及多个方面,包括社交、文体等多个领域。

（二）共治实践

大居党委与"新途"对接，①利用小区配套用房建立赵巷镇第一友邻中心。友邻中心地处崧涵庭小区内，总建筑面积950平方米，该中心能够为居民提供文体休闲活动场所，设置了棋艺室、成长空间、才艺坊等诸多区域，居委会党支部、社区居民都参与到该中心的管理之中。通过引入社会组织，社区服务更加专业化，以往由政府、居委会等部门包揽社区服务的状况得到改善，形成社区、社会、居民协同治理的模式。

1. 突出社会共治，社区治理模式完成新转型。由于导入人口来自全市8个区，人口的多元导入对社区管理与服务带来巨大挑战，社区着力做好三方面工作：一是积极搭平台。社区居民对公共活动空间的需求迫切，但各项配套仍在逐步建设中。面对难题，着力建立第一友邻中心，用好共治力量，打造社区公共生活"新空间"。"友邻中心"由社会组织运营，通过培育居民自治骨干，参与中心管理，通过"社区赋权"，让居民有热情、有能力自行管理公共事务。二是科学定项目。项目筹备阶段，社区开展了为期3个月的问卷调查和上门走访，面对面了解和掌握居民服务意愿，并一一选订合同。在制订运营方案过程中，从目标定位、运营模式、服务模块以及场馆功能定位等都反复讨论和修改，最终将正能量剧场、乐活舞台、才艺坊、常青藤生活馆等作为首批纳入的服务项目落地。每个场馆提供针对性的服务项目，也顾及社区不同年龄层的需求差异。三是打造新格局。社会组织的运营提高了社区服务专业化和社会化水平，形成了社区、社会组织和社区居民"三社"共同参与、良性互动的治理新格局。

2. 坚持群众参与，居民自治水平取得新突破。创新社会治理，重心在基层，中心是群众。"友邻中心"建设极大地提高了群众的参与热情，有效地激发群众创造美好生活的共同意愿。一是从"不屑"到"点赞"的转变。在"友邻中心"的筹建过程中，少数居民颇有微词，如今这些人却成了最忠实的粉丝。社区党委秉持"只有参与度才有满意度"的理念，积极发动群众，使居民成长为志愿者，让群众引导

---

① 上海新途社区健康促进社是一家全国5A级的社会组织，注册于上海，在全国6个城市（北京、上海、广州、成都、重庆、青岛）和20多个农村社区开展项目，承接了包括上海延吉第四睦邻中心、书院镇丽苑老年活动室、成都簇桥邻里驿站、青岛日间照料中心等10多个场馆运营项目，业务领域涉及老年服务、慢性病预防、流动人口社会融合、残疾人社区康复和农村社区卫生体系建设。对于第一友邻中心的有关资金运作，新途结合其年度规划，综合测算其运营成本、工资支出、税费压力，年运营费用约为35万元，所需资金主要来自政府补贴以及社会赞助，还有部分由居民支付承担。

群众。从热心居民中选拔招募核心志愿者,将原本需要服务的对象转化为服务的提供者,为社区公益服务培育了新的主体。如今"友邻中心"各个群众团队均实现自我管理,活动内容日益丰富,日常管理得到规范,新的项目和新的团队不断得到孵化成长。这个社区生活"新空间"也得到居民的纷纷点赞。同时,这个平台也吸引了越来越多的市区居民参与活动,其中不乏具有各类知识和才艺的专家教授,形成了市区居民与本地居民和谐共融的良好氛围。二是从"受众"到"管家"的转身。截至2018年底,已经开展265次主题或者大型活动,41806余人次的服务量,培育社区文化团队13支,培育核心志愿者4名,志愿者骨干63名。一批参与管理的社区"领袖"脱颖而出,他们不仅有个人魅力和群众基础,同时也是自发的公共生活参与者,具有强烈的主人翁意识。目前,每天平均人流量在200人次左右,只安排2名全职员工在中心,他们的职责更多是引导中心团队自我管理,社区志愿者才是场馆和团队真正的"管家"。三是从"划桨"到"掌舵"的转型。社区从原本的"包打天下",转变为统筹协调。运营过程中,由赵巷镇大型社区党组织、社会组织以及辖区合作伙伴组成顾问委员会,负责制订中心全年总体工作目标以及重大事项决策。通过政社合作,大型社区从公共服务的直接提供者,变为政策制订者、购买者和监督者,社区负责"掌舵",把需要专业技能的"划桨"任务交给社会组织。社会组织通过社区志愿者开展项目运营,制订项目推进机制,由"自管小组"分工跟进各个项目的开展。制订每周例会制度,由志愿者细化下周工作计划,并将各类活项目通过微信公众平台进行预告。制订实时反馈机制,中心可以自取满意度调查表,同时定期组织活跃的项目参与者召开座谈会,收集意见建议,及时发现场馆运营存在的问题并予以调整。大型社区管委会对"友邻中心"运营情况按季度进行督查,强化考核,确保各项工作计划落实到位。四是从"孵化"到"出壳"的升级。"友邻中心"运营至今,建立了"邻之友"志愿联盟,又分设"邻之声""邻之合""邻之谐"志愿团队,共67名居民志愿者,通过现有的志愿者滚雪球般地不断吸纳新的力量,同时又不断输出,成为志愿者成长的"摇篮"。在此次4个居委会的新建过程中,共有25名志愿者,以居民代表、楼组长、社区骨干的身份参与到了社区工作,为新建居委会以及后续居委会的建设和管理奠定了经验基础,做好了骨干准备。

  3. 加强资源整合,中心服务功能实现新拓展。为了让"友邻中心"辐射效应更广,居民自治活力更强,大型社区管委会充分调动社区资源,依托区域化党建等平台,推动"友邻中心"项目的延伸以及深化。一是资源共享,建立"伙伴化"关系。根据居民不同需求和问题,社区依托区域化党建大联盟等平台,充分利用配送资源等契机,不断将社会组织、驻区单位志愿者团队注入"友邻中心",形成伙伴关系,常态化参与社区治理和公益服务。目前,"友邻中心"服务辐射区域共8个小区,"友邻"伙伴单位已达27家,有来自学校、社区的商户、物业公司、社区的社会组织等,认领社区治理项目48个。二是社区共建,推进"项目化"运作。自下而上收集群众需求的基础上,吸引"友邻"伙伴不断开发公益项目,对接社区不同群体的实际困难和需要,形成群众喜闻乐见、便于参与的服务菜单。目前,"友邻"伙伴开发以及承接的公益项目已有十余个,包括认领居民"微心愿""心灵驿站""嘎讪胡"等睦邻项目。本着"服务群体需求在哪里,我们的服务就提供到哪里"的理念,居民自治工作逐步实现项目化运作并不断放大辐射效应。三是文化共育,开展"品牌化"推广。发现有些公益项目不仅在个别社区受欢迎,同时也是其他小区居民的普遍需求,因此致力于做深做实、打造品牌,社区逐步加以复制推广。如"咏年"保健沙龙,原来只是"友邻中心"请一些社区内热心的阿姨作为志愿者,每天指导教授老年保健操。但随着社区老年人保健意识的提高,沙龙引入了更加专业的保健医生进行指导和顾问,也开始在各个居委复制,品牌效应初步显现。项目活动的开展可通过运营团队以及社区居民来实施,在志愿者的努力下,各个家庭的需求得到满足。丰富多彩的活动大大提升了居民社区活动的参与度,继而提升居民对社区事务的参与度,有效增强了居民的认同感和归属感。

三、规划导入型社区的治理优化

(一) 坚持以人为本,形成契合民生实际需求的规划系统

建立规划导入型社区既是城市更新的呼唤,也是政府改善居民生活品质的契机。在这过程中,要始终坚持以人为本,充分考虑相关主体的实际需要和心理感受,形成契合民生实际需求的规划系统。

1. 规划导向上要综合考虑"民需"。同济大学建筑与城市规划学院教授唐子来认为,城市在更新中最重要的是寻找"最大公约数",应当满足5个条件:一是特别关注弱势群体需求,比如对棚户区进行更新时,要求通过调研倾听当地居民对该项政策的意见和看法,以使得政府和居民之间能够达成共识;二是必须依据

国家相关法规来进行规划;三是城市更新实施中,应当将提升动迁居民幸福感,改善其居住水平作为目标之一;四是应当考虑空间上保障性住房的集聚问题,有效防范两极分化;五是推崇有机更新,即要求更新方式是有机的,延续上海文脉,塑造具有地方传统特色的空间场所。[①] 大型社区运转实践启示:应当建立大型保障性住房选址和基地规模的论证,对其建设内容和规模进行研究,对周边环境和区域影响以及对所在基层单位的承受力进行预测和评价。要综合升学、就业、交通、消费等诸多问题,确定大居的承载规模、空间布局和公共资源配备。

2. 评估过程中要充分尊重"民意"。对于已经建成或基本建成的大型居住社区,政府要及时进行"后评估"。居民入住后更要系统评估,一是看规划是否与实际需求相符,二是看居民入住后的总体评价和真实感受。邀请市区两级人口研究、社会研究、规划等方面专家及本区有关人士联合开展研究,优化政策措施,使非常规的大社区能早日成为常规的大社区。

3. 开放程度上要自觉依赖"民视"。规划要具有开放性,一方面要体现超前性,需具有随着时代发展而不断变化的运作弹性;另一方面要适应所在区域的发展布局和发展节拍。必须注意保障房建设过程的严格质量监管,实行严格的责任追究制度;同时尽快解决已发现的质量问题。毕竟安居才能乐业、才能乐群。

(二) 突出党建引领,形成多元主体良性互动的共治系统

要在党组织领导下,实现政府、社会组织、居民共同参与其中的社区事务管理机制,实现资源整合和力量融合。

1. 党组织要突出政治引领与协调功能。2014年底出台的《关于进一步创新社区治理加强基层建设的意见》明确要重视镇管社区,健全社区运作机制,使得各方主体都能参与到社区管理中。同时,成立社区党委,坚持党的全面领导;设立社区委员会,实现社区协商自治,使社区具备一定的监督权、建议权。"镇管社区"模式是上海社区治理的主要路径。"镇管社区"模式不是行政替代管理,而是更倾向于合作型的社区治理模式,它需要完成的是社区共治平台的建设,让社区治理形成多元治理的格局。在这个格局形成过程中党委起着枢纽性作用。在党组织牵头下,大型社区应采用多元治理模式,释放社区自治权力空

---

① 唐子来:《城市更新须重视四个基本维度》,《解放日报》,2016年1月5日。

间，明确政府、社区各自的管理职责，在社区治理中应当发挥的作用，以实现行政管理与社区自治的有效平衡。要通过社区组织、社区文化等方式激发居民的热情，引导居民更加积极地参与到社区建设工作中，健全社区管理体制，提高社区自治水平。目前，"镇管社区"的治理模式缺少法律支撑和制度保障，实际治理过程中还比较尴尬，无论在人权、财权以及资源的配置上都没有实质性的决定权，对于一些社区管理问题没有强有力的制约和督促手段。

2. 政府既要责无旁贷又要适可而止。政府应当将精力集中于"正面清单"所列的职责，为社区自治提供基本的服务保障工作。就大居管理来讲，政府首先应当解决公共配套设施的建设问题，包括菜市场、休闲设施、养老设施等，确保社区四周形成较为完善、系统的交通网络，加强周边服务业态的优化。对居民反映的问题，如出行难、购物难等问题应尽快解决。其次要确保基本管理服务得到有效落实。要综合考虑大型社区人口、规模和区域环境方面的特点，配备足够的公安和消防力量；应当在"15分钟"服务圈这一标准上，构建专门的卫生服务中心和文化管理中心，形成完善的服务管理格局。再次要确保政府为社区治理提供充足的财政资金，为社区发展提供资金保障。不管是公共服务还是社会管理，对资金的需求都是长时期的、持续性的。因此，政府必须结合项目实际情况制订可行的资金使用方案，对资金拨付、使用等进行详细的说明，不断细化相关内容，以确保资金配置合理高效。

3. 积极培育第三部门参与社区治理。面对居民多元化的需求，政府应积极寻求第三方帮助。首先要设置准入机制。社会组织必须具备一定资质和能力，才可成为社区治理主体。设置门槛时，应尽量简化审批流程，降低审批成本，缩短办理期限。关于社会组织是否可以进入，最终决定权应在社区。社区可设立专门的基金，为社区发展提供资金支持。可利用项目资金，从社会上购买服务。社区可结合自身的需求，确定服务内容、服务效果、资金方式等，这些都要基于社区协商最终确定。其次要合理掌控管理尺度。引入社会组织的主要目的是弥补政府在社区治理中的不足，设置的约束框架不能太多，约束太多会影响到社会组织能动性的发挥。但这并不意味着要放弃对社会组织的管理。一方面要确保社会组织的一切行为都符合国家相关法规要求，按照市场运行模式，参与社区自治，提供公共服务；另一方面还可通过第三方专业评估机构，对社会组织的实际贡献进行评估，并就如何改进提出建议。社区可依据评估情况做出是否继续与该社会组织合作的决定。再次要创新激励方法。对社区建立的发展基金,应当采取动态管理机制。对于社区居民呼声较大、迫切需求的项目,在资金上应当适当倾斜,鼓励社会组织参与到这些项目中,对那些成绩突出、居民满意度高的服务要予以适当奖励。

(三) 加强生活联结,形成多元参与的社区融合氛围

用生活化方式吸引社区居民参与社区治理事务和公共文化生活,不断提高居民的相互理解和社区归属感。

1. **以生活关照促进休戚与共的温暖关系**。高度重视居民的生活难题,积极回应居民所企所盼,帮助解决菜场、卫生服务站、公交和商业配套问题;积极推进便民会所(在青湖轩建有红白喜事办理场所1处);引入第三方做优道路、河道、街面管理;建立第三方工作群,形成"及早发现、及早上报、及早处理"的工作机制,保证小区外围的市容环境;建立维稳长效机制,定期召开综治工作例会,共同探讨居民小区内出现的各类违法违规行为,并联合房管办、城管中队等职能部门大力整治违法违规装修、群租、"居改非"等行为;针对居民反映强烈的房屋质量、停车收费、公共部位使用、渗水维修等问题,积极做好沟通协调工作,让地下车库噪声过大给较低楼层的居民造成的困扰、大居公交线路设置不合理、广场舞声音过大扰民等问题得到有效解决;认真做好刑释解教人员安置帮教、社区矫正等工作;坚持严密防控,切实加强各小区、在建工地安全隐患排查工作;全力配合公安机关加快推进智慧安防社区建设,通过智慧化、一体化、系统化治理,破解动迁小区管理难的问题,等等,看似平凡的一件件小事有力促进了休戚与共与彼此温暖的社区关系,使管理者和居民之间以及居民相互之间形成一种良性互动。

2. **以社区文化建设丰厚居民的共同心理基础**。社区文化建设要从物质和精神两方面着手。设立公共休闲娱乐场所,为文化活动、娱乐活动、家庭活动等提供场所;也可开发社区沟通软件,让社区居民能够通过虚拟空间进行交流。设立各种志愿组织,在社区中开展环保、文体等活动,带动居民参与。加强对社区潜在资源的挖掘,发现和运用居民中具有特长的成员。[①] 加强本地文化、经济的宣传,同时加强居民就业指导和培训,使社区居民具有更强的生活能力。

---

① 大居成立社区文化团队,每年举办金秋晚会,从各个社区选拔由社区居民自编自导自演的节目进行表演,让多才多艺的市动迁居民能够在社区活动中得到展示的舞台,找到久违的归属感、认同感。

3. 以民主管理激发居民参与治理的效能感。一是加强社区基层民主建设。形成健全的居委会成员选拔制度,采取多样化方式来进行基层民主政治知识的宣传,让社区居民对基层民主政治形成更加清楚的认识,让他们对居委会、业委会职责形成更加全面的了解,拉近彼此的距离。完善社区民主参与决策机制,为居民参与社区管理提供更多、更便利的渠道。二是将可以社会化服务的行政管理职能转移给社会组织。三是打造高素质的居委会工作团队。将热心社区公共事业,具备较强组织、管理能力的居民,吸收到居委会队伍中。要通过培训不断提高管理人员的知识水平以及实践能力,增强居委会的整体自治能力。

(四)夯实基础保障,建立持续发展的资源运筹机制

1. 建立规模适度的专业化社工队伍。由于受社工额度的限制,大型社区居委会成立后才会配备一定的社工额度,例如新城一站大居 4 个居委会成立时,得到 32 个社工额度,然后再进行招聘。这就存在居委会筹备工作由谁来完成的问题。上级职能部门对于体量较大的保障房社区,在居委会筹备阶段就要配备一定额度,以便社工提前熟悉社区环境和社区居民;同时,要从职位晋升、绩效考核入手,制订激励措施,让各类人才充分发挥才能,打造专业化社工队伍。

2. 建立配备合理的资金保障体系。针对大型居住社区的管理,目前管理费用 2014—2016 年由市、区各补贴 300 元/平方米,计 600 元/平方米;2017—2018 年市、区各增加补贴 200 元/平方米、计 400 元/平方米,总计 1 000 元/平方米。补贴范围为市属保障房,按实际安置量计算。可聘请专门机构定期综合市场形势、设备折旧等因素,对一个特定周期内的资金需求展开分析,实现动态拨付,并保证资金补贴的可持续性。探索大型居住社区内的自我发展,将周边部分商业配套设施转让给大型社区,并由所在街道或镇属企业进行统一运营管理,既可保证商业配套的业态质量,也在一定程度上形成了造血机制。

3. 建立无缝对接的人口信息共享机制。由于人口流动和快速导入以及在陌生环境采集的难度,人口信息采集的准确性往往难以保证,导出区及时移交相关人口信息,将会大大便利导入地的人口管理和社会融入工作。另外,导出区或者动迁部门在开展动迁工作时,为了尽快完成签订协议,有时会对大型保障性社区规划的配套建设进行夸张宣传,导致居民入住后落差很大。应该建立导入区和导出区的联系机制,由相关联络人员协助导入地一起做好安抚和解工作。

（五）优化服务功能，提升公共服务组织的整体效能

1. 整合资源，提升精准化服务。进一步梳理社区内各类资源，以党建为引领，把握群众需求脉搏，加强沟通合作，梳理供需清单，打造群众需要又叫好的共建项目。继续聚焦小区秩序、公共服务、物业管理、平安建设中的"常见病、多发病、慢性病"，深挖各类人才资源，有效配置和盘活辖区资源，引导资源服务社区，变"条块分割"为"无缝对接"，变"群众上门"为"志愿者下沉"，积极回应、解决居民日常生活中的突出问题。积极引导驻区单位参与社会治理。①

2. 健全机制，提升高效化服务。一是建立一套行之有效的治理机制。根据大居老年人多、外来人口多、租客多、学龄人员少的"三多一少"情况，建立党建引领、多方参与的社区共治与居民自治联席会议制度，在处理协调日常公共事务中，充分运用基层民主协商，自下而上形成议题项目，开展监督评价，提升社区治理参与度。二是集聚一批具有公益精神的社区骨干。发挥各居民区党组织战斗堡垒和党员先锋模范作用，努力构建党员干部联系服务群众网格化工作机制，带动楼组长、各类群众团队负责人、业主委员会负责人和社区志愿者，培育有感召力、具有公益精神的社区贤达，打造便民利民"服务网"。三是构建功能丰富的第二友邻中心。整合党建、文体、友邻等资源，打造党建引领、民生导向的新型文化活动中心。开辟专门的党员先锋工作室，推选具有特长的党员同志为负责人，激发党员受尊重、受重视、被需要的责任感。

3. 坚持创新，提升智能化服务。运用新媒体技术，让社会治理实现线下与线上的有机结合。目前，新城一站大居拥有"i 大居"微信公众号、友邻中心公众号，多家居委会也打造了自己的微信公众平台。要继续把社区好的资源、活动内容等通过网络发布给社区居民，也鼓励居民将自己的想法及时与后台联系沟通，形成互动互通的自治平台。积极配合"智慧安防""智慧社区"等项目建设，进一步打造"平安社区"。以智慧科技补齐治理短板，通过在社会治理中运用大数据，对重点人员进行动态监测，对重点区域或设施进行实时监控，及时排除隐患、化解矛盾，进一步提升管理水平和应急能力。

---

① 现已成立山湖秀物业爱心公益队，每月为行动不便的居民上门清洁、理发、搬运；发挥崧文小学、秀泉幼儿园等驻区单位作用，定期慰问社区结对老人，免费为社区居民提供早教咨询和服务。

第七章　党建引领基层社会治理创新的类型学分析[①]

习近平总书记指出:"基层是一切工作的落脚点,社会治理的重心必须落实到城乡、社区。""加强和创新社会治理,关键在体制创新,核心是人,只有人与人和谐相处,社会才会安定有序。"当前,党建引领基层社会治理创新形式多样,亮点频出,对于这些林林总总的创新进行类型学分析,找出一些共性规律是必要的。

一、结构式创新:以党建引领"三驾马车"为例

为进一步夯实社区党建基础,完善基层治理结构,促进城市精细化管理,我们对有关街镇进行调研,分类考察大居社区、老旧小区、商品房小区、动迁房小区治理情况,探讨党建引领"三驾马车"协同治理的创新路径。

(一) 工作基础

"三驾马车"是指城市基层自治的常规性组织居委会、业委会、物业公司。深化党建引领"三驾马车"协同治理具有深厚的法理基础和民意基础,也具备必要的组织条件和经验条件。

1. *法理基础*。一是社区治理必须加强党的领导。《宪法》确立了中国共产党的领导地位。《中国共产党章程》指出:"党政军民学,东西南北中,党是领导一切的。"依据《宪法》和《中国共产党章程》,《中共中央国务院关于加强和完善城乡社区治理的意见》提出基层治理目标,即"基本形成基层党组织领导、基层

[①] 感谢青浦区委组织部、青浦区政协、夏阳街道、盈浦街道、徐泾镇、赵巷镇等单位对课题研究给予的大力支持。张婷、李飞虎、雍爱霞等参与了部分研究工作,提供了宝贵的实证材料和建议。

政府主导的多方参与、共同治理的城乡社区治理体系"。必须把党的全面领导落实到基层。二是群众自治需要强化组织协同。基层治理涉及社会方方面面，任何一方都不可能唱独角戏。要坚持多元参与合作共治理念，推动各方力量有效衔接、对接、连接，构建以基层党组织为核心的合作共治格局，形成互联互通、资源共享、优势互补的运行体系。三是社区共治框架体系初步形成。2017年青浦区委出台《关于全面加强城市基层党建工作的意见》，各街镇社区共治框架基本形成。包括：(1)统筹协调的中枢性机构。街镇（包括镇管社区）由党（工）委负责统一领导。职能部门包括：党群部（主要负责党建和志愿者管理）、综治工作部（主要负责社会矛盾处理和顽疾治理等）、事务代理室（主要负责社区人员劳动就业服务等）。(2)"3+3中心"的支撑性机构。即3个服务中心（社区事务受理服务、卫生服务、文化活动服务）和3个管理中心（城市管理、市场监管、公安警力）。(3)基层自治的常规性组织。包括居委会、业委会、物业公司，也即常说的"三驾马车"。(4)应运而生的志愿者组织。包括：调解志愿者、平安志愿者、生活服务志愿者，同时还有异彩纷呈的社区文化团队。(5)规范专业的第三方组织。有些社区采用购买第三方服务方式，把专业的问题交给专业的机构来处理。

2. 组织基础。基层党组织把党的领导核心作用贯穿于社区治理全过程各领域，加强和改进党组织对社区各类组织和各项工作的领导，有效促进了社区党建与社区治理的良性互动。一是建强社区支部战斗堡垒。通过扎实推进党支部标准化、规范化建设；选好配强党支部书记和委员；严格党员教育管理监督等措施，有效提升了基层党组织的组织力和战斗力。二是深化区域化大党建格局。推动机关党组织、在职党员全面落实"双报到""双报告"制度，融入区域化党建，参与基层治理，全区域统筹、多方面联动、各领域融合的工作格局正在形成。三是创新党建带群建工作方式。不断增强群团组织的政治性、先进性、群众性，培育社区共治土壤，提升了居民参与公共项目和社会治理的广度和深度。社区党支部、居委会依托居民议事会、驻区单位联席会议等平台把群众反映的急事难事放到议事桌上，让居民真切感受到"有人为他们办事""有地方给他们议事"。

3. 经验基础。一是通过公共关怀和责任担当彰显社区中坚力量。社区党组织在落实公共项目、化解社区矛盾、应对公共危机中，以高度的政治责任感和担当行动，赢得了社会组织和居民的信任。在"双守双共、联防联控"行动中，党员干部下沉到社区,弥补了社区治理力量的不足。二是通过有效宣传和精心服务强化社区内聚力量。社区党组织积极打造宣传平台,宣传经济社会形势、发展理念政策、相关法律法规和重大公共项目等,提高了社区人员的政策水平和文明素质,增强了管理者和被管理者的双向理解,间接提升了社区服务满意度。瞄准群众现实需求,协助解决居民关注的文化休闲、小区道路修建、环境卫生等难点问题,赢得了群众的认可。三是通过组织协调和科技赋能提升社区创新力量。针对物业管理难题,社区党组织沿着"红色物业"的方向,协调各方、积极探索;利用移动应用、微信公众号等渠道,实现及时沟通和服务响应,不断优化跟进智能服务;设计邻里社交、跳蚤市场、志愿打卡等模块,增进了理解和良性互动。

4. 民意基础。一是社区建设需要党组织动员和引领。平安建设、拆除违建、垃圾分类、服务进博等,都需要党组织动员。激发居民自治热情,也需要党组织建立健全相关制度机制。二是日常管理需要党组织给予信任支持。面对鱼龙混杂的物业市场,深入开展住宅小区"放心物业"创建工作,创建地区名牌物业公司和名牌物业,有助于提升物业的管理水平。创建文化娱乐、社区志愿服务等民间团体,搭建社区活动中心和老年人日间照料平台,拉近了干部与居民的心理距离和感情距离。三是矛盾调处需要党组织主动牵头协调。遇到关系复杂、牵涉面广、矛盾突出的问题,需要党组织主动牵头,及时协调有关各方,深入了解实际情况,深切体察群众需求,从整体利益、长远利益出发制定措施、推进落实。

(二) 核心问题

党建引领社区协同治理必须破解几个核心问题。

1. "理得清"问题。对公与私、义与利的关系要理顺。一般认为,物业是追求自身利益的营利性组织,业委会是业主物业利益的代表;而党组织、政府和居委会则是代表公共利益的组织。其实,物业管理既是社会民生问题,也是社区治理问题。物业公司通过提供服务得到相应的利益,这是它的"利"之所在。但物业服务并不是孤立于社会发展体系和发展进程之外的,它与社会管理和民生感知有着千丝万缕的联系,其服务同时带有"义"的色彩。一是法义。根据法律要求从事管理和服务。二是公义。担负相应的社会管理义务,如安全、环境、创全、垃圾分类等,在特殊期间担负公共防护责任。三是情义。保持与业主的和谐关系,并促进业主之间和谐共生。四是信义。建设诚信物业,履行合同义务,绝不侵害业主利益。义利关系的合理构建,要做到"三个明确":一是明确反对物业企业的自私倾向,引导合法经营。前期物业没有建立有利于竞争的市场机制,质量难以保证。因为物业企业门槛低,有些企业资质低、市场份额小、管理能力弱,不能满足日益增长的居民需求。社区党组织要高度重视并建立机制化的预防措施。二是明确维护物业市场的有序竞争,保障正常利润。大型聚居社区和动迁小区的形成过程与行政高度相关,老旧小区改造也是政府实事项目。因此物业管理过程需要相关公共部门的主动担责、提供服务、有效保障。又如,物业公司的进入和更替,都牵涉到一些法定程序和利益衔接,需要党组织和有关部门加以引导、规范和监督。三是明确物业企业的公共意识,给予相应补偿。针对垃圾分类、平安创建、疫情防控等公共事务,既要通过政治思想教育提高物业企业的大局意识和服务意识,又要在赋予其义务时,给予适当的经费补助、人员帮助和精神激励。

2. "统得住"问题。法律层面来讲,居委会是小区居民的自治组织,主要管人;业委会代表全体业主的利益,是小区业主大会的执行机构,主要管财(维修基金和公共收益等);而物业公司是小区业委会聘请的管理单位,主要管物(社区的公共设施等)。但这三者又必须合作,管好社区人、财、物,服务好小区业主和居民。社区党组织必须解决如下问题:

一是工作目标的兼容性。"三驾马车"由于服务质量、收费标准、工作任务存在矛盾,有时互不认账,相互推诿。如:居民反映物业服务不到位,管得不好,有诉求没有满足或解决;物业公司反映物业费低很难提高服务质量,日常还会承担或配合一些政府事项,比如垃圾分类、创全等工作;业委会反映居委会"干涉多",有关程序复杂;居民区党组织反映业委会、物业公司"不听话、不配合"等。

二是工作方式的创新性。必须建立有效的工作机制和工作制度,促进相知、相信、相融、相助。比如,建立社区事务公示制度,把小区维修的合同、经费使用、收费明细等予以公示;完善物业服务合同内容,使居民更有效地监督物业服务质量,减少因服务问题引起欠缴物业费现象;形成收集议题、共同协商、解决争议、达成共识的运作机制等。

三是工作要求的适应性。通过社区协同机制,有效发挥物业服务企业在社区治理方面的独特优势:(1)物业服务企业长期与政府各部门、协会、企业、街道居委会等各方沟通协调,具有较好的协同工作渠道和经验;(2)物业服务企业直接服务社区居民,彼此联系紧密,能够及时了解和掌握居民需求;(3)物业企业的服务质量直接决定居民的生活环境,优质的智慧的专业服务,可以成为政府解决社区群众烦心事、操心事、堵心事的好帮手,社区居民的好管家。

3."拉得动"问题。一是自身建设虚化弱化。有些社区党组织战斗堡垒作用和党员先锋模范作用发挥不足;或者对党建工作的重要性认识不到位,态度消极,工作流于形式;或者领导方式与工作方法单一陈旧,指导作用和支持力度不到位;或者党务人员编制不到位,专业性人才缺乏;或者党建开展活动的经费不足。二是潜在力量难以激活。在职党员在社区发挥作用不够,参与社区公共议题的讨论很少。社区事务以及民间组织的建立都是由政府进行管理,带有很强的行政色彩。居民与政府的矛盾往往迁怒到基层工作人员身上,居民自治职能发挥受到束缚。既有的社会组织有效参与不足。社会组织在社区事务管理中的参与水平较低,在公共服务方面能力较弱。虽有很多行业发展协会,但服务性组织不多;服务性组织中为工商企业提供服务的多,为普通民众提供服务的少。三是服务性与政治性脱节。社区基层党组织同时肩负着政治功能和服务功能。现实中,有些社区党组织片面强调政治性,似乎有了"政治"这个尚方宝剑,便可以指挥一切,不去研究政策落实的细节和要求,不关心有关各方实际需求和实际难题。有些社区党组织则相反,缺乏从政治高度看问题的眼光,头疼医头脚疼医脚。

4."担得起"问题。一是业委会处境尴尬。业委会作为业主大会的执行机构,担负着小区所有业主的委托,行使业主大会的决策,对物业公司进行选聘,对其工作进行监督,是物业管理领域最重要的管理主体,但却一无上级组织机构的保障,二无行业协会的指导,三无明确的报酬保障。业委会成员大多由退休的业主兼任,人员素养参差不齐,缺乏系统明晰的准入门槛,既无法保障其专业性,也无确实有效的工作监督制度,工作的偶然性随意性很强。二是物业公司负担过重。房屋建筑质量等问题需要政府相关部门处理,但矛盾积攒在社区;居民所反映的问题和提出的解决方案,须待相关部门的认可和批准方可实施;有些小区物业费低且收缴率低,涨价更是困难;物业维修基金依最初房价而定,因此老旧房屋的维修基金都已告罄,再征极其困难;越来越多的公共项目需要物业公司配合落实,但往往缺乏相应补偿。三是社工队伍综合能力有限。目前,社工人员数量不多,年龄结构失衡,整体上缺乏较高的专业知识,综合素养还需提高。

(三) 几点建议

1. 完善社区共治结构,有效整合治理资源。由所在地区党委领导、政府主导扶持、党政社融合协同,建立社区共治委员会,以社区共治为主要手段,通过党和政府对社会资源的动员、整合、再组织,形成社会力量多元参与、社会资源共建共享、居民群众自我服务管理的基层治理新模式。一是完善党在社区的领导体系。一方面,明确社区共治党工委职能,包括:(1)共商、共议社区党建联建和涉及社区全体居民及驻区单位的地区性、社会性、公益性、群众性事务的有关问题;(2)领导和指导居民区党支部,加强业委会选举指导,协调小区治理相关各方的利益关系;(3)强化对社区各类组织的领导核心作用,充分发挥驻区单位党组织在社区党建联建及社区共治中的政治核心作用;(4)引领社区群众参与社区共治和基层自治活动。另一方面,召开好社区党建代表会议。社区党建代表会议作为社区共治党工委的议事协商机构和区域化党建的抓手,由辖区企事业单位党组织、政府部门派驻机构党组织、村居委党组织、社会组织的党组织等派代表参加,一年召开一次代表会议,听取、审议社区共治党工委组织开展党建联建的年度工作报告,代表社区内党组织对社区共治党工委工作进行监督。二是发挥社区支部战斗堡垒作用。扎实推进党支部标准化、规范化建设,特别要注重选好配强党支部书记和委员,严格党员教育管理监督,进一步提升基层党组织的组织力和战斗力。进一步深化区域化大党建格局,推动机关党组织、在职党员全面落实"双报到""双报告"制度,融入区域化党建,参与基层治理。进一步创新党建带群建工作方式,不断增强群团组织的政治性、先进性、群众性,提升居民参与公共项目和社会治理的广度和深度。三是建立社区共治委员会。社区共治委员会主要由村居委、驻区单位、社会团体、企业、居住在社区的各级人大代表、政协委员和社会知名人士等组成。其职能是:(1)协商社区事务;(2)监督政府效能;(3)听证急难事项;(4)指导基层自治;(5)化解社区矛盾;(6)服务社区群众。共治委员会下设若干工作部。如党群综合工作部、居务工作部、综治联勤工作部等,还可成立一些专业性共治平台,针对相关领域的重点、难点问题,通过巡查、座谈、联席会议等形式,协商协调解决。

2. 创新治理运行机制,有效解决大事难题。一是建立社区共商共决机制。

创建条线部门派出机构、驻区单位、社会组织和社区居民多元参与的平台或机制,如社区综合管理、联合执法、物业管理、商业管理等联席会议制度,引导社区群众、驻区单位和行政派出机构,对涉及地区性、群众性、社会性和公益性的重要事务,共同协商决定。建立社区资源共享工作推进小组,集聚社区共建资源,培育社区公益组织,激发驻区单位、社会组织、居民等各类群体服务社区的内在动力。二是建立社区契约化管理机制。引导驻区单位、社会组织和社区居民,就一些管理服务内容制订契约,明确各自权利、责任和义务,实行自我有序管理。如制订小区居民公约,要求入住居民对违法搭建、群租等进行书面承诺自律;建立驻区单位履行社会责任报告制度,辖区内各类企事业单位定期向社区报告安全生产、参与社会公益等情况,纳入社会诚信记录等。三是建立社区联勤巡查机制。建立监督评价机制,组织辖区内企事业单位、各类社会组织、村居委、居民代表等社会各方,对政府部门行政执法、社会管理、公共服务等工作效能进行监督评价。组建各类志愿者团队,制订组织、培训、考核、激励等制度,对一些管理难点热点问题,进行巡查、管理、服务、调处。比如,建立"啄木鸟"、"老娘舅"、文明督导队等志愿者团队,从事社区秩序维护、邻里矛盾调解、顽症管理等自我管理服务工作,及时遏制不良行为。四是建立物业责任保障机制。(1)明确物业的社会公共责任,在公共安全、公共卫生、公共项目和公共活动中,社区党组织应给予支持。(2)明确物业对业主及房屋居住情况的关注责任,对小区租户做好建档和备案,并定期核查,实行动态管理;向租户进行必要的安全、卫生、文明居住宣传,督促他们爱护小区环境和公共设施。(3)利用城市更新、住宅小区综合改造、美丽家园行动和创全等实事项目,提升小区硬件功能。(4)给予物业企业适当的公共责任补贴;同时协助加强与居民沟通,提升居民缴纳物业费的自觉性。

3. 加强社区生活联结,激发治理内生力量。一是关心居民日常生活。高度重视居民的生活难题,积极回应居民所企所盼,主动并持久关怀困难群众;形成"及早发现、及早上报、及早处理"的工作机制,联合有关职能部门大力整治违法行为;协力解决居民反映强烈的房屋质量、停车收费、公共部位使用、渗水维修等问题;做好刑释解教人员安置帮教、社区矫正等工作;切实加强安全隐患排查工作等。二是关心居民文化生活。设立公共休闲娱乐场所,方便居民开展文化和娱乐活动;开发社区沟通软件,方便居民线上交流;设立多种志愿组织,加强对社区潜在资源的挖掘,发现和运用居民中具有专业特长的成员;加强文化和经济宣传,提供就业指导培训,提高社区居民生活能力。三是提高居民公共生活能力。打造公共平台和公共空间,将居家生活引向社区公共生活。培育居民自治骨干,通过"社区赋权",让居民有热情、有能力自行管理公共事务。选拔招募核心志愿者,将原本需要服务的对象培育转化为服务的提供者,提高居民的参与能力。

4. 推进治理能力建设,提升基层治理"四化"水平。加强社区治理能力建设,提高社会治理社会化、法治化、智能化、专业化水平。一是拓展交流渠道。搭建社区自治共治平台,把握谋事、议事、理事、监事四环节,建立健全从"提出议题"到"建立公约"的完整工作链,形成小区"大事共议、实事共办、要事共决、争事共商"的协商格局。发挥居民区党组织战斗堡垒和党员先锋模范作用,构建党员干部联系服务群众网格化工作机制,带动楼组长、各群众团队负责人、业主委员会负责人和社区志愿者,培育有感召力、具有公益精神的社区贤达,打造便民利民"服务网"。充分利用文化活动中心、橱窗等场所,开设书画、摄影等培训,组织开展健康、安全等专题讲座,举办各种文化展示活动,营造心情舒畅、邻里和睦、社区活泼的氛围,培育小区"共同价值观"。二是完善制度体系。要建立党建引领制度化机制,以组织建设为重点,加大居民区党组织对物业和业委会的指导力度。推动党的领导和业主自治的有机融合,强化党对社区服务的思想引领、组织引领和工作引领,形成发挥党员志愿服务作用的制度机制。建立执法力量下沉式格局,推动公安、房管、城管、城市运行中心等执法力量下沉基层进社区。强化执法力度,对各种不文明行为和违法行为开展常态化执法管理。街镇房管部门增加房屋维修专业指导工作,填补业委会专业管理缺口。建立矛盾化解常态化机制,将联席会、听证会、评议会、协调会等制度化常态化,加强沟通,化解矛盾。健全完善人民调解、行政调解、司法调解"三调联动"的社区矛盾纠纷调解机制,使矛盾纠纷最大限度地化解在基层。培育物业纠纷调解专业社会组织,支撑和保障社区物业服务。三是援引科技赋能。接驳"一网通管""一网通办",配合"智慧安防""智慧社区"项目,进一步提升管理水平和应急能力。运用新媒体技术,实现线下与线上的有机结合。把社区好的资源、活动内容等发布给社区居民,也鼓励居民将自己的想法及时与后台联系沟通。四是加强专业力量。(1)加强业委会建设。优化业委会队伍结构,提升业委会专业能力。适当提高津贴标准,促进业委会可持续发展。完善业委会自治监督机制,探索设立业委会工作报告制度。强化业委会信息公开制度,定期公布业主应知晓信息。(2)提升物业专业水平。沿着"红色物业"的方向,着力建设网格物业,将居委会、业委会以及社区民警等力量下沉至管理网格,实现物业管理与社区治理的无缝对接;着力建设自治物业,在推进物业企业党组织的覆盖和工作覆盖基础上,督促物业服务企业做出服务承诺,打造党员示范岗、先锋岗、责任区等,提高物业企业服务能力;着力建设放心物业,建立业委会、物业企业工作绩效评价机制,聘请专业评价机构,强化评价结果运用,建立物业企业黑名单制度。(3)建立规模适度的专业化社工队伍。从职位晋升、绩效考核入手,制订激励措施,让各类人才充分发挥才能,打造专业化社工队伍。

二、项目式创新:以"盈浦益加亲"项目为例

盈浦街道地处青浦境域中部,是原青浦镇城厢地区。驻区单位多、学校多、居民小区多、在职党员多,具有在职党员数量大、商业圈密集等优势,也存在党建资源散、党员管理难度大等问题。街道党工委创新工作理念、转变工作方式,整合社区现有资源,构筑"盈浦益加亲"公益服务项目,[①]推动社会治理创新并取得实效,近年来连续被评为全国社区教育示范街镇、上海市文明社区等。

(一) 实践路径

街道依托"盈浦益加亲"品牌活动效应,在用足、用好、用活党建资源上做文章,不断做大"朋友公益圈",提升群众获得感,推动区域化党建科学发展、"两新"组织健康发展和社会治理创新,拓展服务社区党组织和党员群众功能,使社区自治共治有声有色,推动区域化党建扎根社区、大放异彩。

1. 破藩篱,把区域单位"联"起来。街道党工委坚持驻区单位、居民区、在职党员"三方联动",建强组织架构、服务机制和党建阵地,凝聚辖区内学校、医院、"两新"组织等资源。建立"1+2+6+X"组织体系。以成立社区委员会为契机,加强顶层设计。在街道党工委领导下,发挥社区党委和行政党组作用,统筹社区党建办、党群办、社区党建服务中心、网格化管理中心、社区代表大会及社会组织,广泛吸纳基层党组织和驻区单位党组织参与社区自治共治。以"四方联席会议"

---

① "益"特指公益,"加"指用公益叠加的方式,整个项目在党工委领导下,针对群众多样化、个性化的需求,不断做大公益项目来满足群众的服务需求,营造出亲如一家的和谐氛围。

为抓手,加大操作层面的体制机制创新,形成了定期会商、日常联系、项目推进、志愿服务、基层联动和正向激励六项机制,保障工作正常推进,形成共建共享、互联互补的社区治理新格局。坚持以增强群众获得感为目标,引导各方画好"同心圆",激发"向心力"。发挥驻区单位参与作用,引导驻区单位贡献优势资源,实现利益"双赢";发挥居民区主体作用,建立绩效评价机制,实现服务全覆盖;发挥在职党员引领作用,主动参与"党员进社区、人人做公益"活动,激发党员正能量。

2. 抓项目,让公益品牌"亮"起来。街道党工委有效对接驻区单位和居民群众需求,弘扬"公益叠加、亲如一家"的理念,通过项目认领机制,激发自治共治热情。自2015年11月推出该项目至今,已累计开展各类服务已超2 000场次,惠及群众已超12万人次。街道现有近200家驻区单位和30余个居村,通过横向、纵向两个维度,全面梳理驻区单位和居民区的可开放资源,形成了区域化党建可开放资源清单50项,推出"'盈浦益加亲'公益服务项目资源菜单",率先推出五大公益服务项目菜单,分别是健康服务、法律援助、家庭教育、心理咨询、文体活动。涉及老年活动室、体育场馆、多功能活动室、会议室等场所,基本满足辖区居民群众的日常需求。在巩固原有"5＋X"公益服务菜单(健康服务、法律援助、家庭教育、心理咨询、文体活动和自行推送的公益项目)基础上,突出"法官面对面""名医面对面""名师面对面"等受群众欢迎的品牌项目,进行资源倾斜。2017年以来,又推出"盈浦故事"和"党的声音"两个新项目,不断深化服务实效。与此同时,不断深化基金运作效能。2015年盈浦社区发展基金会成立,是全市第三家、市郊首家社区发展基金会,主要用于五大类社区服务项目,以增强项目的可持续性。

3. 建平台,促各类资源"动"起来。街道党工委围绕社区党建服务中心规范化建设,通过线上线下互动、内部外部连结,把中心打造成为党建活动、教育培训、形象展示、资源整合、服务群众"五大平台",形成资源流动的良性循环。党建服务中心全方位对外开放,并配套建立基层联络、工作会商、登记受理、报告总结、信息发布、台账管理"六项制度",保证工作顺利开展。同时,建立党建联络员制度,划分工作片区,开展对口指导服务,提高服务针对性。中心设有党建接待窗口、成果展示区、多媒体远程教育(社区党校)、党代表工作室、书记工作室和公共阅览室,开辟了劳模工作室、青年中心、家事中心和志愿服务中心等功能区,每月固定推出节目菜单,覆盖面广,涉及领域多,深受党员群众欢迎。树立"互联网＋党建"理念,借助信息化手段,创设"盈浦党建"公众号,建立微信矩阵,每天推送街道重点工作、特色党建、党员风采等,使之成为畅通民情、发挥民智、解决民忧的快速通道,也正成为各单位展示风采、相互比拼的舞台。

4. 办实事,使党员群众"聚"起来。街道党工委围绕让社区群众安居乐业的目标,进一步聚焦为民服务,全面提升社区群众的获得感。挖掘各居民区的特点和优势,打造差异化的党建特色项目,增强基层党建活力。目前,街道已有12家居民区党组织设立了特色党建项目,比如,西部花苑社区"佐邻友里"项目,通过居民区干部、楼组长、单元长、志愿者组成的"楼管会"开展工作,达到关心身边"人"、管好自己"楼"、参与社区"事"、发挥团队"能"的目的。以社区自治团队增合力,以居民实际需求为出发点,组建自治团队,参与社区事务,培育主人翁精神,增强居民主体意识。街道已形成近150支社区自治团队,覆盖25个居民区。自治团队以各种形式参与"五违四必"①环境整治、住宅小区综合治理和创建全国文明城区工作,用群众语言做群众工作,传递社会正能量。加强与驻区单位的互动,举办街道文化体育节、"入党那一天"征文演讲比赛、"今天党课我来上"等活动,强化党员身份意识,发挥模范带头作用。进一步搭建在职党员到社区奉献的平台,梳理汇总助学帮困、清洁家园、绿化认领等服务清单,积极开展"善行·暖心"圆梦公益、"春风""冬暖"等行动,选树一批先进典型,营造"关系在单位,服务在社区,奉献双岗位"的良好氛围。

(二) 主要成效

1. 维护权益、协调利益,增强了街道党组织的凝聚力。开展"盈浦益加亲"活动,以街道党工委为核心,为隶属不同单位、行业和党组织的党员在居住地发挥作用创造了条件,带动了区域内各级党组织参与社区建设的积极性和主动性,各单位和居民之间协调利益关系,加强沟通互助,开创了凝聚人心、优化管理的区域化党建工作新格局。

2. 方式多样、内容务实,拓展了服务群众的广度和深度。以发挥党员先锋模范作用、创新社区服务方式、优化基层党建资源配置为着力点,在时间和空间上最大限度地延伸了社区服务功能。通过线上、线下的互动交流,打破了驻区单位"各自为政"的行政隶属关系,依托形式多样的社会服务项目更好满足社区

---

① "五违四必"指违法用地、违法建筑、违法经营、违法排污、违法居住"五违",安全隐患必须消除、违法无证建筑必须拆除、脏乱现象必须整治、违法经营必须取缔"四必"。

党员群众的多样化需求。

3. 统筹协调、搭建平台，整合了社区各类服务资源。传统的社区党建工作格局，管理上条块分割，资源上难以共享，优势上难以互补。"盈浦益加亲"通过发动驻区单位、"两新"组织、社区在职党员和广大群众志愿者等各方力量，为社区的党建工作注入了新动力，加强了区域内单位党组织间的沟通交流，形成优势互补，促进了人才、经费、场地、信息等各种资源的统筹共享，实现了党建资源的优化配置和集约利用。

4. 化解矛盾、解决难题，促进了和谐社区的建设。通过"盈浦益加亲"平台进行线上线下交流和绩效评估机制，能迅速了解辖区内的矛盾纠纷和利益诉求，并开展形式多样的服务项目和微公益活动，予以妥善处理，防止了群众诉求不畅通而导致矛盾激化，把矛盾消灭在萌芽状态，营造了良好的社区环境。

（三）基本经验

1. 加强和改善党的领导，提升领导力。加强和改善党的全面领导，充分发挥党组织领导核心作用，形成一贯到底、强劲有力的"领导主轴"和上下联动的党建网络，全面提升党组织在区域内的整合资源和组织动员能力，激发党建活力，形成齐抓共管社区共治合力。[①]

2. 创新和丰富活动载体，提升吸引力。"盈浦益加亲"项目通过打造形质兼备、内涵丰富的活动载体，做到既遵循客观规律，又体现创新精神；既切合社区实际，又贴近群众需求。通过多样化组织形式和载体创新，形成了党组织和党员共同参与、共驻分担、共建联动、共商合作的局面，打造区域化党建工作特色品牌，提升了吸引力。

3. 凝聚和汇集治理资源，形成强大合力。"盈浦益加亲"着力探索"区域统筹、资源整合、服务联动、共建共享"的区域化融合发展之路，同时加强品牌活动宣传，动员各方积极参与，不断引导区域内各类基层党组织和党员找到"家园"，让党员更加主动融入社区、服务群众，积极参与区域化党建工作，以实际行动回报社会。

[①] "盈浦益加亲"不断完善并形成"1＋N＋X"项目运作，"1"就是一种认领方式，即与党工委签约、履职，"N"就是若干家认领单位，通过"合并同类项"的方式组团开展公益服务，"X"就是各类志愿者，包括在职党员、团员青年、楼组长、村居民小组长及其他各类志愿者，利用各自所长参与社区志愿服务，形成社区共治与自治的良好氛围。

4. 汇聚和培养专业人才,提升战斗力。社会治理专业化,要求社会服务和治理有专业的队伍、专业的理念、专业的技术和方法。"盈浦益加亲"项目有效加强了社会治理各类专业化人才队伍建设,集聚和培养了一支数量充足、结构合理、素质优良的专业人才队伍。

5. 挖掘和强化先进典型,提升示范力。榜样的力量是无穷的,典型是最好的教材。"盈浦益加亲"在运行过程中有效发挥了典型引路、辐射带动的作用,从而使"盆景"变成"风景""树木"变成"森林""一花引来万花开",形成遍地开花、竞相发展的格局。

三、流程式创新：以尚泰路"四门工作法"为例

青浦区徐泾镇尚泰路居民区是一个规划导入型社区。规划导入型社区由于具有功能上的保障特性、体量上的巨型特征、运行中的行政特色和过程上的后发特点,面临一系列治理难题。居民区党组织不抱怨、不气馁、不敷衍,而是相信党、相信群众,想方设法深入群众,探索实行"四门工作法",通过完善工作流程提升了治理绩效。

(一) 探索实践

1. 主动出击"找到门"。居民信息一片空白,居委会与居民互不相识,也无法确定是否入住。社区干部想到了看灯找对象! 晚上哪家亮灯,就上门拜访。了解他们的爱好特长、工作经历、待遇补助、入学需求等,建立居民信息数据库。

2. 规范服务"能进门"。社区统一制作证件,工作人员"持证上门"。将居委会干部、楼道负责人、物业经理、社区民警的姓名、照片、联系方式等上墙公开,防止他人冒充,方便居民联系。

3. 将心比心"常上门"。少坐办公室,有空多走访。做到"六必访"：新入住户必访,独居老人、残疾人、孤老必访,免过组织生活的党员必访,患大病重病的党员必访,发生突发事件的家庭必访,社区中的"能人达人"必访。创建各式微信群,了解居民思想动态。对特殊群体开展"菜单式"服务；为老年人免费体检,提供理发、量血压、志愿者上门帮扶等服务,佳节和寒暑要上门探望。

4. 社区共治"敞开门"。社区党组织因势利导,推动各方力量参与共治自治。(1)组织一支队伍。社区干部使出浑身解数,用千言万语、使千方百计,发

掘社区治理各类特色人才。做过社区干部的施阿姨被推为业委会主任；擅长舞蹈的张老师担起了社区舞蹈队教练；退休党员王先生走进了党建服务站。一支支志愿者队伍建立起来了。(2)做好一篇文章。针对老年群体庞大的特点，开展养生、健身、节庆、关爱等N个项目。鼓励有文艺特长和兴趣的居民组建文娱团队；用好传统节日，促进居民情感交流，帮助困难群众；举办拓展活动，增强群众爱社区、爱家乡的热情；推进文化设施建设，打造集乒乓室、阅览室、电教室等于一体的标准化老年活动室和日间照料室。(3)培育一个品牌。塑造"尚善·益家园"自治品牌，打造了"尚善"系列志愿者团队。分别是"尚善·党员志愿服务团队""尚善·老李工作室团队""尚善·欣联馨巾帼服务团队""尚善·爱家园平安卫生志愿团队""尚善·信访调解工作室团队""尚善·爱心编织团队""尚善·社区民星文娱团队""尚善·智慧、健康社区大讲堂团队"。它们都有健全的组织体系和明确的工作内容。(4)夯实一个机制。夯实"三级、四联、五互"机制。建立居委会—楼组长—居民三级责任制，做到"责任到人、包干到楼"；由居委会牵头，居民代表、物业经理、社区民警每月定期召开会议，商讨解决治安、环境卫生、配套设施等方面的问题；与联建共建单位一起开展帮困敬老、微心愿赠送、慈善助学等活动，形成互联、互助、互补、互通、互享的区域化党建新格局。

(二) 工作成效

精诚所至金石开，种下梧桐凤凰来。如社区干部所承诺的，他们用工作的"辛苦指数"换来了"四个指数"提升。

1. 社区管理"共治指数"明显提升。通过"四门工作法"的深化延伸，建立和完善联席议事制度。把群众呼声最强烈、最急切的急事难事放到议事桌上，让社区居民群众真切感受到"有人为他们办事""有地方给他们议事"。老百姓主动参与到社区治理中。社区志愿者活跃在各种治理场域。残疾人也被动员起来了，有些残疾人管理的楼道还成了示范楼道。

2. 社区服务"人文指数"明显提升。社区创建的文化娱乐、社区志愿服务团体，以及社区活动中心和老年人日间照料平台，使社区服务"零距离"全覆盖，各类文体活动、教育讲座、培训等面向不同需求的居民，形成"逢年过节大场面、每月每季不消停、健身娱乐天天有"的气象。都说垃圾分类是难题，但在尚泰路社区进展却很顺利，秘密就在于活跃在小区里、楼栋里的近百位"婆婆妈妈"和

"爷叔伯伯"。[①] 这支百人志愿团成了一道充满人情味的风景线。

3. 党群干群"关系指数"明显提升。解决居民关注的各种难点问题,居民愿意说实话、道真话。一批具有宝贵经验、专业特长和亲民人格的退休居民"加盟"社区志愿工作。居民说:"真心换真心,理当为社区分忧";他们普遍认为:"社区党员干部真诚相待、真心实意,与我们距离近,心也贴得近。"

4. 社区居民"幸福指数"明显提升。党支部、居委会强化服务职能,重点帮扶近千名退休老人和100多名低保重症、残疾人员。社区党支部与中国梦谷创意园区党支部党建联建,建立专门公益基金,每月定期开展"党员献爱心,社会公益行"行动,让群众持久感受到党组织的温暖和爱心人士的关爱。

小区先后获得上海市住宅中心优秀集体和优秀团队、上海市党支部建设示范点、群防群治示范点、青浦区社区党建优秀站点和优秀志愿者服务社区等称号。"四门工作法"入选民政部"全国100个优秀社区工作法"、上海市"改革开放40周年"创新成果卓越品牌。

(三) 经验启示

"四门工作法"是特殊背景催生出来的,但它对党建引领社区治理具有普遍的借鉴意义。

1. 深化党建引领,加强社区治理的资源整合。深化党建引领要加强沟通合作。要依托区域化党建大联盟等平台,用好配送资源,与社会组织、驻区单位形成伙伴关系,常态化参与社区治理和公益服务。要本着"服务群体需求在哪里,服务就提供到哪里"的理念,聚焦解决小区秩序、公共服务、物业管理、平安建设中的"常见病、多发病、慢性病"问题。

2. 突出共治理念,激发社区治理的内生力量。一是搭建参与平台。打造公共平台和公共空间,培育自治骨干,通过"社区赋权",让居民有热情、有能力管理公共事务。二是引导参与过程。用丰富的形式吸引居民参与社区活动和公共事务。从热心居民中招募选拔核心志愿者,为社区公益服务培育新的主体。引导群众团队实现自我管理,日常管理得到规范,新项目和新团队得到孵

[①] 这支近百人的志愿者队伍由社区业委会主任、楼组长、党员、居民代表组成。他们通过排班、签到、站岗、巡逻等一系列"规定动作",在社区垃圾分类收集处,每天轮换集结,"双定"(定时定点)出现在8个点位上,"指点"居民正确投放生活垃圾。楼组长就站在栋楼的门口"把门",看到随处乱扔垃圾的居民就主动宣传,引导他们定时定点投放。

化成长。三是提高参与能力。志愿者在实践中提升专业能力、组织能力和服务能力,促进社区"领袖"脱颖而出,为居委会的建设和管理奠定基础,做好骨干准备。

3. 加强生活联结,夯实社区治理的人文基础。从物质和精神两方面加强社区文化建设。用生活化方式吸引社区居民参与社区治理事务和公共文化生活,不断促进居民的相互理解,增强其对社区的归属感。

4. 做好需求对接,提升社区治理的服务效能。用好基层民主协商。构建党员干部联系服务群众网格化工作机制,培育具有感召力和公益精神的社区贤达,打造便民利民"服务网"。运用新媒体技术,实现线下与线上有机结合。配合"智慧安防""智慧社区"等项目建设,打造"平安社区",提升管理水平和应急能力。

四、平台式创新:以夏阳街道"幸福云"建设为例

为更好回应人民群众对美好生活的新期待,快速提升社区治理现代化水平,有效展示青浦城市"软实力",青浦区推进新时代幸福社区建设。夏阳街道利用城市化发展快、辖区资源多的区位优势,正视条块分割、力量分散的治理难题,坚持以高效率、高标准、高质量的工作要求,以全局式规划、全要素参与、全方位智能的"三全"工作路径,打造可感知、能阅读、有温度、泛智能的夏阳幸福社区。

(一)全局式规划,打开高效率社区服务的扇面

高效率社区服务的目标是打造"一呼百应"的需求解决渠道。街道坚持党建统领,发挥党组织的凝聚力、号召力,通过融合资源、叠加项目、分级施策,以"15分钟生活圈"为服务半径,力求服务精准化共享化。一是三级阵地凸显功能。着重构建"街道—片区—村居"三级服务阵地,分别发挥"策源—枢纽—平台"的功能。特设6+1片区综合体,通过推动治理重心、配套资源和工作力量向片区聚集,激发资源整体效应,增强片区治理合力。由点及面做好社区中心建设,把家门口的阵地归位于民。城中片区、青湖、章浜3个社区中心的试点工作已全部完成。3年内还将全覆盖推进38个社区中心建设。二是四类清单精准对接。在前期需求调研、资源排摸的基础上,街道从"医、食、学、乐"四个维度

制订服务清单,提供家门口的暖心服务。如针对城中片区内老年人聚集度高的特性,提供了智慧医疗驿站、幸福餐厅、幸福驿站、无人超市、一网通办24小时自助点等"特需服务"。三是五大工程协同推进。将"美丽家园"改造、雨污混接改造、集中充电车棚建设、放心物业、加装电梯等民生项目综合实施,发挥叠加效应。集中解决老旧住房安全隐患、悬空老人上下难、公用设施少等一批急难愁盼问题。

(二) 全要素参与,提升高标准社区管理的能级

高标准社区管理的目标是打造"一核多元"的共治共享局面。在精准服务吸引人的基础上,用平台载体留住人,在标准流程下群策群力,力求社区管理精细化规范化。内部融合打品牌,对于现有力量再挖掘、再分析,形成以党组织为核心的"同心圆"。建立"红管家"服务点,由居民区党总支牵头,实现"三驾马车"合署办公,达到办公场所融合、理念融合、业务融合。在社区达人自治的基础上,打造"青湖课堂""东方有约"等党建共建品牌。外部"引援"聚合力,已引入15个街道级幸福伙人、32个社区级幸福伙人,3000余名在职党员以协商交流、技术支持、志愿服务等形式,为社区管理延长"工作手臂"。如在章浜社区,由幸福伙人、共建单位分区域包干,打造各具特色的平台文化。干部队伍强支撑,在理清权责关系的基础上,规范业务流程。通过"悦讲堂"干部培育计划,用所有条线工作要点轮流"过关"的方式,精准聚焦、补齐工作短板,打造"全岗通"的社区工作者队伍。在社区中心内设置综合接待处,实施"首问首办"负责制,将"一事多问"变为"一问即办"。

(三) 全方位智能,激发高质量社区发展的动力

高质量社区发展的目标是打造"一以贯之"的可持续模式。街道依托"幸福云"平台建设,为村居减负增能,以数据畅通促进工作效率提升,力求社区发展精致化现代化。一是建立数字服务管理平台。通过数字化进一步摸清底数,优化服务配置,提升服务便捷性和精准度。"一网通办"下沉到社区中心,实现从技术驱动转向服务驱动。24小时自助办理实现"窗口式、面对面"转向"自动化、智能化"。二是建立数字焕新社区平台。探索老旧小区运行模式的颠覆式创新,使"老破小"变为"高大上"。以章浜社区为试点,将感知设备整合接入系统平台,用大数据的精准管控,实现社区安全主动预防。实施智慧门禁硬件安

装,使流动人口信息能精准化比对。安装高清监控设备,对高空抛物、违规停车、楼道堆物等陋习实时记录预警。三是建立数字决策辅助平台。构建以事件为中心的业务协同闭环流程,以数据分析洞察工作进展,为决策提供依据。如由各职能部门制订重点工作流程图,纳入演示模块,并把运行体验情况作为完善工作流程的重要参考。

幸福社区建设是系统工程,也是民心工程。夏阳街道"幸福云"建设着眼于最大限度地实现民心满足,打造具有开放性、集约化和智能化特点的平台,致力于线上线下呼应对接,线下打造实体化的家门口服务体系,线上打造数字化的高智能服务体系,不断提升人民群众的获得感、幸福感和安全感。

五、焦点问题与共性策略

上述基层创新分属不同类型,但综合起来,又具有一些共性特征,它们都从不同视角聚焦和解决了以下四大问题:

(一)如何把治理力量聚拢起来?

共建共治共享是社区治理和服务的基本导向。党的十八大以来,各地建立了社区党建服务中心和党群服务中心,一方面为丰富多样的区域化党建工作找到了新的载体,另一方面也为党建引领下的社区治理和服务创新搭建了新的平台。党建引领社会治理创新,首先就要善于组织、善于统筹、善于联络,有效凝聚社会各方力量,做到优势互补、资源共享、互动并进,构建党建工作一体化发展格局。一是善于统筹组织内资源。从实施党建网格、城市管理网格、综合治理网格"三网融合",到"一网统管",再到"幸福云"建设,有效整合了组织内资源。二是善于聚合区域内资源。一方面发挥好党建联建平台作用,通过开展各类服务,惠及广大社区群众;另一方面发挥好各类志愿者作用,特别是在服务保障进博会、创建全国文明城区、新冠疫情防控等重大公共项目中发挥重要作用。三是善于链接视野内资源。通过学习、交流不断扩大视野,巧妙运用行政和市场手段,拓展共生共荣、共建共享的"朋友圈"。[1]

---

[1] 盈浦街道在 2015 年成立了全市第三、市郊首家社区基金会。自 2016 年起,基金会联合街道商会实施"阳光助学"项目,资助辖区内 96 人次家庭困难、品学兼优的大学生,每人每年资助 1 万元,直到大学毕业。

（二）如何把服务能力提升上来？

从一定意义上讲，基层党组织从事的就是一种为基层服务的"服务业"，服务是基层党组织的天职。基层党组织当然具有政治功能，但它寓于服务功能之中。基层党组织必须出色地发挥服务功能。要主动表达服务意愿，细心探知社会需求，把群众的痛点寻找出来，不断完善公益服务项目菜单，把群众最需要的服务送到社区。要有效引导社会组织资源、社会人力资源、社会资本资源向党建资源转化，引导广大群众支持、参与基层党组织倡导的服务项目；建立条块联动、横向到边、纵向到底的服务网络，使之真正成为"民情沟通之网、为民服务之网、平安建设之网"。要创新服务供给方式，既要通过增强组织内力提升服务质量，又要善于运用外包、学习、合作等方式实现产品优化。健全无偿服务与低偿服务相结合、社会化和产业化相结合的多类型、多层次、广覆盖的服务网络体系。广泛开展窗口服务、预约服务、常规服务、应急服务、自助服务、互助服务和组团服务等，要提高服务供给效率。要加强基层党组织带头人队伍建设，扎实推进党员队伍建设。要把做好服务工作与社会主义核心价值观涵养结合起来，在服务中体现党的政治优势，增强基层党组织的凝聚力和感召力。

（三）如何把潜在能量挖掘出来？

党建引领基层社会治理，要恰当处理以下关系：一是公门与私门的关系。管理社区事务、服务社区群众，是出于公门。但工作对象是一个个具体的单位和个人、一件件具体的事情和要求。通过不厌其烦地"走上门""走进门"的串门活动，把各家各户各单位的"小我"引导到社区的"大我"上来，从"背对背"到"面对面"再到"心连心"。二是借力与发力的关系。社区治理是共同的事业，必须善于借力。社区治理的核心团队要通过自身持久而真诚的努力，去感召大家、吸引大家、组织大家，集聚同心同德、相互配合的志愿者队伍；同时搭建"借力"的平台，激发居民参与治理的效能感。三是大处与细处的关系。社区是最基层的治理单位。它是政策落实的终端，又是服务群众的始端。社区治理要从大处着眼，小处入手，细处用心，处处用情。四是大家与专家的关系。社区治理靠大家，品位提升靠专家。但"专家"不是天外客，他们就藏在"大家"（普通人）之中，关键要用心去发现、用情吸引，并有效发挥他们的作用。同时要创造成长成才机会，努力把更多的"大家"培养成"专家"。

（四）如何对时代资源熟练起来？

把握好运用好治理工作的"时代资源"，是不断凝聚事业发展所需物质和精神力量的关键所在。一是日益雄厚的"物质资源"。国家经济实力稳居世界第二，上海加快国际化大都市建设步伐，青浦进入全面跨越式发展新阶段，使得民生领域和生态建设的投入能够大幅增加，让更多人分享经济发展成果，更好地满足群众利益需求。二是日新月异的"科技资源"。移动互联网等技术的发展和迅速利用，推进智慧社区建设，网上留言板、博客、微博等，让群众与干部可以零距离、零时差地接触，更便捷地沟通交流。三是完善易得的"制度资源"。法律政策的完善和易得，使得利益关系的调节有章可循、有法可依，从土地征收补偿条例到国家赔偿法，从生态补偿制度到乡村振兴战略，有效推动治理工作由"情感政治"向"理性政治"转型。四是与时俱进的"思想资源"。随着习近平新时代中国特色社会主义思想深入人心，群众参与社会治理的意愿和能力普遍增强，要善于推进全过程人民民主的基层实践，高效率集中民智、集聚民力、集结民心，实现党群干群关系在更高水平上良性发展。五是潜力无限的"社会资源"。善于整合社会资源，引导社会组织和社会资本参与和支持党建工作。推动区域化党建深化发展，健全区域化党建联席会议制度和"双报告"制度，做好各类公益服务项目，通过"纵向合力、横向合作"的方法，在服务社会、服务民生上形成工作合力。

第八章　基层社会治理中的台账工作研究[①]

"台账"原指摆放在台上供人翻阅的账簿。这一概念后来被广泛运用于管理工作中。基层治理台账是村（居）管理工作的历程记录和综合反映，为管理决策和责任追溯提供了原始依凭，因而承担着重要功能。但是，近年来基层干部对台账却有诸多诟病和抱怨。问题究竟出在哪里？有没有好的解决办法？带着这些问题，我们走访了青浦区有关部门，考察了部分村镇，参考有关经验，提出改进建议。

一、总体情况

（一）主要类别

基层社会治理台账林林总总。据其性质可分以下几类：

1. 对下的服务类台账。就是运用接访、谈心、观察、意见征询和科学测试等手段，掌握村（居）民在工作、学习、生活和思想等方面的情况，以及一些苗头性、倾向性的问题，以台账形式记录下来，制订个性化解决方案并组织实施。多数村（居）都建有"民情台账"制度，成为关心群众生活、为民排忧解难、密切党群干群关系的长效机制。

2. 对上的承办类台账。主要是对区、镇（街道）委托事项办理情况的记录。包括常规性工作、突击性工作、活动成果集萃等。它们被认为是最重要的过程性工作检查和考核的依据，也是上级全面掌握基层工作开展情况的依据，因而也

[①] 本章是在笔者完成的青浦区哲学社会科学研究项目2016年立项课题基础上修改而成的。

被认为是推动工作的有效抓手。

3. 对内的流程类台账。有些单位内部建立闭合的管理流程。包括：(1)制度职责。建立工作制度和管理条例，凡事做到有章可循，避免工作的随意性。如村(居)章程、工作规范、发展规划、考评体系和安全制度等。(2)计划总结。要求目标明确、内容实际、措施得当、操作性强。如年度工作计划、半年或一年工作总结、重要工作方案等。(3)检查考评。以此判断部门及人员的工作量和工作绩效，如各种督查和检查的记录表等。(4)部门工作。村(居)工作琐碎繁杂，加上难以避免的换岗换人，部门工作情况的清晰记录非常必要。此外，有些村党支部着眼问题整改实行台账管理。从班子建设、制度执行、服务群众、发展产业等方面，查问题、找原因、定对策；有些社区采取"三号法"，即分解任务实行"编号制"，落实责任实行"挂号制"，解决问题实行"销号制"的做法，取得很好效果。

(二) 运行状况

台账是工作绩效和问题诊断的重要参数，不仅分派工作的职能部门非常重视，组织人事部门也会作为考核考察干部的参考材料。因此，基层干部对这类台账特别重视。他们普遍认为：目标管理工作台账是衡量日常工作及其好坏的凭证，必须认真对待，因而普遍重视此类工作台账的积累和整理。

各街镇的台账设置与报送情况大致相同。区级层面由党委、人大、政协、政府及其各部门向街镇下达、布置任务，再由街镇将任务下达至所辖村(居)，最后由各村(居)承担具体工作任务，并完成相应工作台账。以白鹤镇为例，2016年村(居)要向27个条线报送台账，总计达187项。其中，党群办(宣传、组织、统战)42项，社发办39项，农服中心15项，经管中心14项，社区办、外口办各13项，安管中心9项，老龄办6项，综治办5项，规保办、文体中心、工会、残联、社区事务受理中心各3项，妇联、拆违办、司法所各2项，政府办、纪委、武装部、团委、信访办、河长办、应急办、党建中心、网格化中心、青保办各1项。要求上报的台账中，年报72项，半年报18项，季度报26项，月报55项，周报9项，属于日报及其他报送频率的6项。要求建立电子台账和纸质台账的工作任务达185项，这些内容都属于各部门工作考核范畴，考核结果会直接影响村(居)"以奖代拨"资金发放或条线干部的年终分配。

(三) 功能期许

科学系统的台账既是上级党政部门对基层实施管理的有效手段,也是村(居)开展自我管理的有效手段,因而被赋予广泛的功能期许。

1. 提高服务的精准性。服务台账运用调查研究方法,摸情况、查问题,并对各种问题进行集中梳理、动态分析和认真研究,关注对象的差别性和个性化需求,形成一整套解决问题的措施和流程,有力推动了党员干部履职尽责,助推实现管理精细化。夏阳街道党工委统一制作创建服务型基层党组织的"三本台账",用以记录党员特长、民生需求和为民服务具体内容;同时将党员特长向居民公示,社区群众可根据需求,选择不同的服务对象和服务内容,由社区负责协调和统一安排,提高了服务的精准性和满意度。

2. 提高管理的规范性。(1)明示事项办理进程。便于对办理工作全程监督,及时把握事项办理进度,办得好、办得一般、努力在办、没有动作,可以一目了然,心中有数。(2)保持工作的连续性。既能解决换岗换人带来的重复劳动,也避免因时间迁延、年度改变、人员变动而不了了之。(3)提高履职的积极性。让责任更加明确,便于做到人人都有责,人人都负责,保证工作落实到位。(4)促进回应的灵敏性。群众反映的问题都记录在台账上,有文字可查,落实到具体人员,限期解决,定期考核,做到件件有回应,事事有着落。

3. 提高工作的计划性。依据台账制订计划可以达到"四性"。(1)及时性。保证村(居)工作的整合、部门工作思路的清晰、工作人员对村(居)相关事务的提前知晓和准备。(2)准确性。信息不仅更加准确、全面,而且具有动态、直观和可比性。(3)协调性。按任务轻重、依时间节点制订各种工作计划表,有利于形成呼应之势,把握工作节奏,保证各项工作的可控性和有序性。(4)科学性。有利于总结经验,提高管理水平。

4. 提高治理的创新性。台账是工作的基本数据,也是创新的有效依据。(1)提高执行效率。有些村(居)主动"下访"征询,将矛盾解决在萌芽、化解在基层;有些社区依托台账平台,加强流程管理,[1]量化、质化工作要求,形成"有人

---

[1] 通过分类"建账",变加工筛选为原汁原味;限时"结账",变层层上交为三级联动处置;公开"晒账",变单向反馈为定期公示;制度"管账",变主题活动为常态工作。

管、有人盯、有人促、有人干"的干事氛围。①（2）便于后续完善。台账记录了各个活动的过程、经验与不足，为后续相关工作提供了可资借鉴的信息。同时，对反映出的薄弱环节、违纪违规问题以及整改情况进行重点检查，也为后续合理评估提供依据。（3）便于问题会诊。有些村（居）在收集居民意见和需求基础上，还定期召开社情分析会。通过综合分析，找出共性问题。村（居）能解决的及时想办法解决，综合性的问题及时向有关部门反映，有利于推进问题的合理解决。

5. 提高沟通的适洽性。村（居）治理不是一个单位的孤立活动，而是处在上下游工作链条上的一环，并与相关社会团体息息相关。垂直沟通与水平沟通都非常必要。垂直沟通包括对上沟通和对下沟通。党政机关等上游单位向村（居）委托一些管理事务，也提供明确的项目要求和稳定的财力支持。台账是村（居）与上级党政部门进行工作沟通的重要方式。② 下游单位主要是村（居）群众和相关落实单位。与下游单位的有效沟通，可以融洽党群干群关系，确定合理的工作推进策略。因此，富有远见的管理者不会把台账仅看作工作布置与完成的记录，而是会据此对未来活动需求进行预判。水平沟通主要是与入驻村（居）的相关企业和社团的沟通。在社区大党建和多元共建的治理格局下，高效的水平沟通尤显必要。台账详细记录了共建活动的具体过程、项目成本和社会影响，因此成为村（居）与相关单位沟通的方式和桥梁。

二、焦点问题

基层反映的台账问题主要集中在承担类台账方面。

---

① 在青浦区综合安全整治过程中，有的镇采取"建查对"连环办法，有效提高了执行力：（1）建台账、月初"挂号"。每月5日前开具当月工作台账清单，按照轻重缓急倒排时间节点，完成一项及时"销号"，尾欠工作一直"留号"，做到"抓工作留痕"。（2）查台账、月中"督检"。严格督办管理，明确工作完成时限的前3日，由综合科下发提醒单，未按时完成工作的个人，将在工作完成节点次日收到催办单，责令其第一时间向分管领导汇报具体情况，明确工作进度及时间，限期完成。（3）对台账、月底"排名"。根据台账及新增工作完成情况集中制发通报，做到有排名、有打分，确保各项工作取得实效。
② 依据社区（村）台账：（1）判断上游单位的工作导向和要求、资源供应能力，以构建稳定的工作链和资源配置预期。如果不能满足上游单位的工作要求，便不能得到相应的激励；如果居民所需的福利和服务不能跟进，或者不能持续供应，就会引起群众的不满。（2）计划适洽。上游单位都有自己的工作计划，这就要求社区（村）与上游建立良好的沟通，及时了解工作落实情况，并反映给上游单位，建立平衡稳定的权责利结构。（3）工作调适。从台账上可以看出，哪类活动以及什么形式会受到欢迎，则要与上游单位及时联系，持久开展。还有，工作也如商品销售一样，往往会分淡季旺季，台账也有利于上游单位调整工作部署。

（一）多不多的问题

基层"台账多"是最直观的感受。村（居）办公地点都能看到密密麻麻的台账。基本上都在100本左右,最多的有200多本。[①] 厚的100多页,薄的也有几十页。台账不仅指数字报表,还包括政策文件、工作计划、工作汇报、工作总结和工作落实的运行记录、工作中存在的问题、解决问题的措施及相关责任落实情况等,涉及计生、民政、自治、卫生、环保、食品安全、科普、劳动就业、党建、精神文明、城管、妇女儿童、关工委等各条线。前些年,台账仅要求纸质的。后来,有的部门要求做成电子的。再后来,有的部门既要求做电子版,又要求打印成纸质的。有些部门还要装订成册。台账多的原因有:

1. 设置部门多。有些是市里设置的,有些是区里设置的,还有是区级部门和街镇设置的,政出多门、种类繁杂。由于没有规范的台账管理办法,以至于各部门甚至科室都可以在基层设置台账。

2. 专项活动多。区级机关和街道管理部门,围绕重点工作开展的专项检查活动较多,每次都要求有推进计划、开展措施、活动记录、工作总结、数据报表以及问题整改记录等资料。

3. 会议总结多。不管是例会,还是不定期会议,都要求有方案、有议程、有记录。

4. 文件通知多。不间断地下发各类文电、通知和简报,并常常要求学习传达,做纸质存档;同时要求制订细化措施。

5. 交叉重复多。不同部门在设置台账时,从自己职责和专业要求考虑多,统筹考虑少,因此项目和内容交叉重复,同一项内容、同一个数据往往要填好几个台账。

6. 动态清理少。各级机构和部门只管设置,但对过期的、交叉的台账未组织清理。设置部门在废止某项台账时,通常也只是在下发的文电中规定自××时候停止使用,但由于文电传阅范围关系,有些村（居）未必能看到,因而也未能

[①] 在中共上海市委召开的群众路线教育实践活动征求意见座谈会上,周建明在亮出一份某村的"台账"（各部门用于管理、统计本部门日常工作的各种文件、资料的统称）清单时说:"一个村级组织就要做175本台账,村干部还有什么精力为村民服务？各种创建指标都是自上而下,根本不问基层实际是否需要、是否能够承担。"市委书记韩正当场要过这份台账清单数据,表示:"这是个典型案例,我们开展教育实践活动,就是要用最直接的案例讲话。"摘自《从抓"台账"入手摒弃形式主义》,《东方早报》,2013年7月23日。

及时废止,无形中增加了工作负担。

台账多关键还是事情多。因此,这些事该不该由社区承担成了争论的焦点。村(居)干部抱怨说,区、街镇政府往往把社区组织当成是政府的延伸,使其承担了太多的政府职能。街镇为了完成上级下达的目标任务和解决自身面临的问题,往往就把目标责任指标下达到所辖村(居)。谈到某某活动下乡、下基层的时候,村(居)干部说:工作下基层、进社区,按道理说是好事,可这些工作都是要考核的。怎么考核呢? 就是看台账。再加上部署工作缺乏系统性。一个突出的问题是创建多,内容很多是重复的。基层干部反映,"部门工作要创新,就会想到社区,各个条线部门的各项工作都是争着进社区,工作内容越来越多"。创建多了,牌子也就多了。职能部门在社区挂牌,目的是服务上门,但牌子挂上了,服务却没下来。各职能部门发文频率成倍增加,安排给街镇及村(居)的临时性、随意性事务增多。

(二) 实不实的问题

当前基层台账之弊可归结为"三个异化"。

一是工作成效异化为"看台账"。上级指派的任务自然存在着后续监督和考核。但检查人员通常只看相应的台账,缺少现场观摩、走访群众等实地考察。为什么他们更愿意看台账? 因为看台账最轻松,跑现场很辛苦。基层干部说:"你有材料就加分,没材料就扣分。"有时给人一种感觉:完成了台账编制,就完成了工作任务;没有记下台账就是工作没有做到位。工作人员做每一项工作首先会想到是否能够台账化,觉得没有照片、影像资料等记录,别人就看不到工作过程和成效。有个邻里互助的项目,考核不仅要看文字,还要看照片,像扶起摔跤的老人、社工上门帮扶也都要有照片记录在案。老百姓很不满,说:"你们到底是服务还是作秀?"针对各个条线要台账,社区搞"多头开发":搞一项活动,各条线都来"认领",有小朋友参加的可以纳入关工委工作台账,有残疾人来了就拍张照片算残联活动,如此等等。

二是工作任务异化为"做台账"。台账考核重留痕轻实效倒逼着村(居)干部将工作重心转移到做台账。一些基层干部称做台账是"平时带着搞,半年突击搞,应急加班搞";"特别是年底临近检查时,每个人都加班加点做台账,我们都开玩笑说自己成了'台账干部'"。过分注重留痕还催生造假。有些基层干部认为,"所谓记'台账',说白了,就是写材料"。甚至调侃说:社区就是

"编辑部的故事",主任是"总编辑",工作人员是"采编人员",不仅编出一些没多大实际意义的材料,还会诱发一些荒唐的举动。[1] 有时以报表中的数据倒推做出统计台账,而不是根据原始数据登记台账。报送的统计数据有时与实际差距很大。[2]

三是工作考核异化为"比台账"。为激发基层组织的工作热情,对工作进行考核和评比是必要的。但现行考核评比标准容易异化为比台账的制作水准。由于工作监督、考核以台账为主要依据,同时又普遍缺乏实地考察得来的第一手资料,台账编制是否完备翔实、符合要求,甚至是否精美往往成为决定因素。为适应上级考核评比的特点,村(居)都在台账制作上动脑筋、下功夫,搞"台账大赛",看谁做得高端、大气、上档次。有些不计成本,重金聘请广告公司做排版设计,雇用专业写手填写内容,最后送印刷厂装帧精印。

台账异化已成为关系官场风气和干部成长的问题。一方面,对台账太"随意"助长官僚主义、形式主义作风。村(居)承担的台账工作都是经由街镇下达的。有关部门在分配、摊派、布置任务时,并不研究问题的性质、针对性和落实条件,也不提供必要的指导。把台账作为考察基层政绩最重要的依据,也容易脱离实际、脱离群众。另一方面,对台账太"在意"不利于干部培养。台账工作占据了基层干部大量时间,造成身在基层却缺乏基层锻炼的尴尬。对于年轻干部而言,情况更加严重。因为他们文化水平较高、电脑操作比较熟练,大多被安排从事台账工作,甚至成为专职的台账工作人员。随着不可能完成的任务最后被"漂亮地"完成,在主动或被动编写与实际不相符的台账后,他们的价值观也会受到扭曲。

(三) 能不能的问题

一是设置。首先是重复问题。基层反映,"各种台账和报表铺天盖地,而且

---

[1] 某社区为了在全国评比中不扣分,让台账更加全面,拿出半天时间,由社区书记作为"总导演",召集人员在设计好的场景中"演出",把不同季节的民俗节日活动一一拍照留底。因为正值初夏,所以先拍端午节活动照片,再换上秋装"过中秋节",最后把空调打低,大家穿上羽绒服一起剪窗花写对联,把春节活动的照片摆拍好。

[2] 以某单位的宣传教育台账为例,一年当中记录的活动数不胜数,比如"6·26"禁毒、"12·1"防治艾滋病,都很重要,而实际上依据该单位自身的人力、任务指标及日常工作量,根本不可能兴师动众地开展每一项宣传教育活动。但该单位又不能不重视、不落实、不体现。因为每到上级作专项检查、同行相互学习考察、月度季度年度考核评比之时,台账是不能空白的。

重复现象严重"。其次是相关度问题。有些与村(居)无关或关联度不大,或者专业性太强导致村(居)无法单独完成,其实这些内容应该被"扫地出门"。

二是整理。首先是不及时。有些单位和工作人员,到要考核了,才知道需要整理、补充台账。已经过去好久的事情,要补起来就很麻烦。从方案、操作过程到汇总、总结,尤其是照片,很难补齐,也缺乏真实性。有些报道,想补充都没办法,时间对不上。其次是不规范。有些事情都不是整理人经手的,只是凭经验写;有些统计台账中登记科目不齐全、资料不完整;有些由于人员变动频繁,台账交接混乱,甚至数据丢失;有些台账没有专人负责,或管理不严,存放不当。

三是上报。首先是频繁上报。有的台账上报频繁,按照上级要求,同一名目的台账还要分别做成日报、周报、月报、季报、年报等不同版本,甚至在完全没有变动的情况下也要"零上报"。比如,某村设置了"违建新增巡查处置"台账,不仅每天要报、每月要报,而且没有发生变化也要零上报。又如,在农业方面,每月都要统计蔬菜等作物的种植情况、蔬菜的产出、销售情况等,每季度还要统计当季植物作物情况。其次是重复上报。同一项内容、同一个数据往往要填几本不同的台账、向多个条线上报。如不稳定因素排查表每月不仅要向信访办上报,还要向司法所上报。但由于信访办和司法所分别属于两个不同的条线,村(居)不得不交叉重复上报。再次是无法上报。主要有四种情况:其一,内容不涉及。比如,根据上级要求,反邪教宣传调查、非物质文化遗产等都要设置相关台账并每月报送,但村(居)没有相关内容,上报此类台账实无意义。其二,情况难排摸。按照有关要求,在统计育龄妇女生产情况时,不仅要上报本年度的生产情况,还要报送下一年度的生产情况。由于报送时间较早,本年度的尚且需要估算,下一年度的就更难预计了。加上此类情况涉及隐私,不易及时掌握。其三,超出管理权限。如12345热线反映的涉及违法违纪问题,村(居)没有处理权限。但如果事件发生在村(居)范围内,或者涉及本村(居)人员,或者是外来人员居住在本村(居),按照规定需要由本村(居)完成这项工作,并上报有关条线。这样容易造成无权处理的村(居)干部无所适从。其四,通知不及时。某项统计工作,原始文件要求在一个月内完成,等传到市里就只剩下20天了,再等传达到区里成了10天,到街道就只剩5天了,最后到村(居)就剩下2天了。层层传达造成的时间差使得实际承担统计工作的村(居)干部无法完成相应的任务。

三、完善建议

应该看到,村(居)事务增长是自然趋势。由于过去单位办社会的情况已经改变,老龄化意味着居民在社区活动的时间加长,群众权利意识普遍增长,生活需求多样化,因此村(居)被赋予更多的管理和服务功能。那种认为村(居)是纯粹的自治组织,不愿与党和政府有任何"瓜葛"的想法,遇到党和政府委托事务就产生抵触情绪或者接受任务却想不接、接了任务不想受考核的心态,都是错误的。问题不是要否定台账,而是要尊重基层现实、注重系统耦合、更多运用科技手段,进一步激发基层治理主体的积极性和效能感。

(一)明确基本原则

1. 务实性原则。(1)真实。做了哪些工作,做到什么程度,取得什么效果,都要如实记录。不能无中生有,不可胡编乱造。(2)务实。设置台账既要满足专业管理要求,也要符合基层实际;记录台账要恰如其分,不夸张,不拔高。处理好台账设立、精简与管理留痕的关系。(3)朴实。设计和制作要简朴,格式统一、装订整齐即可,不搞"豪华装修"。

2. 规范性原则。(1)设置规范。台账设置应有根据有标准。根据职能定位,实行分级管理,不要重复设置。(2)要素规范。项目、内容、标准等必须明确。(3)登录规范。记录要做到完整准确。完整就是有始有终,涵盖各项工作的全过程;准确就是丝毫不差,保持原样。字迹要工整清洁,用字要规范准确。(4)整理规范。注意同一台账的前后联系,以及台账之间的相互联系。填写要分工协作,[1]既要有严密的组织实施,又要有相互间的密切配合。要便于保管。[2] (5)上报规范。要按时上报,不允许无故拖延;要保证数据质量,不允许未经正当程序修改数据;要备份,一份上报,一份留底;要专门保管。

3. 必要性原则。台账设置及要素设计要以满足社会治理和规范管理为

---

[1] 记录整理台账,目前通行两种方法,一是由一二个人突击完成,二是把记录台账作为平时的日常工作,由各业务科室分别去完成。前者有应付验收考核之嫌,存在不少弊端。后者是一种好的方法,有利于调动大家的积极性,有利于发挥专业特长,有利于共同锻炼和提高。

[2] 所用的纸张应选用普通的打印纸,具有一定的耐久性,易于较长时期的保管。字迹材料必须符合档案保管要求,用炭黑墨汁或碳素墨水,这样不易起化学反应,不褪色。

主,同时应简化填记内容和规范填记格式,确保填记要素是关键数据和必要内容。增强考核工作的制度性、规范性,严格控制考核总量和频次。每年可集中进行一次综合性检查考核工作,将同类事项合并处理。涉及多个部门,可联合组团考核。

4. 共享性原则。推行台账信息化管理,实现数据采集一次到位、一库多用、共建共享。

5. 积累性原则。(1)常规化。有目标管理,就要记工作台账。要随时记录,不可依靠追记。(2)标准化。要做到整理出来的就是成品,无需再重复劳动;数据形式与信息系统具有兼容性。(3)制度化。把记台账作为一项制度,遇事必记,该录即录。上下紧密配合,记录者坚持不懈,管理者经常督查。

(二)实施瘦身计划

短期可从推行基层电子化、信息化办公入手,整合梳理台账。长期来看,须深化行政管理、社会管理体制改革,强化村(居)法定自治功能,理顺政社关系;改变考核导向,解决对谁负责的问题;大力发展社会组织,提供专业化的公共、公益服务等。

1. 分类清理减存量。对重点台账要强化,对一般台账要简化,对不合理、不科学的台账要除去。要以厘清权责关系为基础,划清政府与村(居)的职责界线。属于协助政府有关部门完成的工作,可以通过政府购买服务、项目管理等多种形式协助完成。取消本该由部门和街镇承担却下移的工作任务、政策法规明确不应由村(居)承担的工作任务、村(居)实际无法承担的工作任务;取消不必要的创建达标评比活动;取消不必要的村(居)组织机构,只保留依法应设立的组织机构。相应的台账也一律取消,仅保留服务对象基础信息、开展活动记录以及需要个人签字的原始资料。①

2. 源头控制防增量。(1)制定台账管理办法。建立台账归口管理制度,明确规定台账设置权限在区、镇两级;明确台账管理分工,台账归口管理部门负责统一公布台账的设置目录、格式版本;各业务单位对台账的设置、使用、管理实

---

① 比如,低保户及低保边缘户申请、材料审核、平台录入比对,公租房廉租房经适房申请、材料审核、平台录入比对,孕前优生健康检查登记,填写已婚育龄妇女生殖健康服务手册,发放精神疾病药品、督促服药,出具居民非居住情况的证明等市民熟知的社区工作任务被取消。

行专业指导,街镇根据统一公布的设置目录管理和使用台账。① (2)完善考核评价体系。在指标设置上,要重视不同村(居)之间的差异,体现差异化需求,不搞"一刀切"。在考核依据上,不简单依靠表格、材料判定工作质量,更多注重实际情况和工作效果。坚持常态化了解,多去现场察看;坚持走群众路线,多倾听群众声音。可以通过信息化手段,优化第三方评估,提高考核质量和效率。在结果运用上,要突出问题导向。对考核中发现的问题,既要指导监督基层整改,也要反思政策是否合理,完善政策措施。(3)优化上下联动方式。一是上移管理职能。各类安全大检查活动、专项整治活动方案和计划,由街镇制订后下达基层执行,村(居)不再制订细化方案,只保留发现的问题和整改记录。二是精简文山会海。压缩文件数量,推行网络办文,减少基层收处文件的工作量;规范各类简报编发频次,严格控制新增和临时性简报;完善基层服务体系和上下联系、联通、联动服务机制,实行"多检同行""多会同开",减少上级检查和会议次数。

3. 改进方法稳当量。② (1)实行定期清理。如每两年由台账归口管理部门统一牵头开展台账清理精简工作,避免台账"滚雪球"般增多。(2)整合台账名目。对于过分细致繁多的台账要进行整合。例如,党群条线共42本台账、社发办共39本台账,其实都可以整合成少数几本台账。(3)调整记录方式。充分发挥现代化办公设备和信息系统优势,对台账记录方式进行优化,在"电子台账、系统保存、录音保存、打印粘贴、纸质手写"等方式中优选一种进行填记。同时,凡由街镇及以上部门组织的各类会议、政治业务学习、岗位培训等内容,村(居)无需重复组织和记录。(4)修改登记频次。比如,统计辖区60岁以上老人,可由每月上报改为一年统计一次,特殊情况即时更新。

(三)改进上报制度

1. 减少上报频率。减少上报频率,或者只要求在情况发生变动时上报。有

---

① 建议对村(居)办理或委托办理的低保、社保、医保、民政、科普、计划生育、经济普查、城市管理等多项行政事务进行集中统计。规范评比考核活动,全面清理面向村(居)的各类检查、评比表彰、示范创建等活动。严格控制新增考评项目,对村(居)的检查考评活动,由各区统一纳入综合性考评,每年一次性实施。

② 当量,科学技术上指与某标准数量相对应的某个数量,如化学当量、热功当量、核装置的梯恩梯当量等。这里用来表示符合社区(村)基层治理的基本的台账数量水平。

些上报也无实际作用,则可免除上报,只要求村(居)留底备查。①

2. 实施归口管理。由归口管理部门负责统一公布村(居)台账的设置目录、格式版本和相应的上报部门,原则上每个条线只需要建立一本台账,同一内容只需要向一个部门上报。此外,诸如低保、社保、医保、民政、科普、计划生育、经济普查、城市管理等多项由村(居)办理或委托办理的行政事务可以进行集中统计,避免重复统计、浪费人力物力。

3. 根据实际调整上报。根据村(居)实际情况适当调整上报项目。例如,反邪教宣传调查、非物质文化遗产、文物保护点等工作,一般村(居)是不涉及的,但按现行的台账工作制度,即使不涉及也要按月上报。还有关于工会组织,很多村(居)也没有成立,但依然要完成一些关于工会的报表。对于这种情况,有关部门可以集中清理。

4. 合理设置上报时限。高质量的台账工作需要必要的时间条件。在设置上报时限时,要为承担台账工作任务的基层留出足够的完成时间。一方面,对于时效性不强的台账,可以适当延长上报时限;另一方面,要精简台账任务传达的层级,对于突发性、临时性设置的台账任务尤其如此。技术上可以尝试通过远程视频会议的方式,直接将工作任务传达至村(居)。

(四)加强主体建设

建好台账、管好台账、用好台账,必须提高台账制作主体的整体素质。

1. 提高思想认识。记录工作台账,既是一项辛苦的工作,又是一项光荣的任务。各工作人员都要建立一些常规工作台账,首先参考岗位职责,按照自己工作的板块来建立台账,并把自己的工作情况及时上报单位总台账。其次,要根据不同时间节点建立台账。比如,年初工作台账、年末工作台账、日常工作台账,还有大型活动台账。这样,管理者知道这些特殊时间点或大型活动时,应该提前准备什么、思考什么、布置什么、注意什么,每位员工也知道活动中自己的职责是什么,以保证每项工作有序、有效开展。

2. 优化考核过程。改变只重年终考核的做法,将工作台账纳入日常考核体系,严格规定三季度台账整体完成情况低于总量30%的,取消其年底评优争

---

① 如在计生用品的发放情况中,详细记录领取人、领取量的台账即使上报,上级部门也很难直接使用,因此可以只要求村(居)留底。

先资格，对严重履职不到位、工作不落实的要从严追究。

3. 加强账务培训。管理、登记与操作的不合理，直接影响到台账的质量，影响内容的真实性、详细性、准确性和连贯性，进而使管理者无法做出正确决策，影响村（居）事业发展。要在提高台账管理意识的同时，适应信息及时化、公开化和规范化的要求，对台账建设与管理全流程相关人员进行相应的责任教育与技术培训，提高台账制作与管理水平。

（五）提升管理效能

1. 电子化。提高台账信息管理技术水平。对于村（居）工作台账，按其使用和记录频率可分为静态台账和动态台账，按其记录要求可分为一般性台账和不可变更台账。静态台账是相对固定、具有基础性的台账，一般将长期沿用，更新频率较低，如规章制度、人员信息等。可建立静态台账资料库，统一存储，借助各类台账目录超链接到资料库中进行调用。动态台账指更新频率大，需经常性维护或调用的台账，如各类会议记录、新闻报道等，需根据各专项台账要求建立专门文件夹，与目录形成链接。一般性台账指可变更、补录的台账，主要应用于数据收集汇总，如各类小结、报表等，这类台账可直接以 Word、Excel 等电子文档的形式建立并存储。不可变更台账指不能变更、修改和补录的台账，一般以纸制台账存档，如民主生活会记录、责任书签订等，这类台账可以通过扫描纸制文件、建立电子清单等方式转化为电子台账存档。

2. 共享化。根据内容，分别在区级层面和街镇层面建立公共信息平台。为保证数据可靠，须建立规范严格的工作制度。包括：(1)一套工作指南。指南包括各类台账的存放路径、命名规则、调用方法等。(2)日常维护制度。指定专人负责日常维护，要求各相关岗位的人员熟练使用电子台账，定期对台账进行梳理，对台账是否及时更新、是否标准命名、是否存放统一进行检查和督办。对台账的使用予以约束，不得随意删改数据。(3)安全防护制度。一方面要规定台账的访问权限，管理员拥有最高权限，负责录入的人员拥有修改的权限，其他人员仅给予只读权限；另一方面要对数据进行定期备份，可配备数据服务器或是托管到数据中心，或用移动硬盘备份数据。

3. 效能化。(1)加强数据研究。要发挥数据脉络梳理作用，深入分析基层共性和规律，及时发现新问题和变化苗头；发挥数据监测预警作用，判断区域事务分布时段和薄弱环节，做好重点监测和有效干预；发挥数据动态展示作用，既可以掌握本单位相关数据变化情况,也可以与兄弟单位进行比较借鉴。(2)落实配套管理。通过系统建立和落实管理制度,提高管理效能和服务质量。[①] (3)实行全程控制。实行闭合式台账管理方法,建立系统、科学、操作性强的评估体系,采取明确的管理考核与责任追究措施,促进务实向善的价值目标导向,引导基层社会治理工作走向机制化和规范化。[②]

[①] 以"小区安全"为例,不仅要做好安全台账,而且要据此强化安全管理。一要明确台账项目内容。包括设施、安全管理制度、安全教育、日常管理、周边安全管理、部门职责等各大类、小类安全台账等内容,涵盖小区安全、制度保障、场所安全、消防安全、楼道安全、活动安全、设施安全、网络安全、安全教育等各个方面。二要建立台账资料清单。包括人员机构名单、检查资料、管理制度、工作措施、文件、会议纪要、整治抄告单和整改通知书等。三要规范台账管理办法。小区是安全台账管理的主体,区、街镇政府,社区安全工作领导小组成员单位按职责均为小区安全隐患整治的责任者。四要制定台账实施制度。包括台账资料建设制度、小区安全工作检查制度、安全隐患整改制度、安全工作规章制度等。

[②] 他山之石:汕头海事局制订《汕头海事局党支部建设工作目标考核办法》,考核内容主要包括"八规范二明显"。"八规范"指组织设置规范、支部换届规范、发展党员规范、组织生活规范、制度建设规范、党费收缴规范、台账记录规范、廉政建设规范,"二明显"指支部作用明显、党员作用明显。"八规范二明显"基本涵盖了党建工作的所有台账要求,据此可构建起整个电子台账的目录框架,并设置与目录相对应的文件夹,统一资料存储路径。目录文件采用 Office Word 软件编辑,借助其"超链接"的功能实现目录与文件夹之间的指向和跳转。依据评估指标建立电子台账目录,一方面使台账收集更系统、更全面;另一方面使每年应对指标考评更清晰更简单。

第九章　城市化进程中的违法建筑和城中村治理

大量违法建筑的存在,使得地区建设规划难以落实,环境卫生状况恶化,违法经营活动猖獗。违法建筑的长期存在,挑战着法律的尊严和政府的权威。面对这些困扰,一些地方力不从心地听任发展,一些地方勃勃雄心地谋划整治,一些地方正在为铲除了它而兴奋不已。那些费了九牛二虎之力取得成效和毫无成效的人,都认为对违法建筑和环境的整治确实是一个重大课题。如何实现有效整治?是否能够超越整治?是摆在地方政府面前的两张考卷。这里我们分析两个案例,第一个案例说明当必须实行整治时,用哪些方法能够做得更好;第二个案例说明除了整治之外,是否还有更好的选择。

一、着眼于整治绩效的管理创新[①]

党的十八大特别是十八届三中全会以后,创新社会治理的时代要求更显突出。赵巷镇自2013年始,针对长期存在的违法建筑、无证经营、市容环境等问题,开展"三项整治"活动。从理念到方法分析这个案例,可以获取解决类似顽疾的心理能量,总结群众工作有益经验,对基层社会治理创新提供借鉴。

(一)"三项整治"的基本过程

"三项整治"是一次由党委领导、政府主导的"手术式"治理行动,涉及相当多群众的切身利益,持续时间长达数年,需要党委、政府的担当精神和运筹智慧,

---

[①] 该案例部分内容曾发表在董幼鸿主编:《打造一座有温度的城市——超大城市管理与社会治理创新的上海实践》,上海人民出版社2019年版。

也需要广大群众的心理认同和共同参与,其长效机制更依赖社会持久的热情。

1. 缘起。违法建筑、无证经营、市容环境问题,在经济快速发展的上海郊区,尤其是城乡接合地带,是一组老大难问题,或曰"顽症"。尽管当地居民有诸多抱怨,基层政府也想了不少办法。但是,问题仍如野火春风,难以遏制。因为搭建出租,有大利可图,村居干部往往屈从"民意",基层政府投鼠忌器。拖延成为典型的策略。但赵巷镇最终认识到,这样的管理尴尬再也不能继续下去了,必须通过系统整治来改变现状。因为发生了这样一件事情:

2013年1月19日,赵巷镇某小区发生了一起重大火灾。火灾发生于来沪人员在其租住屋西侧违法自搭的建筑内所开办的浴室。业主黄某和他两个年幼的孩子共丧火海,实属万分悲痛,社会高度关注。

镇党委、政府召开会议,成立了善后处置领导小组。死者家属以政府未及时拆除违建为由,提出300万元的赔偿要求,扬言不达要求就来闹事。怎么办?是用钱息事宁人,还是拒绝亲属的"无理要求"?据悉,在2012年,上海市某区某镇发生了一件类似的事故,死亡1人,政府赔了80万元。按照这个比例,200万元,至多250万元,也可以把事情"搞定"。但是,不论是非地满足家属的诉求,不但会助长其他上访人的非分要求,而且会使违章搭建、无证经营等问题更加难以解决。因为出租人可以毫无负担,承租人也等于买了高额的保险。法治政府应该是让该负责的人负责,该负多大责就负多大责,该不该赔、赔多少、由谁来赔等依法来确定。镇领导达成一致意见,要坚持"用法治思维解决社会矛盾",坚决做到"调处有底线、化解有底气"。镇政府组织召开党代表、人大代表、群众代表听证会,邀请专家和司法所人员做研究分析,看法律法规怎么说;看律师怎么说;看专家怎么说;看群众怎么说,综合各方意见,最后裁决死者家属可获45万元的赔偿。但这笔赔偿不是由政府买单,而是由两位房东承担。

2. 决心。镇领导并不想就此"了结"。他们清楚地认识到,这次事故不是偶然的,源头不除,后患无穷。必须从源头治理,才能消除安全隐患。最大隐患是违法建筑,由于违法建筑大量存在以及与此相关的私搭电线、违规使用煤气、无证经营、低端企业和群租现象等,造成处处险象环生。镇领导考虑通过"三项整治"来综合解决这一管理难题。但立即就碰到两个问题:一是该不该做;二是能不能做好?

第一,该不该做?反对整治的意见集中在三个方面。一是在快速发展的地区,来沪人口集聚是一个规律性现象。既然不能完全提供合法稳定居住,允许一定程度的违法搭建,既可以为低收入的打工者提供庇护之所,又可以减少他们的生活支出;二是房租收入是部分居民比较稳定的收入来源,如果强行拆除,必然会引起部分居民强烈的抵制,这既不利于社会稳定,也不利于维护群众的利益。三是政府强行进行整治,可能在合法性上存有瑕疵,打起官司可能会败诉。

第二,能不能做好?也有一些人认为整治很必要,但对能不能做好表示担心。因为:一是违法建筑的存续时间很长、存量很大、增量很快,力量是否够用?二是不仅普通群众违法搭建,不少党员干部也有违法搭建,甚至还有很高职位的领导也有违法搭建。群众一句话:"请先拆掉某某领导的,我自然就会拆掉。"这话就有四两拨千斤的功效,前几次的整治雄心就是在这里被淹没的。三是违法建筑情况非常复杂,如何区分非常困难。四是即使当下拆掉了,如何能够保持下去?如果死灰复燃,大动干戈对于政府的威信来说不但无益,反而有害。

但镇领导经过反复掂量,认为违法建筑、无证经营、环境顽疾是严重影响人民群众生活的突出问题,也是人民群众反映强烈的管理难题。解决这一难题是对社会文明发展的顺应,也是真正为了群众的长远利益和根本利益,党委政府必须敢于担当,"马蜂窝"必须捅,"硬骨头"必须啃。

3. 部署。总结以往经验,要更加注重走群众路线,更加注重干部带头,更加注重制度完善和制度执行,以"人口减量、管理减压、资源减负"为切入点,以市容环境创建为落脚点,以"整治违法建筑、整治无证经营、整治市容环境"为主要内容进行系统整治。

2013年2月17日,赵巷镇召开了"三项整治"动员大会,镇领导班子全体成员、机关事业单位人员、村(居)小组长以上干部、镇属企业代表近300人参加。会上展示了春节期间拍摄的辖区内违法建筑、非法经营场所及其他存在严重安全隐患场所的警示片,以及春节前整改工作开展情况的图表。每一个让人揪心的场景,每一个亟需整治的现场,让人深切感受到开展"三项整治"工作的重要性和迫切性。随后,镇长作了工作部署,要求明确整治目标,按照"属地管理、主题突出、联动协作、综合执法"的思路,在全镇范围开展专项整治行动;强化时间节点,确保"三项整治"活动有序推进;狠抓落实,力求"三项整治"活动取得实效。会议成立了"三项整治"工作指挥部,下设办公室以及违法建筑认定组、工作督导组、信访接待组、宣传报道组和后勤保障组等5个工作组,负责日

第九章 城市化进程中的违法建筑和城中村治理

常工作的开展。镇党委书记要求统一思想、提高认识,切实提高做好各项整治工作的使命感和责任感;切实发挥组织工作优势,抓好镇管干部、党员以及财政供养人员的"三项整治"工作;切实发挥宣传工作优势,抓好普通群众的心理疏导工作;切实发挥宣传工作优势,抓好整治行动的知晓率工作;要明确主题、抓住关键,确保各项整治工作强势推进。

4. 响应。按照活动实施方案要求,全镇 31 个部门和单位以及 12 个村(居)迅速行动,落实动员大会精神,迅速在全镇打响了"三项整治"攻坚战。

各村(居)纷纷健全组织,展开部署,明确任务,广泛动员,为整治工作打牢基础。包括车棚、狗窝、鸡舍和各种毁绿行为,都纳入基层管理视野。

各督导组走访、督促和指导村(居)开展工作。村(居)干部对整治中可能出现的问题作了预测,建议镇里出台具体、细致的指导性意见。

各村(居)有序引导无证茶水炉业主签订承诺书,限期完成自拆。

综合协管大队加大协助查处违法、违规经营行为的力度。

镇属公司组织办公室、招商部、办证部、税务部等各部门员工召开会议,根据单位实际进行工作部署,要求全体员工主动参与整治行动。

在全镇党员干部中开展违法建筑自查自拆活动。机关、村(居)、企事业单位所有工作人员如实申报是否有违法建筑,并由本人签名承诺。引导家庭中存在违法建筑的镇管干部、助理级干部及财政供养人员,限期自拆。如遇瞒报、虚报、漏报的对象,一经查实,当年度考核不合格并作相应的组织处理。除此之外,有"瞒报、虚报、漏报"情形的,在单位评优表彰、党员发展转正、干部选拔任用过程中,予以"一票否决"。

5. 考验。经过一段时间的思想发动,全镇广大干部群众的认识得到了高度统一,整治工作有序推进。但一违建当事人在拆除自家违建时,不幸发生意外,从房顶上摔下来,经过 20 多天的救治无效死亡。事故对整治工作的推进蒙上了一层阴影。① 面临严峻考验,是收兵,还是前行,这是一道大难题。社会发出不同的声音,有些人猜想,死者家人一定会向政府讨要说法、索要赔偿。镇党

---

① 这户违建当事人,曾是社区保安大队的一名保安,在政府门卫就职。作为一名财政供养人员,他以积极配合的态度,说服了家人,腾空了违建,于 2013 年 4 月 19 日签订了拆违协议,4 月 21 日进行自行拆除。但在拆除过程中,不慎从 1.6 米高的房顶坠落下来,头部受重伤,送往瑞金医院抢救,但还是没能挽回生命。在救治期间,镇党委、政府多次到医院看望,并要求院方倾全力抢救病人,同时全力安抚家属情绪。村委会派出专人协助家属日常照料。

委、政府根据他家庭困难情况,进行了妥善处理。家属对党委、政府表示极大的理解,不但没到政府闹访,反而把事故原因归结在违建上。他的母亲说:儿子的死是违建惹的祸,决不是拆违引起的。"当年如果不建这些破房子,哪会夺走我儿子的命啊!这次政府拆违拆的对,我们老百姓应该支持!"

于是,"三项整治"继续破冰前行。

(二)"三项整治"的推进方式

"三项整治"是一次啃硬骨头、涉险滩的重大战役。赵巷镇领导在综合考虑政治生态、社会背景、民意倾向的基础上,在战略上保持高度的自信,认为一定可以达到整治目标。同时,又在战术上细心研究、分步推进、综合协调。

1. 社会沟通。为凝心聚力,弘扬正气,赵巷镇在强化宣传、有效沟通方面动足了脑筋。

一是借题发挥。党的十八大把生态文明建设放在突出地位,把生态文明建设纳入"五位一体"的总布局。2013年2月21日《解放日报》头版文章刊登文章《人口规模:上海科学发展大考题》,如何合理控制上海人口规模成为一道考验城市未来科学发展的大考题。赵巷镇利用宣传党的会议精神和上海发展形势的契机,把"三项整治"与生态文明建设结合起来,与严格控制大城市人口规模结合起来,让人民看到社会文明的进步图景,看到特大城市人口管控的因应之路,在全镇组织开展"三项整治大讨论",让干部群众感到"三项整治"事出必然,名正言顺。

二是借势发力。把开展"三项整治"作为事关长远发展的民生工程。赵巷镇作为全国生态镇、全国文明镇,随着城镇化的迅猛发展涌入了大量来沪人员,市场秩序遭到冲击,环境卫生面临挑战,安全险情时有发生,整治工作刻不容缓。

三是借事发言。赵巷镇党政领导班子分赴各个村居、企事业单位开展调研,相继召开了基层党组织书记、老干部代表、党代表、人大代表、新赵巷人代表、村民代表等10个座谈会,查找群众反映强烈的突出问题,认真做好问题的梳理、汇总、分析。结合群众反映强烈的市容环境问题、无证行医、无证茶水炉带来安全隐患、违法建筑来沪人员扰民等情况,特别是"1·19"火灾事故造成重大的生命财产损失,耐心做工作。同时,用整治进度说话,到2014年10月底出"三项整治"专题工作《简报》161期,弘扬了正气、鼓舞了士气。

四是借口发声。先后开展了"三项整治"大讨论、大家讲、人人讲、巡回讲等活动,发动群众做工作,让大家把话说出来,让大家把理说明白,让普通的人影响身边的人。特别是借用转化过来的典型人物做工作,起到了很好的效果。① 借口策略还在于善用会议、善用媒体,来增强宣传效果。

2. 组织保障。艰巨的行动需要坚强有力的组织保障。

一是成立工作指挥部。指挥部由镇党委书记任总指挥,镇长任第一副总指挥,党委副书记(政法)任常务副总指挥,组织委员、宣传委员、武装部长、各行政分管领导任副总指挥,信访办、党群办、经发办、社发办、综治办、规保办、征收办、拆违办、社区办、综合协管大队、财经中心、文体中心、社保中心、农服中心、安管中心、环卫所、社保大队、各公司、学校、社区卫生服务中心、各村(居)、司法所、城管大队、工商所、派出所、供电营业所、规土所、房管所、水务所、食药监、质监所、水厂相关负责同志为组员。指挥部下设办公室,成立相应工作组,分别是整治认定组、工作督导组、信访接待组和宣传报道组。明确"三项整治"工作指挥部办公室及各工作组职责。

二是制定实施方案。明确指导思想、整治原则和整治目标。按照"条块结合、以块为主"的总体原则,遵循"四先四后"的顺序,即"先宣传告知后承诺帮拆""先镇管干部后财政供养人员""先消除安全隐患后依法操作""先承诺整改后综合执法"。力争通过整治活动达到以下目标:确保"生产、消防、交通、食品和环境"五大安全领域无重特大事故发生;有效遏制各类违法建筑蔓延,使辖区内存在安全隐患和影响市容环境的违法建筑得到基本清理;取缔无证茶水炉经营店、无证废品收购站(点)、无证液化气灌注站(点)和无证食品加工点等各类非法经营场所;查处整治"三合一""三无"居家船及住人集装箱等场所;切实改善农村村容村貌,实现辖区内农田无棚舍;为国家生态镇创建、国家卫生镇复审

---

① 某村一村民组长,时年67岁,为人直爽、脾气倔强。对待拆违,当初他持有很大的抵触情绪,还写了打油诗"唱反调",认为拆除违建是不可能做到的事情。原因有二:一是他家生活并不富裕,老伴生了大病,一对双胞胎孙子上大学的费用靠老两口的退休金以及200多平方米违建3000多元的租金来维持,拆了违建会影响他的家庭收入,他当然不同意;二是早在2007年镇里也开展了拆违行动,但最终"刮了一阵风"后不了了之。他认为这次也不例外,一定又在搞"刮风行动"了,因此写了打油诗讽刺这次行动。但一段时间以来,包括周边邻居的一批批大大小小的违建和方东商业网点、金鱼养殖、搅拌站等遗留多年的老大难问题都在"三项整治"工作中逐一解决,让他相信政府这一次是动真格的了,再加上村"两委"班子多次上门走访,给他讲解政策,消除误解,并让他切实意识到享受权利的同时也要尽义务,打消了他的抵触情绪,不仅拆除了违建,而且由一个"唱反调"的负面典型成为"巡回讲进村组"宣讲团的一员,劝导其他群众积极配合拆违,为"三项整治"传递正能量。

营造良好市容环境。

三是制定制度与机制。建立健全一套完整的工作制度,包括工作例会制度、文件传阅制度、"四天工作"机制、"四个到位"机制、公示制度、挂牌督办制度等。其中,"四天工作"机制是指财政供养人员拆违"四天工作"机制。第一个一天:现场认定,要求违法建筑当事人联系相关部门和单位,主动完成认定,拆违办、所在村(居)、认定组相关人员到现场认定违法建筑面积和房屋结构情况;第二个一天:协议签订,要求完善违法建筑自查表,积极与所在村(居)签订"承诺书""帮拆申请书""补偿协议书";第三个一天:现场拆违,要求当事人与所在村(居)、拆违部门主动对接,对涉及违法建筑及时拆除;第四个一天:组织验收,要求当事人首先自行验收,所属单位协同到场,所在村(居)、拆违办、督导组再进行验收。"四个到位"是思想工作到位、工作环节到位、工作细节到位、工作督导到位。

3. 群众参与。"三项整治"本质上也是一项群众工作,赵巷镇党委坚持走群众路线,从思想工作入手,从发动群众入手,有效开展各项工作。

一是做好群众动员。通过动员大会,号召全镇上下充分认识整治工作对于加强社会治理、推进经济发展的重要性和紧迫性。各基层单位层层部署,通过召开支部动员会、村(居)民大会、村(居)民组长会议、村(居)民小组会议等,传达镇党委的精神,要求广大干部和群众要在思想上由争议到形成共识,行动上由观望到主动参与;同时,以各级网站、报刊、电视台等多种媒体为载体,以专题警示片、简报、宣传册、宣传车、公交岗亭宣传廊、横幅、短信等多种形式,向群众宣传展示开展整治工作的必要性,以及党委、政府的决心和力度,统一思想,营造氛围。

二是消除群众顾虑。一方面,通过开展"大讨论"凝聚力量。围绕如何配合好村(居)、政府职能部门,理解、支持、参与整治工作,为保护家园尽责尽力,各单位通过召开专题组织生活会、党员群众座谈会等形式组织开展大讨论,[①]进一步凝聚了力量,形成了共识。另一方面,根据违建户的特点和困难,想方设法为他们解决实际困难。补助政策向他们倾斜,号召商会组织企业向这些困难群体伸出援手,2013年和2014年底共向37户有实际困难的违建户捐资45万多

[①] 至2014年10月,全镇37个基层党组织分别组织干部和群众,围绕《解放日报》头版文章《人口规模:上海科学发展大考题》、"三项整治刻不容缓"警示片、"走出误区向前看、展望未来为民生"文章及"三大典型案例"、人口调控与管理等开展了8次"大讨论"活动,累计3万多人次参与了讨论。

元,让他们切实意识到人民政府为人民,感受到党和政府的关怀与温暖。①

三是畅听群众愿望。为充分调动群众积极性,听取群众意见建议,镇党委组织开展"三项整治大家讲"——"演讲论坛"和"群众论坛"。② 健全党员干部联系基层制度;建立机关干部联村联居制度。结合整治工作,机关干部每周至少一次下基层,主动联系群众,听取意见建议,掌握基层动态,共同推动"三项整治"工作深入开展;坚持"四查四看"制度,对各村居违法建筑台账、整治推进情况、重点整治区域、违建拆除情况进行"一听二看三评议",并就检查的情况进行及时反馈、及时整改。

四是强化群众监督。干部承诺带头,让群众来监督。群众相互监督,坚决杜绝出现新的违法建筑。对每一批次拆除完毕的违建进行"四查四看",验收合格后,兑现旧材料回购政策,然后依次进行公示,接受社会各界的监督,确保拆违工作在阳光下进行,保证拆违的公开与公平。

五是体现群众公认。打铁必须自身硬,公正才能率众行。"村看村、户看户,群众看干部"。经过申报和查看,全镇86名镇管干部存在违建,已于2013年3月全部拆除;2014年7月,镇党委在全体党员中开展"迎七一、做表率、签订党员公开承诺书"活动,全镇34个党支部1481名党员签订了"主动拆除违法建筑,确保家中无违建"的承诺书,在全体党员心中树立了"拒绝违建、远离隐患,做文明好公民"的思想。为了减少整治工作阻力,减少群众损失,在充分讨论权衡的基础上,镇党委出台了旧材料回购的补贴政策,针对社区和村的具体情况,分别出台《社区市容环境创建奖励办法》和《村农村房屋租赁规范管理奖励实施办法》。同时,对合法稳定就业的来沪人员加强居住服务工作。以村居平安工作站为平台,梳理企业在册人员,为拆违后具有合法稳定职业的来沪人

---

① 在"三项整治"工作推进过程中,镇党委、政府一方面强调执法的严肃性、严格性和严谨性,另一方面又始终坚持以人为本,着力解决人民群众急、难、愁事为目标。在拆除违法建筑过程中,F村某村民家有2间17平方米的违法建筑,作为事业单位工作人员的亲属理应在6月底前就应拆除,但就是迟迟不肯拆。经过"三项整治"指挥部人员的多次上门,了解了原因,原来这位村民的女儿10月底结婚,但到家门口的道路车辆无法到达。走访人员了解情况以后,立即责成村委会拿出方案,落实责任,及时解决村民的烦恼。当看到通往自己家的道路在2天时间里就畅通了,村民高兴地笑了,主动到村委会签订协议书,违法建筑顺利拆除。
② 全镇268名青年干部、后备干部、入党积极分子、大学生村官参加演讲比赛,讲述亲身经历"三项整治"活动的真情实感,宣传党员干部、职工群众在整治工作中的先进事迹和工作经验,呼吁广大群众要树立家园意识、大局意识,积极配合"三项整治"工作。群众论坛讨论中,共征集到群众语言507条,表达了广大群众对开展"三项整治"工作的美好愿望。

员主动提供合法房屋租赁服务;引导辖区内规模企业、重点企业加强对职工居住情况的管理服务,引导职工远离违法建筑。

4. 力量整合。一是联勤机制。赵巷镇是上海市较早探索建立联勤机制的地区。早在2011年3月,该镇就开始建立"大联勤"工作机制,实行工作联勤、治安联防、问题联治、矛盾联调、平安联创的"五联"工作体系,形成了"党委领导、政府负责、社会协同、公众参与"的社会管理新格局。"三项整治"充分利用了联勤队伍和机制,同时实行了"三个延伸",即以村(居)为主阵地,推进联勤工作向村居延伸;①以人口调控为主方向,推进联勤向人口管理延伸;以"三项整治"为主引擎,推进联勤向源头防范延伸。

二是督导机制。建立"四个到底"督导新机制,促进"三项整治"新发展。"四个到底"督导新机制具体内容是:(1)问题一查到底。要求快速查清出现的问题,查明问题的根源,提出问题的整改措施、政策制度,指挥部要对财政公共资源的预算使用情况进行分析,确保新政出台的各项资金用到"刀刃"上。(2)处置一追到底。对新发现的问题,必须及时进行处置,对问题实施跟踪督导制度;对新出现无证经营等情况,要通过专报,明确各方责任和政策的制约措施,实施问题追查,跟踪督导。(3)新违一拆到底。对任何单位、个人,凡是发现有新违法建筑的,要对新、老违建进行一并拆除,确保全镇没有新违法建筑的产生。(4)制度一抓到底。建立倒逼机制,围绕"三项整治"、人口管理和服务研究好各项政策制度。通过建立督导新机制,可以追根溯源查找问题;以政策为支撑,确保存在的问题得以有效改进,从而使整治工作顺利推进。

三是响应机制。除了组织发动和宣传启动外,还有这几"动"值得关注。即(1)典型驱动,凝聚力量弘扬正气。其一是广大干部党员和进步群众,用自己的切实行动支持党委、政府的"良苦用心";其二是全镇范围内"两新"企业积极响应和参与,引导员工远离违建,住进合法居所。(2)制度推动,建章立制保障落实。(3)上下联动,整合资源形成合力。包括调研促动,区镇联动,镇村联动。村(居)主动排摸情况、制订方案,各职能部门从部门职责出发积极配合。(4)政策

---

① 以"四个片区"为格局,实行1+3+X联勤工作模式。"集镇片区"以综合联勤延伸为重点,建立集镇区域为单位的联勤延伸,共有联勤队员319人;"商业商务区"以志愿联勤延伸为重点,整合力量实现商区联勤全覆盖,共有志愿者97人;"大型社区"以整合联勤延伸为重点,本着"属地负责、双重管理、综合协调"的原则,整合专职与兼职队员20人;"农村社区"以村级自主管理为重点,推动以"农村社区"为主的X联勤延伸模式,共有联勤队员72人。"四个片区"的划分,把矛盾纠纷化解在内部、安全隐患消除在萌芽、服务在前端、解决在基层,实现基层社区的合理运作。

促动,因势利导积极探索。通过旧材料回收补偿奖励;J社区创建试点奖励;F村房屋规范租赁奖励,以及配套政策把关,①强化执行力。(5)创建带动,培育亮点注重长效。成立市容环境与长效管理办公室,加强市容环境的管理与创建。其一是镇级层面的"美丽乡村"创建;其二是村居层面的"两点一路"创建;其三是农户层面的"清洁家园"创建。

5. 强化执行。针对工作重点和推进中的问题,建立和完善相关制度,既夯实了法制基础,又提高了执行效率。②对青东农场武警部队地块的3号仓库和5号仓库的依法整治,更是一记重拳。镇党委、政府曾多次与企业主进行约谈,希望他们能配合整治,提前做好人员和物品的腾退工作,保证青东农场生态环境综合治理有序推进。由于企业态度十分坚决,不愿配合整治工作,使整体的推进计划严重受阻。结合之前的现场摸底,镇党委、政府研究决定,立即启动依法整治程序,制订整治预案,成立了现场指挥组、安全保卫组、物品清点组等13个工作小组,2016年3月9日,对该处企业进行了拆除。经过4小时的现场作业,共拆除2处厂房面积5 900平方米,顺利完成了整治任务,推动周边企业改变态度,积极配合政府工作。

(三)"三项整治"的长效探索

"三项整治"持续开展,取得了良好效果。2013年2月17日至2016年5月底,全镇违法建筑共拆除4 489户、90.5万平方米,撤离17 991人次。15类无证经营项目711处已整治613处。其中无证茶水炉、无证废品收购站、无证液化气灌注点、住人集装箱、无证幼儿园、无证小型养鸡场、无证小型养猪场、无证洗衣店、无证行医、田间窝棚、金鱼养殖场等11项实现持续"归零"。累计整治卫生死角9 492处、"小三乱"12 699处、乱设摊4 736处、乱堆物8 172处。面对

---

① 在全镇范围内,凡是新招录人员、发展新党员、提拔干部、当兵入伍、评选先进、入学入幼,涉及人员未按时完成违法建筑拆除的,实行一票否决。
② S村某户,在宅基地外的集体土地上擅自搭建1 039平方米违法建筑,同时存在转租和"三合一"现象。经属地村和安管中心反复告知和要求整改无果,综合整治办牵头进入"侵占集体土地"整治流程。2015年7月15日,经规土局复函确认为违法用地。村委召开村民代表大会,对该户发放收回集体土地告知书,该户仍不拆除,S村牵头综治办、网格办等相关职能部门于2015年12月4日进行综合整治予以拆除。F村某户,属宅基地外企业违建,占用原自留地搭建违法建筑600平方米,区规土局于2015年11月10日复函,确认其为违法用地。F村在经"Z镇三项整治指挥部办公室"、综合整治办指导下,进入"侵占集体土地"整治流程,同时村联合综合整治办、企业督导组反复做工作。该户于2016年1月10日主动配合予以拆除。

可能出现的各类返潮现象,做到在第一时间发现并有效处置,巩固整治成果,赵巷镇建立了长效治理办公室(简称"长效办"),其工作如下:

以各类创建项目来改善环境卫生。市容环境是影响本地经济发展的重要因素,也是社会关注的焦点和市民投诉的热点。赵巷镇长效办在"美丽乡村""清洁户""两点一路"等创建类项目的基础上,改善人居环境,争创"优美村庄",积极培育市容亮点,做到整治一片、净化一片、美化一片,以达到"美丽赵巷"的目标。

以完善村规民约来促进自治管理。村规民约(居民公约)是实现村(居)民自治的重要依托,是村(居)民"自我管理、自我教育、自我监督、自我服务"的有效形式。制订好、执行好村规民约(居民公约),是加强基层民主管理、民主监督的有效措施。通过村(居)民代表大会等民主程序,制订和完善村规民约(居民公约),将一些重要工作纳入其中,并作为社会治理的重要内容来抓。

以明确责任主体来确保问题处置。明确属地为问题第一发现责任主体,以"大联勤"信息指挥系统为平台,进一步落实问题处置责任主体。组建长效管理督查中队,严格落实"四个到底"督导新机制,在加强巡查发现和快速处置的基础上,分解任务和责任,明确问题解决时限,统筹兼顾,畅通属地和相关职能部门沟通渠道,加强专业支持,及时解决问题,全力服务群众。

以规范房屋居住来强化人口调控。以区规范房屋租赁试点为契机,仔细排摸、深入分析,充分研判,分阶段逐步深入实施,进一步推动房屋租赁行为规范化,落实房东管理责任制,合力整治群租现象。

以制订相关制度来落实部门考核。督促各单位(部门)建立健全组织领导机制、激励监管机制、经费保障机制等,明确建立制度的范围,确定制度的类别,理顺制度的结构,全面理清各级、各部门各项工作的制度和规定,不断完善和制订适应新形势、新任务的管理制度,在公开、公平、公正的基础上,严格考评监督。

以把握属地原则来完善长效管理。坚持"谁的辖区谁负责、谁的责任谁承担"的原则,按照"动态管理镇上牵头、静态管理村居主抓"的要求,推进属地化管理。坚持"条块结合、以块为主"的原则开展各项工作,使各层面、部门、岗位的责任"刚性化"。坚持实行"定人、定岗、定位、定责"原则,进一步增强属地管理的责任意识,将各项工作、各项要求落到实处。要求各村居"一把手"切实负起第一责任人的责任,对重大问题要亲自督办,确保长效管理工作取得成效。

以政策促动保证工作效率。长效办还根据发现的问题,着手从以下几方面进行创新与完善:

一是由大包大揽变为多方参与,引导群众实现自治长效化。通过制订和完善村规民约(居民公约),把遏制问题的源头延伸到群众自治的范畴,将违法建筑反复、无证经营持续、宅前屋后脏乱等治标纳入规章之中,在群众自治的同时形成硬约束。赋予村民小组长、志愿者等群防力量更大的职能,通过定人、定点、定岗、定责、定成效,采取项目承包或地块承包等形式,协助管理、执法及作业部门开展巩固整治成果的宣传、清洁、监督、劝阻、固守等行动,如在重点路段、地块派出"宣传员"深入社区开展宣传,派出"观察员"发现问题和督办问题;组建居民巡访团,开展"啄木鸟"行动,深入社区、街头,主动查找问题与薄弱环节。

二是注重管理与强化服务并重,提高效率与确保质量并举。明确属地管理责任,全面监督辖区范围内的各类整治新增(反弹)问题,使三大项整治内问题得到有效抑制。进一步促使各单位(部门)建立健全各类考核机制,全面理清各级、各部门各项工作的制度和规定,确保长效处置各类问题,避免出现制度层面的"真空"与"洼地",督促相关职能部门协助属地进行无缝对接,提高工作效率。把部分职能通过市场运作从政府部门中剥离出来,通过财政资金引导民间资本参与城市治理,提高治理效率。

三是从重行政力量到重法治力量,倡导勇于担责与依法办事。在管理规范化的同时,建议市级层面对市容管理法规进行全面深入研究,对有关法规政策和规章制度进行修改完善,逐步建立一套防止违法建筑、无证经营、脏乱环境反复的法律法规体系框架,区镇层面再结合区域顽疾现状和特点制订实施细则和管理办法。

四是明确责任主体与执法主体,保证各部门协同并进促长效。以考核来明确责任主体,探索推动长效机制的落实。一抓"条"的门责考核。条的部门在长效管理的过程中具有双重角色,既是裁判员,又是运动员,故其本身也需要相应的监督。二抓"块"的综合考核,增强属地管理的责任意识,各村居"一把手"承担第一责任人。针对考核中发现的突出问题,各条线部门和属地都要及时整改,使各层面、部门、岗位的责任"刚性化"。

（四）对群众工作和社会治理创新的启示

1. 关于创新基层社会治理的问题理解。一是问题该不该解决？主要涉及对群众利益的理解。尽管希望有美丽的家园和平安的社会,但"违建"的确给有些群众带来了可观的收益,拆违意味着要动他们"最直接最现实的利益"。赵巷镇设法引导群众"算大账、算长远账"。一要看法理。尽管搭建出租有很大的利益,但在违法基础上获取收入,伤害了秩序与安宁。二要看全面。不仅要看到收益,也要看到背后的责任和风险;而且违法建筑带来卫生、安全、环境隐患,造成公共资源压力,不仅影响到本地居民的正常生活,而且伤及地区的和谐发展。三要看长远。租房市场规范起来了,交易成本就会降低;基本环境改善了,租客结构也能相应改善,房租价格也会相应提高。四要看关联。开展"美丽乡村"建设等,让群众切实感受到整治带来的喜人变化。同时,"美丽乡村"又构成新的吸引力和竞争力,为村庄发展和个人谋业提供了新的机会。

二是问题能不能解决？主要涉及对治理顽症的态度。"顽症"究竟是什么？是一种客观的情势、经验的沉淀、尝试的气馁,还是一种心理的暗示？关于"顽症"的三种情结:(1)"老大"情结,等老大出马。问题在于谁是老大？(2)"愚公"情结;挖山不止。何时才能帝感其诚？(3)"庄周"情结,"知不可奈何而安之若命"。问题是不作为能久安否？问题的背后是担当的意识与担当的能力。

三是问题该如何解决？主要是指对问题的发现和处置。在整治基础上,强化源头防控,促进社会综合治理问题快速、有效化解,提高相关单位(部门)对新增各类问题的发现能力和处理力度。明确问题责任主体,确定发现与处置时效,实行奖优与罚劣并重。一般问题的发现时效以第一上报责任主体和市容环境长效管理办公室时间为基准;处置时效从第一次接报时间为基准,一个工作日内必须完成。复杂问题的发现时效以第一上报主体和市容环境长效管理办公室时间为基准;处置时效以第一次接报时间为基准,3个工作日内必须完成。疑难问题的发现时效以第一上报主体和市容环境长效管理办公室接报时间为基准;处置时效以第一次接报时间为基准,10个工作日内必须完成。争议问题的发现时效以第一上报处置主体时间和市容环境长效管理办公室接报时间为基准;处置时效规定,处置责任主体应及时牵头相关主体召开专题会议,研究部署对这类问题的处置方式方法,并严格制定工作方案,1个工作日内必须完成。以上四类问题,分别按照发现率、处置率,经过市容环境长效管理督查组的反馈情况及第三方评估,对在工作中优秀的责任主体,作为一项重要数值,纳入政府对其的年终考核。

2. 关于群众工作方法。一是群众基础的动静分析法。其一,群众基础的静态分析(五表法)。填好群众类型、群众利益、群众心理、群众组织、干群关系5张表,开展具体分析。其二,群众基础的动态分析(四因法)。注意因时而变、因智而变、因情而变、因行而变。

二是群众工作的资源运筹法。其一,在资源掌握上要注意全面性。包括政治资源、组织资源、经济资源、行政资源、法律资源、文化资源、群众资源、社会资源、信息资源、技术资源、道德资源、情感资源等都要心中有数。其二,在资源理解上要体现时代性。要顺应时代潮流,突出时代特色,解决时代问题,避免时代尴尬。其三,在资源运用上要懂得辩证性。特别是要善于抓主要矛盾,善于找彼此关联,善于做转化工作,善于用点面结合等。

三是群众态度的综合影响法。包括梦想牵引、标杆引领、群文助推、阳光解疑、巧结对子、众人拾柴、八仙过海、帮困暖心、村组自治和法理兼容等方法。其中,梦想牵引法是通过塑造美好的共同愿景来统一思想认识、激发热情智慧、引领集体行动。赵巷镇在全镇树立"美丽、平安、法治"愿景,为集体行动奠定了民意基础,进而在行动上形成呼应之势。策略包括共识式牵引、规范式牵引、践诺式牵引和关联式牵引等。标杆引领法就是通过党员干部的表率行动和感召力量促进群众态度改变。发挥党员干部的先锋模范作用。"官先民随"安排、"四天工作"机制、党员"七一"承诺、先进群像映照等,起到良好的效果。群文助推法是指通过贴近群众的文艺形式和文化活动,宣传有关政策思想、树立先进榜样、批判落后观念以助推中心工作。

3. 关于基层社会治理创新着力点。一是群众利益增长方式创新。着眼利益的有机性、利义的兼容性、利害的关联性、利益的复合性。通过生态环境综合治理,形成复合型利益观——生活有新环境、发展有新空间、治理有新作为、文明有新境界。

二是社会预期管理方式创新。包括用义利结合影响社会态度,用骨干示范坚定社会信念,用水平对话达成社会理解,用现身说法教育广大群众,用贴心关怀保持社会亲和,用持久关注强化宣传效果等。

三是党群复合治理方式创新。赵巷镇采取了一些促进基层党群复合治理的有效策略。主要有:愿景沟通策略,信任促进策略,法治支撑策略,力量统合策略。

四是人防与技防协同创新。越来越多的利用技术手段加强社会治理是一个趋势,但如何促进人防与技防的有机协同随之成为一个问题。

二、着眼于超越整治的功能再造①

随着经济社会的高速发展,特别是城市化的快速推进,部分农村宅基地由于地理位置、开发效益等原因未纳入动迁范围,由此形成了"城中村"。② 倪家浜是青浦城区一个典型的"城中村",2007年被列为全区"城中村"综合整治的试点,整治的重点是拆除该地区全部违法建筑,要求做到既依法坚决拆违,又确保社会稳定。仅用了20天时间,这一地区的违法建筑被全部拆除,且全部是自行拆除,整个过程没有发生执法冲突,也没有引起上访事件。之后,课题组一直关注这个地方的进展情况,实际上还是存在程度不同的多次反弹和整治。直到2017年这里整体动迁,倪家浜的整治才算完结。这里也牵引到一个更重要的课题,即超越整治是否可能?何以可能?

(一) 倪家浜整治情况

倪家浜属于青浦区盈浦街道辖区,地处世纪联华大卖场南侧,北临盈港路,西靠城中北路等城市主干道。村子面积不大,本地居民只有73户,但租住在村里的来沪人员超过千人,来自四川、江西、安徽、新疆、西藏等地,他们或在企业上班,或自家开个小店,或办作坊,或收废品,当然也有没有正当营生的人。村内生活、娱乐设施齐全,棋牌室、桌球馆、澡堂、杂货铺等一应俱全,形成了一个比较完整的社群体系。由于交通便捷,又紧邻大型超市,地理条件优越,租房需求旺盛。既然动迁无望,在房前屋后搭建房屋出租,也是不错的生财之道。于是,村民自己陆续搭建了许多建筑。73户中71户搭有违法建筑,总计416间、5242平方米。其中,295间、4423平方米是砖墙结构,用于居住、经营、加工;

---

① 这是在跟踪考察倪家浜整治和区内相关"城中村"社会生态之后写成的报告。前期参加调研的还有倪敏芳;时任青浦区盈浦街道办事处副主任的张桂根为调研提供了帮助。
② 对于"城中村"的定义,尚无统一的标准。广义来说,规划确定的城区建成区里的农民自建房(城中村);规划确定的工业园区建成区里的农民自建房(园中村);紧邻规划确定的新城建设边的农民自建房(城边村)。

121间、602平方米是木结构棚舍,成为生产生活的辅助设施。

在地方政府看来,大量违法建筑的存在,使得该地区建设规划难以落实;违法建筑大多质量低劣,又无消防设施、设备,存在公共安全隐患;违法建筑大量占有共有资源,有些用于进行无证经营和地下加工,存在公共卫生隐患;部分违法建筑内人员居住混杂,少数还从事非法活动,存在社会治安隐患。于是,区政府下决心进行整治。

一是加强组织。成立机构、建立机制、制订方案。区政府成立倪家浜地区拆违临时指挥部,下设办公室。指挥部由21个区职能部门组成,区长亲自挂帅任总指挥,区政法委书记和分管副区长任副总指挥。盈浦街道作为属地管理的主体责任单位,成立了倪家浜地区拆违工作班子,配备9名专职人员,另外组建了思想工作班子、信访接待工作班子、宣传工作班子和强拆行动工作班子。通过会议方式议事决事,建立情况通报制度。(1)班子内部定期例会;(2)横向的部门之间建立联席会议制度;(3)纵向上通报材料直接抄送区主要领导,形成上下级严格监督。制订实施方案,包括《倪家浜地区拆除违法建筑工作方案》《倪家浜地区拆违内部方案》《倪家浜地区违法经营整治方案》等,总共8项。

二是前期工作。区拆违办和盈浦街道(外口办、市政科、思想工作班子)做好前期调查准备工作。2007年10月起至11月18日之前,街道拆违办负责开展对违建户的违建房屋性质、家庭成员、社会背景等内容的调查摸底,建立一户一表;关于违法建筑的信息给每户居民出具法律文书,并予以公开,村民相互之间均可查阅。通过拉横幅、建宣传板面、张贴拆违公告、电视和广播、宣传车等营造拆违气氛。对违建户发放告知书,对于入住的来沪人员,事先告知违建户,然后向租住人发出限期撤离告知书,要求限期搬离。在宣传攻势下,有些村民开始议论:这次的拆违似乎与以前有所不同,政府拆违的决心好像非常大。

三是重点突破。大多数人不愿自行拆除违章建筑,表示只要别人拆自己也拆,问题是谁都不愿意成为别人眼中的那个"别人"。从2007年10月起至11月18日之前,街道对房屋状况、家庭成员、社会背景等内容调查摸底,发现共有财政供养相关人员33名,涉及31户违建户。于是,指挥部确定党员干部搭建的违法建筑为先期拆除对象,同时利用违建户的社会关系全面推进拆违。拆违临时指挥部办公室向违建当事人、他们的亲属以及有关当事人或亲属的单位,发出了要求自拆或督促拆除违法建筑的通知书。对未及时做到自拆的,办公室再次发出通知,要求各单位加强督促。这一方法成了打破拆违坚冰的关键点。

一户村民家中仅有10平方米的违建,子女又供职于政府部门,成为第一个主动拆除的示范户,而且自愿拆违之后还帮助工作组在村民中进行劝解、疏通工作。第一户的拆除使得观望的村民心里泛起波澜,开始重新考虑自己是否该一如既往地坚持到底。但也有少部分态度坚决,如一户村民家境困难,子女收入都不稳定,老夫妻俩中一方残疾又身患重病,靠着出租违建的收入接济家用补贴药费,而且其中一间违章建筑中的租借者也身患重病,在这种境况下,他认为政府应该对他网开一面,非常抵制此次拆违整治。拆违指挥部开始着手相关政策的推进,以及细致、高频率的思想工作。

四是扩大战果。首先是整治违法经营,降低利益预期。工商局、药品食品监督局、消防支队、城管大队等有关执法部门按照各自条线要求开展专项执法行动,对各类非法经营行为进行从严查处。对违法经营坚决取缔,减少了违建人员牟取非法利益的机会,也降低了他们对违法建筑的利益预期。其次是实行自拆补贴,缓解抗拒心理。区拆违办、盈浦街道等部门制订自拆、帮拆方案,鼓励自拆,明确自拆人工补贴政策。凡在期限内自拆的违法建筑当事人予以人工补贴。对愿意拆除但有困难需要帮拆的违建户,可向居委会提出书面申请,由街道拆违办组织人员进行帮拆。逾期不拆,将由有关部门组织强拆。自行拆除后一周内,凭龙威居委会验收单到倪家浜地区拆违办领取现金。这一政策的施行对于老百姓拆除违建的不平心态起到了一些缓冲作用。再次是耐心做思想工作。指挥部下属办公室人员及街道各科室人员分成小组,包干入户进行思想工作。平均每户解释与劝解工作至少2次以上,其中最多的一户达10次以上,才最终签订自拆协议。签订自拆协议的由政府帮拆,并帮助维持秩序。为了保护居民合法建筑,指挥部事先联系好物业公司,对拆除过程引起的居民合法建筑的破坏进行及时修补。至2007年12月上旬,倪家浜地区的违法建筑已被全部拆除,社会秩序稳定如常。街道随即开展了改善环境工作:清除垃圾、污沟积水,埋设下水道,架设有线电视网络;修补破损的道路26.2米、新建道路12.5米,修葺沿河围墙(修葺围墙502.8米、新建围墙299.8米);建造修缮厕所和垃圾房,增加保洁力量。在整治过程中产生的就业岗位优先考虑当地居民以提供就业机会。同时,探索建立长效管理机制,明确责任主体与执法主体,确立属地化管理的工作思路。

(二) 态度调查与利益分析

1. 整治前的社会态度调查。大部分村民也看到了问题的存在,并认可政府为实行整治所讲的理由,认为综合整治有利于整体居住环境的改善,但也有另外不同的声音。

村民 A:我们村是动迁地块,迟早要拆。这次综合整治就是拆违章建筑以减少其动迁阻力及成本,并不单纯为了我们老百姓的生活环境。否则,为什么几年来村里的基础设施不帮助改善改善?

村民 B:整治嘛,是政府部门政绩的体现,他们并不知道老百姓到底需要什么,甚至根本就不想知道百姓需要什么!

……

说怪话的人,虽不算多,但是态度很鲜明,语气很强硬。更多的人还是持观望的态度。老百姓的不理解、不积极、不看好,预示着这次拆违将是一块硬骨头。其实,困难一直都在!从政府自身看,因为拆违执法行动涉及多个部门,如果没有一个领导有力、相关部门有机配合的组织机构,就难以将拆违进行到底,拆违过程如何做到各部门积极参与、相互协调始终是一大难题。其实,倪家浜地区在 2004 年暂停动迁之后,区拆违办曾会同街道开始拆违工作,但没有取得多大进展。在创建"文明城区"活动时,区文明办又提出"三浜"(倪家浜、朱家浜、水渡浜)环境综合整治,仍没取得实质性成效。一个重要原因就是力度不足,包括参与部门不足、参与程度不足和组织协调不足。有些人因害怕触犯别人利益而退缩,有些人因碍于情面而回避,有些人因感到协调困难而气馁,有些人认为善后代价太大不值得,甚至有人认为现在拆违根本就没有必要。

村民因为各种原因形成了集体共谋,设法抵制政府的拆违工作。从既得利益上,当地村民所搭建的违法建筑户均达 70 平方米以上,仅租金户均年收入就达 2 万元以上。其中,倪家浜 42 号的违法建筑面积多达 21 间 300 余平方米,租金月收入 5000 元,倪家浜 46 号的违法建筑中有从事杂货、桌球、浴室等无照经营活动,获利也相当丰厚。由于当地居民多是农转居,工作机会少,收入来源少,租金甚至成为某些家庭的主要收入来源,这种利益很难让人自愿割舍;从情绪上,村民对政府积压的不满和抵触心理也成为此次拆违的阻力。倪家浜成为"城中村",原来的农民失去了土地,不少人没能顺利就业,收入预期不稳定,他们对政府心存不满。也有村民抱怨政府部门平时对该地区缺乏投入、疏于管理。比如,动迁暂停之后的几年里,一直未接通有线电视,而在青浦最边远的农村都已实现,他们住在城区却看不到有线电视。又如,政府部门光指责该地区卫生状况差,却不注重卫生设施的投入。在子女入学问题上遭受歧视更是让村民愤慨。他们指责政府部门说：将他们与同一区块的其他小区区别开，把他们单独划在原先的学区，不能享受最近区域的良好的教育条件。对于这次拆违，村民也抱怨说不公平，青浦其他地方虽也拆违，但所拆的都是 2004 年以后的违章建筑，倪家浜却要拆除所有违章建筑，不管其建筑年限。

有关法律问题也摆上桌面。倪家浜地区大多是 2004 年以前形成的违法建筑，拆除这类老违法建筑在整个区内至今没有先例，由于历史原因有些建筑合法性也有争议，很难合理准确鉴定。从法律规定及程序上，在实际操作过程中，都有很大难度，由谁来认定？认定的标准又如何确定？如此等等。另外还牵涉其他问题：当地违法建筑相当密集，人工拆除难度大，机械又无法进入；租住在违法建筑内的来沪人员近 500 名，拆除违法建筑之前，需劝他们搬离租住地。有些村民反应强烈，认为所搭建的违法建筑与合法建筑相依相连，拆违可能损坏合法建筑。

2. 整治后的社会态度调查。但在大量的违章建筑被顺利拆除后不久，又陆续出现了一些简易棚舍，违法经营现象也开始出现。为此 2008 年前 5 个月，有关部门又组织了 8 次联合整治行动，仍然屡禁不止，有些居民利用节假日执法力量薄弱期间，迅速搭建违章建筑物。对于倪家浜整治的效果说法不一。

（1）当地居民反映：对于拆违整治行动，他们总体来说是比较配合的。拆违的好处，大家也是知道的，拆违过程合法、公正、透明，也没有什么话好说。但几个月后，他们提出了新的看法。首先，倪家浜整治是"三浜"整治试点，但在试点之后，其他地区的整治却迟迟未动，认为感情上受到了欺骗，其他地区的人对倪家浜居民的讥讽——"戆头戆脑"——更是刺痛着他们的心。其次，虽然环境有了明显改善，但经济利益明显减少，就业赚钱难以如愿，因此抱怨政府没有设身处地为老百姓着想。再次，在拆违过程中被劝离的将近 500 名来沪人员，他们分流到其他地方，"城中村"还是他们的最佳选择，因为租金相对便宜、地理位置比较接近于繁华地段，如此说来，"倪家浜"实质上是仅仅作了一次位移，它使一些人丧失了原来的利益，却未能真正地解决问题。

（2）基层干部认为：一是当地居民多属农转居，规则意识不强，他们经常会在自己的场地上搭建棚舍作为自己的临时生活设施，而且认为这样做是天经地义的，因为未曾影响他人。这类的违建虽不合法，却在一定程度上合乎情理，一味强调拆违也是对老百姓生活习惯的一种强制改变。二是来沪人员居住管理方面缺乏有效手段，加剧了违法建筑的产生与该地区的管理难度。三是长效管理机制没有真正形成,管理属地化,由此形成的管理工作压力大,作为基层管理部门没有能力也没有职权来协调各部门的联合执法。四是因直接的经济利益受损,有很多居民找到居委会倾诉生活之艰难,要求帮助落实工作、增加收入等,这类要求超乎基层干部能力范围。

(3) 政府部门意识到:倪家浜集中拆违整治活动的顺利完成,增强了政府拆违整治的信心,积累了一定的经验,也对违法建筑者造成了必要的威慑。倪家浜拆违完成不久,本区另一地区——青浦建材市场的拆违也拉开了序幕,该地区情况更加复杂,借鉴了倪家浜拆违经验,也顺利进行并进入尾声。在得到社会广泛称许的同时,拆违工作的领导也进行了思考。倪家浜整治活动中动用了大量的人力、物力、财力(见材料9-1),在拆违中实行补贴、全区几十个部门投入其中,尤其是街道,所有科室和所在居委会在此期间全面投入,全力以赴,区府主要领导亲自挂帅督促协调,怎样做才能在实现拆违目标时有效降低执法成本?拆违整治不是孤立的社会行为,在一定程度上,它与来沪人员管理的有效性互为因果,能否将来沪人员居住问题纳入经济社会发展总体规划?确定主体责任是一个很关键的问题,用什么样的机制能够将责任主体与执法主体统一起来?

材料9-1 《自拆协议签订期限及人工补贴标准》

一、自拆协议签订期限及人工补贴标准:

1. 凡违法建筑当事人或其家庭人员为财政薪金支付人员必须在11月30日前完成自拆工作。否则不予人工补贴。

2. 凡在11月30日前完成签约、并在12月4日前拆除违法建筑的违建户,按认定面积给付100元/平方米的人工补贴。

3. 如在12月1日—4日期间完成签约,并在第一批发出限期强拆公告期限内(即12月5日—9日)拆除的违建户,将按认定面积给予60元/平方米的人工补贴。

二、强拆期限公告:凡在11月29日中午12时之前仍未签订自拆协议的,区政府将于11月29日下午发布第一批倪家浜地区违法建筑户强拆公告,期限为12月9日,逾期不拆,将由有关部门组织强拆。

三、严格拆违验收标准:验收时,必须确保违法建筑已彻底拆除,如在宅基证外的,不得保留围墙。如在宅基证内的,须按标准保留围墙。

四、补贴兑现:凡在期限内自拆的违法建筑当事人按规定予以人工补贴,并依据《违法建筑自拆协议》和《违法建筑拆除验收单》确认的违法建筑拆除面积进行核算。验收单必须有违建户本人、居委会、拆违办公室三方共同签字为准。

五、限期清理公共部位的堆放物品。不得在公共部位、场地堆放物品而影响市容卫生、公共安全和公共交通,凡在12月13日逾期不清理的,将由有关部门组织强制清理。

3. "城中村"治理的深层困境。倪家浜整治之后,各地并没有随后跟进。我们又陆续对"城中村"进行了面上的调查。

(1)"城中村"的分布特点。一是地域分布广,经济发达地区突出。据统计,青浦区共有城中村74处,分布于全区11个街镇。其中,离市中心较近的徐泾镇、华新镇共有城中村20个,中心城区3个街道共有城中村28个,共计48个,占全区总数的64.9%。可见,经济较发达地区,由于开发建设进度快,"城中村"数量较多。二是人员组成杂,人口倒挂现象严重。全区"城中村"内共有来沪人员128 955人,本地户籍人员53 735人,来沪人员与本地户籍人员人口比例为2.4:1,人口倒挂现象严重。三是基础设施弱,群众生活极为不便。"城中村"虽已在规划建设范围内,但由于土地归属比较复杂,综合改造所需资金数额较大,所以长期被城市规划"边缘化",导致基础设施建设薄弱。大量的来沪人员集聚,加上原本人防、物防、技防薄弱,报警类110处警、刑事案件及入民宅案件高发多发。

(2)"城中村"的问题成因。一是城市建设开发无序,形成"城中村"地理空间。受利益驱使,对利用价值较高的土地及农村宅基地及时进行了动迁安置,而部分建筑面积较大、开发价值不大的农村宅基地便放置一边。过去的政策往往倾向于城市外延的拓展,日积月累,这些未开发的部分便成为如今的"城中村"。二是来沪人员大量导入,诱发各类治理问题。由于地理位置优越,且生活成本相对较低,"城中村"成了来沪人员导入的"洼地"。他们在"城中村"内形成了一套完整的生活链,各类低价的、低端的生活供给和服务不断涌现。村内各类无证无照经营,如废品收购站、流动摊贩、食品加工点、无证幼儿园、无证行医等大量涌现,给社会治理造成许多困难。本地居民受利益驱动,搭建大量的违法建筑,据初步统计,青浦"城中村"内共有违法建筑30万平方米,同时衍生出许多群租情况。三是土地权属较为复杂,成为管理盲区。有的"城中村"土地性质为集体所有,归口属地村委会管理,但村委会抱着这块区域早晚要拆迁的想法,认为在这里投入人财物进行管理也是浪费。有的"城中村"土地性质为国有,归口属地村委会管理,但是村委会认为这部分区域是一种"负担"。有的"城中村"土地性质为国有土地,归口属地居委会管理,从管理体制机制上都不顺,且人力、财力和能力也不能满足管理要求。

(3) 城中村问题的难点所在。一是资金缺口较大。对"城中村"的改造,拆迁及安置都需要大量的资金支持。由于建筑密度较高,开发利用价值不大。因此,在缺少利益驱动的前提下,不可能吸引大资本投入。完全由政府出面进行改造动迁,财政压力比较大。二是动迁难度较高。就算有财力保障,实施动迁也会遇到许多问题。"城中村"靠近主干道的部分,大多开门营业,每年户主的租金收入相当可观。租金收益成为当地群众的主要收入。如实施动迁,"城中村"内群众漫天要价不可避免。三是整治阻力明显。对"城中村"内各类乱象进行整治,其初衷就是规范"城中村"内的秩序,使之能够与城市整体环境相协调。开展整治与群众的切身利益相冲突,群众不支持,有抵抗情绪,甚至有群体性事件风险。

(三) 跳出单纯的整治逻辑

"城中村"除了苦苦地等待拆迁,或者反复经受整治与混乱的轮回,还有没有其他的选择?"城中村"与城市持续发展是否存在某种关联,它是否可以转化成为城市持续发展的依托,倪家浜给了我们深刻的启示。

1. 整治之困。对倪家浜的综合整治,拆除了村内违章建筑,也暴露了一些深层问题。

一是居民不愿。由于已无耕地,工作难寻,出租房屋是"城中村"居民收入的重要手段,房租收入甚至成为许多家庭的经济支柱,发展配套服务也是创收的重要方式。村中71户搭有违法建筑,总计416间、5242平方米。他们不愿放弃赖以为生的利益,联合起来抵制政府的拆违工作。"我们的状况不是自己造成的""我们没有工作""我们在自家土地内搭建"等,成为他们搭建的道德支点。基于就业和选举的压力,基层干部选择能拖则拖的办法;但政府要求强力整治,他们只得配合行事。此后又组织了8次小规模整治,但违章搭建依然不绝,有些居民利用节假日突击搭建。曾经比较配合的居民,见其他城中村整治迟迟未动,生起一种受骗的不满;经济利益减少了,就业又没有着落,抱怨政府没有考虑他们的生计。他们还把怨气撒到基层干部身上,干部们感到非常为难。持久的违建冲动,反映了社会对租住房屋的渴求、城市化对土地集约利用要求和村民对改善生活需求的矛盾。无视市场供给的紧缺性、无视土地利用的稀缺性、无视居民生活的紧迫性,仅仅为了维护形式的合法性,这种做法值得反思。

二是成本不济。倪家浜整治,动用了大量的人力、物力、财力,区内主要领导亲自挂帅督促协调,二十几个部门联合行动,街道所有科室全面投入,基层干部昼夜奋战,而且拆违实行高额补贴。如此大量的投入,当然难以全面铺开。有人把解决问题的希望寄托在动迁上。但是,城市化形成的级差地租,使得动迁安置成本十分高昂。"城中村"的农民利用占有的土地和住所,能够从中获得巨大的利益,如果不能弥补这些好处,他们一般不会出让土地;同时,政府也难以解决农民城市化的善后问题,如安排就业、解决社会保障和生活来源等。对"城中村"集体土地一般有三种运作模式:一是政府征收土地后转为国有土地,由政府负责安置村民及补偿。土地转为净地,政府或拍卖或自己开发;二是开发商直接与村委会协商,按市场运作开发土地;三是村集体成立房地产开发公司,自己对土地开发利用。如果政府开发,就必须支付农民巨额资金。其他两种以集团经济利益最大化为目标,容易忽视公众利益,造成与周边环境规划矛盾。因此,必须在政府规划、资本偏好和村庄意愿之间寻找结合点。

三是管理不力。对硬件设施的改造当然必不可少。但设施更新和环境整治不可能从根本上解决管理难题。强调管理要属地化,但基层社区无法协调各部门的力量。同时,人员的频繁流动也增加了管理的难度。村民很多不住在村里。外来人员很难对一个时刻面临整治或动迁的村落产生家园之感。目前,"重防范、轻服务"的理念致使管理效能事倍功半;[1]权责分离的方法造成政策执行难以到位。比如,派出所负责辖区的社会治安,但它们没有足够的力量,不断增加协管员也无济于事;村委会没有把流动人口的管理纳入职责范围,其主

---

[1] 以《暂住证申领办法》为例,由于暂住证管理强大的防范犯罪的功能,导致"重点分子"千方百计逃避办理暂住证,结果所管的恰恰是放心对象,管不到的却可能是不放心对象。

要职责是为本村村民服务;房主尽享房租之利,却懒得督促租客协助治安,等等。①

四是功能不匹配。"城中村"拥挤和破落的居住条件在客观上降低了城市化和经济发展的成本,同时也为低技能劳动力融入城市劳动力市场提供了低成本的第一站。这种自发形成的低端廉价出租房供给,实质上承担了城市政府本应承担的针对农民工的住房保障角色。② 如果单从城市环境和管理考虑,拆除"城中村"必然加重低端住房的稀缺性,也就加重了外来人员起步的艰辛。很小的倪家浜一次整治,就有近500人被劝离,他们要在短时间内寻找到新的便宜居所,自然平添了许多无奈。如果"城中村"大面积消失,并被那些用于商业目的或工业目的的建筑所取代,大不利于低收入人群。许多学者和国际机构的研究都不支持直接拆迁现有的"贫民区",而偏向于通过提供基础设施等手段对其进行逐步改良。如果拆除"城中村"却同时无法提供充足的替代性低成本住房供给,将会对城市经济增长产生负面影响。③ 一些地方选择在农民工数量较多的企业和工业园区,建设基础设施齐全的农民工宿舍。④ 相比而言,改造"城中村"应是一种更经济的选择,因为它可以直接利用城市已有的教育、医疗资源及其他便利的生活设施。

2. 功能之维。"城中村"改造要取得最佳效果,须与城市的产业政策以及公共服务政策统筹考虑,形成协调互补的政策体系,以推动城市经济增长和社会融合。可从三个维度再造城中村的功能。

一是起步人群的安居之所。初来城市的农民工、刚刚毕业的大学生、资金微薄的创业者,都可以看作社会的起步人群。他们需要在廉价居所积蓄力量。

---

① 按有关规定,城中村流动人口在租住之前要出示身份证并进行登记。出租人为尽快把房子租出去,往往并不询问承租人情况,不查看身份证,也不进行有关事项的登记,只要掏钱,什么人都可以租住房子。
② 据郑思齐等人的调查,2008年9月,北京市的"城中村"居民中85%以上为农民工;"城中村"中人均使用面积在5平方米以下的住户占到40%,九成以上的住房缺乏独立厕所和厨房;"城中村"中外来务工人员平均每间住房月租金仅为307.25元,而周边普通租赁房一居室的月租金一般都在1000元或以上。
③ 曹洋、郑思齐:《农民工的住房问题:从经济增长与社会融合角度的研究》,《广东社会科学》2009年第5期。
④ 杭州对"城中村"改造时,将外来务工人员公寓建设纳入同步规划来解决部分人员居住问题。郑州借助"城中村"改造大力推进廉租房、周转房等保障型住房项目建设。划出一定比例的小户型作为过渡性廉租房和周转房,满足外来务工人员的居住需求。截至2009年1月,常州武进高新技术产业开发区建成"新市民之家"15个,使1.3万名外来务工人员得到安居。

尽管可以把"城中村"开发为其他项目,但要优先考虑把它建成廉租房源。目前,我国进城经商务工的农民总数已达2.4亿,异地流动者也有1.49亿。他们能否在城镇长期有序安居,事关社会经济稳定发展和全面建设小康社会的大局。[①] 当前,农民工在城镇经商务工出现了长期化、家庭化和年轻化的趋势,定居城镇的意愿也增强了。新一代农民工,特别是那些出生在城市里的农民工,文化综合素质普遍提高,乡土依恋情结逐渐淡化,城市归属感不断增强,物质要求和价值追求提升,融入城市社区的进程加快,定居城镇的意愿明显提高。住房的稳定和环境的改善,将为劳动者提供更好的自我提升的动力和机会,他们能力和素质的提高也是产业升级所必需。此外,城市的高房价对大学生的就业选择产生了很大影响。他们或者以市场房价为参照,提出超过企业给付水平的预期,自动放弃心理价位以下的工作机会;或者为挣得购房款和高额房租到处兼职,损害了身体健康,减少了提升的时间。[②] 把他们的安居纳入统筹范围,对于促进就业及人力资源提升都有重要的意义。

二是规范有序的廉租市场。由于收入较低、房价较高,农民工在大城市购房能力普遍较弱,租房是他们最可行的居住方式。大城市建立相当数量的公共租赁住房,既是一项社会公共工程,也是一项利益可期的服务产业。[③] 目前,公共住房租赁还没有作为一个大有作为的产业来培育和规范,造成就业安置难题、居民收入统计失真以及大量的税收流失。不过,政府建造并管理廉租房并非最佳方案,把"城中村"改建大型公共租赁住房,以原来的村集体股份公司运作为宜。第一,实现集体土地国有化,以确保土地征用的公共性质,并强化规划指导。转制时可规定土地免租年限。第二,村集体以土地股权和宅基地入股。租赁公司经营权属于集体,不但解决了村民的就业问题,化解了屡禁不止的违章搭建问题,而且可以凭股权享受长期利益,调动基层组织和村民的积极性,便于加强社会管理。第三,多方筹措改造建设资金。比如,制订专门的"先租后买"的住房政策,吸引部分有条件的人集资建房;鼓励企业以先期支付房租的形式投资,条件是他们可以参与具体的建设过程、优先选择楼区或楼层、对房租享

---

① 如果通过"城中村"的改造,能解决外来人口的住房不足、住房不安、住房不稳、住房不洁问题,其流动性就会大大降低。
② 据2006年《毕业生就业调查》,提供应届毕业生平均月薪1 001—2 000元占企业总数的55.2%,近1/3的企业给付的薪资在2 001—3 000元,只有2.4%的企业提供毕业生的月收入超过5 000元。
③ 青浦区有外来务工人员60万,以人均月房租300元计,一年是20多亿元。考虑到初入职场的大学生、配套的生活服务业,以及不断增长的改善性需求,这个市场的潜力显然是巨大的。

受一定折扣的优惠等;吸纳社会资金投入廉租房建设等。组建集体房屋租赁公司为严格管理创造了条件。以房屋租赁关系为纽带,强化服务意识,可以增加外来人员的稳定感、认同感和归属感;同时,房屋租赁公司基于利益考量,也会倾向于选择与政府合作,加强对租住人的教育、服务和管理,从而形成出租人与承租人、经济增收与社会和谐的良性互动。①

三是城乡融合的兼容社区。"城中村"的真问题是农民如何进城,是城市如何使失地农民和进城农民共同参与和分享城市化进程。② 城市化的目标不能再是简单地将农村劳动力在空间上转移到城市,而应实现社会意义和政治意义上的融合。伴随"城中村"设施改造,应该有相应的政策落实、制度建构和管理变革。在实现"城中村"居民就业、保障、医疗等方面享受城市居民待遇的同时,对"城中村"的租住人群也要给予应有的关注。有调查显示,外来人口对被纳入社区管理存有很高的期望。③ 尽管短期内我国还不可能实现户口自由迁移,尤其是大中城市还必须设置进入门槛,但在"城中村"改建为稳定有序的租住群落之后,要在观念上将居住者视为城市的一员,作为城市居民的"利益共生体",并着手租住社区居民的融合工作,逐步提高他们与城市居民的同质化水平。④ "城中村"的社区居民委员会应担负新的社会功能,在街道领导下,对本地域居民(包括租住者)实行城市化管理。在街道和社区居委会,可以按比例配备外来人口身份的党组成员、管理干部和工作人员,赋予他们代表外来人口表达群体意愿、行使民主管理的权力。这样既保障了外来人口的政治参与权,也能更好地根据他们的需求提供公共服务。

3. 政府之责。"城中村"改造是一个行政管理、经济发展、社会建设高度综合的复杂工程,也是一个政府主导的公共管理过程,需要政府担负起应有的责任。

---

① 深圳市罗湖区以推进城中村改造工程为契机,在渔民村引入"政府主导,市场运作,企业参与,物业介入"的流动人口和出租屋管理服务新机制,实行统一出租经营、统一管理服务、统一宣传、统一代缴税费的"四统一"管理模式,一系列治安、安全和计生等流动人口综治难题迎刃而解,管理房屋出租的渔丰实业股份公司也获得很好的经济效益。
② 李津逵:《城中村的真问题》,《开放导报》2005年第6期。
③ 2006年在厦门某区调查结果显示,高达85.6%的被调查者认为"外来人口应该参与社区管理";对于"是否希望自己作为一名外来人口参与社区管理",32.0%的表示"很乐意";28.4%的表示"愿意,但没有加入途径";20.2%的表示"愿意,但没有时间";只有16.6%的表示"不愿意,没兴趣"。
④ 移民与城市的融合有一个过渡期。第一代移民往往处于"半城市化"状态,发达国家通过提供一些社会福利和保障政策帮助他们早日融入社会;而一些发展中国家,由于忽视了"半城市化"问题,使之成为一种结构性现象,而且"不断复制",直接恶化了社会问题。

一是规划好。规划是城市发展的灵魂,决定城市发展的水平、速度和质量。首先要切实建立一套长效机制,制定更加周密的土地开发制度,对于开发利用的土地,要坚决贯彻净地出让的原则,不得出现对土地开发利用价值不高的地块"绕道开发""避重就轻"的情况,防止产生新的"城中村"。其次是抓紧编制青浦区"城中村"动迁计划。在梳理汇总现存"城中村"情况的基础上,制定近、中、长期动迁计划,分类予以推进实施。再次要把暂不动迁的"城中村"改造纳入规划修编范畴。规范"城中村"改造计划和专项规划的编制与审批,强化"城中村"改造项目的实施,加强规划监督力度,及时了解"城中村"空间资源的开发利用及其变化趋势,掌握"城中村"空间发展变化的状态,及时发现并纠正违法建设行为,实现经济效益、社会效益与生态效益的协调统一。第一,要定位好"城中村"的功能。政府要站在促进城市持续发展和社区和谐建设的高度,调控好"城中村"的规划和改造过程,而不能以获得更多财政收入为目标,热衷于短期见效的基础设施建设、房地产开发和招商引资。第二,要编制好完整的规划体系。通过城市总体规划、近期建设规划、控制性详细规划,土地利用总体规划及计划,以及"城中村"改造的有关规划和计划之间的统筹协调,实现"城中村"改造的有效规划管理。要制订"城中村"改造专项规划,作为对具体"城中村"改造项目进行规划管理的依据和改造项目审批的条件。第三,要处理好政府规划与村庄权力的关系。村民集体和村委会可以参与决定改造方案的制订、实施,参与具体的改造过程;但在任何时候,政府都不应放弃"城中村"改造的规划权和管理权,而要坚持以政府规划为指导,对"城中村"进行改造。第四,要配套好相应的公用设施。根据改造后"城中村"的功能定位确定区域内各构成部分的合理层次与关系,安排住宅建筑、公众建筑、管网、道路及绿地的布局;确定合理的人口与建筑密度,房屋间距、层数与造型,布置公共设施项目的规模及服务半径,以及水电煤气供应等公用设施。

二是引导好。"城中村"改造是一个综合性的改革过程,也是一个多方利益相互协调、不同价值观念重新认可的过程。政府要加强引导。首先是规范利益过程。包括:规范拆迁房屋行为,按照征收程序实施,按照征收标准进行补偿,保护被拆迁人的合法权益;规范"城中村"股份制改造过程,同时兼顾政府的长远利益、股份公司的健康发展、原村居民的社会保障。其次是维护公共利益。"城中村"改造方案既有城市规划性质的,也有管理性质的,还有经济性质和社会性质的。农民可以高度关注经济改造方案而对其他方案漠不关心,政府却要考虑到城市规划和城市公共利益,为"城中村"地域今后的改造、规划和发展奠定基础。再次是协调利益关系。既要切实关注民计民生问题,维护好人民群众的根本利益;又要协调好改造单位和业主的利益关系,为改造提供应有动力。最后是促进利益共识。通过制度改进、服务跟进和教育导进,培育社区居民利益共同体意识。

三是服务好。对于有开发利用空间的"城中村",要加强市场化运作,加大招商引资的力度,并适当给予一定的政策支持。对于开发利用价值不高的"城中村",要由政府出资牵头进行动迁,做实惠民工程,为群众谋福祉。一个成熟社区需要满足公共建设、公共设施、公共服务、公共管理、公共安全五项标准。即使是开发利用价值不大、政府资金支持不足、中长期内得不到动迁的"城中村",也努力做到生态宜居、平安和谐。要坚持开展公共安全整治工作。借助公共安全整治这一平台,重点围绕生产安全、环境安全、消防安全、交通安全、食品安全等五大公共安全领域,对"城中村"内的问题开展普遍的、持续的整治,保持"严打"的高压态势,防止整治后出现"回潮"。要注重政策激励,提高"城中村"整治工作在区对街镇、村居"以奖代拨"考核中的比重,提高基层一线对于"城中村"治理的重视程度。要在提高公共基础设施保障能力的同时,拓宽服务领域,创新服务方式,优化服务流程。对于原村居民,重点是做好"城中村"改造的后续环节,为他们提供必要的公共产品和公共支持。对于租住居民,要发挥社区所具有的区位优势,让他们便捷地、低成本地享受到公共服务。比如,让他们子女享受城市教育资源,为他们提供就业信息和就业培训,搭建公共联系平台,强化治安和消防管理等。可依托居住证管理,构建梯度累进的外来人口公共服务获得机制,即根据外来人口务工年限的增长(或同时选择几个参照指标),而享受逐步升级的市民待遇。这样就为外来人口的城市融合提供了制度化接口,为其提供一个在城市生活明确而稳定的预期,从而规避其在就业、社会保障等方面的短视行为并约束其违法冲动。[1] 要改善政府公共服务的供给模式,重新划分政府组织、村社组织、经济组织和社会中介组织的功能边界。根据社区公共事务内在属性以及供给主体的差异性,可以把社区公共事务分为社区行政事务、社区公共服务和社区自治事务三类。[2] 基层政府要承担好社区行政事务,

---

[1] 课题组:《外来人口社会管理与公共服务供给机制的创新——基于厦门市某区调研的分析》,《东南学术》2007年第6期。
[2] 卢爱国:《公共管理社区化:模式比较与路径选择》,《中州学刊》2008年第6期。

包括由法律规定的由政府各部门承担的管理、执法、监督活动等；保障好社区公共服务，包括特定人群服务、市政服务、物业服务等；引导好社区自治事务。

整治实际上是一次对非正规经济的"围剿"。所谓"非正规经济"，就是一种制度不认可但又有一定社会合理性的经济形态，比如流动摊贩、黑车、打工子弟学校等。[①] "非正规经济"及其经营者在生产、生活领域产生大量的治理负效应，如对城市秩序的破坏、造成公共安全和食品安全的监管压力以及公共服务上的供给压力等；同时也对市容市貌、村容村貌带来显在的脏乱和污染。为了打造城市形象、维护市容和提高城市品位，政府相关部门不断地发起对"非正规经济"的治理运动，但是往往又会在政府稍有松懈之下快速地反弹。最为吊诡的是，那些似乎受害最重的城乡接合部的干群，往往不约而同地成为"非正规经济"的共谋。我们可以指责他们自私自利、不顾大局和长远利益，但如果不能在较短的时间创造出新的正规的生利机会，他们的抱怨就不会止歇，非法搭建、非法经营和违规租借的死灰还将复燃。要深刻认识到城市是一个有机的整体，城市的产业结构、劳动力分布、不同阶层的居住区位是相互关联的。对与民生紧密交织的环境问题，抱有"除恶务尽"的洁癖态度，或者采取"不见为净"的鸵鸟政策，都无益于问题解决。要立足于城市各阶层人口合理分布和动态城市化框架，从经济社会发展和人的全面发展相统一的高度系统谋划，综合采取清除、改造和提升多种策略，以促进和谐社会建设和城市可持续发展。

[①] 叶敏：《城市基层治理的三重挑战》，《学习时报》，2017年7月31日。

第十章 妨害公务犯罪的社会态度与治理改进[①]

当前既是我国社会矛盾凸显的发展转型期,也是全面依法治国的治理升级期。"妨害公务"既是社会矛盾的客观体现,也是主体对管理活动中的关系感受。社会矛盾的客观存在,权利意识的不断增长,管理要求的不断提高,执法难度也不断刷新。国家机关工作人员应该如何在保证执法效率的同时减少公民的抵触情绪和反抗行为,实现执法社会效果最大化,是一个亟待解决的现实课题。我们基于法治中国愿景,着力研究妨害公务犯罪案件的新特点、新成因,深入了解群众对于妨害公务行为的态度倾向及深层因由,提出相应的对策,希望在依法治理的同时,更加注重源头治理和系统治理,做到既有利于维护公权力的威严,又同时维护私权力的尊严,引导社会向善,营造和谐稳定的社会大环境。

一、妨害公务犯罪情况与社会态度调查

课题组通过有关案件卷宗研究了解到当前妨害公务犯罪的基本情况,并通过日常性调查、焦点事件调查、处置后调查等多种途径,对妨害公务犯罪的社会认知水平和态度倾向有了基本把握。

(一) 妨害公务犯罪的新特点

1. 嫌疑人中高学历和女性增多。一方面,虽然犯罪主体以"两低"人群居多但并不限于"两低"人群。犯罪主体多为低收入、低学历人群,但也有相当一

[①] 本章是在笔者与青浦区人民检察院合作开展的"关于妨害公务犯罪的社会态度调查"基础上写成的。课题组成员包括黄健荣、张丽丽、鲁璐等。

部分犯罪人员具有较高学历且有稳定职业，其中不乏研究生以上学历者，甚至也偶尔有律师出现在嫌疑人名单中。如涉嫌妨害公务罪的张某某，不仅拥有某名牌大学研究生学历，更是一名资深律师。他本是一名深谙法律的专业人士，却因家庭矛盾对前来调解的执法民警拳脚相加，最终锒铛入狱。另一方面，犯罪主体中女性所占比例呈上升趋势。据统计，上海市青浦区检察院2016年上半年共审查逮捕妨害公务案件37件，逮捕70人，其中女性犯罪嫌疑人为21人，占总人数的30%，虽然男性嫌疑人在妨害公务案件仍是多数，但快速增长的女性嫌疑人比例值得关注。

2. 多人共同妨害公务案件增多。据统计，上海市青浦区检察院2016年上半年共审查逮捕妨害公务案件中，多人案件占全部案件比例约为21.6%，人数比例约58.6%，5人以上占到多人案中的50%，其中不乏8人以上、10人以上的案件。多人妨害公务案件往往起初只是一两人抗拒执法，后在场的朋友不断起哄、煽动围观人群对执法人员进行辱骂、阻拦，因为人数众多且多在公众场合，多人聚集围观，道路交通拥堵，造成恶劣的社会影响。

3. 案件多具有突发性和偶发性。妨害公务案件广泛发生在执法人员执行公务的过程中，犯罪嫌疑人大多事前并无犯罪故意，多因不服执法人员的行政执法行为，矛盾激化从而抗拒执法，故具有明显的突发性、偶发性。调查发现有些犯罪嫌疑人平时老实本分，甚至有一些人还具有很强的正义感和公益心。一些犯罪嫌疑人一时意气，为了制止朋友与执法民警之间的冲突，但却不注意方式方法，克制不住情绪和民警动起手来，最后和朋友一起进了监狱。

4. 妨害公务针对对象的选择性。一是针对联防队员这类特殊身份。办案过程中发现部分嫌疑人对妨害公务罪保护对象有一定的认识，在民警执法过程中并不敢直接对民警实施暴力，转而攻击不具有国家工作人员身份的联防队员，甚至叫嚣"联防队员没有执法权""联防队员拿出证件"，联防队员尴尬的身份认定在妨害公务案件中屡见不鲜，也给办案造成了很大的困难。二是针对执法人员的瑕疵公务行为。个别妨害公务案件中，执法民警自身的公务行为本就存有瑕疵，犯罪嫌疑人或者是对某项公共管理活动本身不满，借题发挥，抓住瑕疵公务行为借机反抗；或者是这种瑕疵行为正好触及嫌疑人的当下痛点，变得难以忍受，因而突然爆发。比如，本身过得很窘迫，却受到执法人员身份歧视；急着送孩子上学，却长时间被拦在路上，等等。

（二）对妨害公务的社会态度

为全方位、多角度听取群众意见，我们调查了犯罪嫌疑人、周边群众、一般群众、司法人员，方法包括问卷调查、焦点访谈、网上投票、论坛发帖、座谈、讯问笔录等，了解到各社会各群体对妨害公务的认知和态度。选取具有代表性的人群，比较他们的意见。

1. 犯罪嫌疑人的认知。青浦区检察院 2017 年度上半年（2017 年 1 月 1 日—2017 年 7 月 25 日），共办理各类妨害公务案件 29 件、34 人。其中，男性犯罪嫌疑人为 21 人，女性犯罪嫌疑人为 8 人。这些案件中，采取直接殴打民警方式妨害公务的占绝大多数，达到 16 人；以撕咬等严重暴力方式阻碍执法的为 4 人；为逃避处罚驾车拖拽民警以推搡、拉扯方式阻碍民警依法执行公务的和以自杀、自残方式的各 2 人。可以看出，嫌疑人阻碍执法的表现多为直接暴力抗法，此外群体性案件多结合推搡、拉扯，群众围观、交通拥堵等也使妨害公务犯罪呈现新的特征。上述案件中，绝大多数嫌疑人现已被依法批准逮捕。被处罚的对象是否真的懂得行为危害，并认为罪罚相当？而知情群众对于有关人员的妨害公务处罚持什么态度呢？通过讯问相关犯罪嫌疑人、查阅执法记录视频、审阅审查报告等，归结如下：仅 2 名犯罪嫌疑人否认行为存在危害，其余 27 名嫌疑人均认识到其妨害公务行为对民警存在危害，审查批捕阶段均深刻认识到了自己的错误；但几乎所有的犯罪嫌疑人均认为罪刑不相适应，认为虽有妨害公务行为但情节轻微尚达不到刑罚处罚的程度，不知道妨害公务罪，也不知道不服民警的执法行为可以通过哪些途径解决（部分民警虽告知救济途径但嫌疑人情绪激动未听取，部分嫌疑人文化程度较低确实不知情）。

2. 周边群众的看法。查阅相关证人笔录、调阅监控视频、执法记录仪视频，发现上述 29 件妨害公务案件中有效证人为 113 人（以上数据为能具体描述案发经过的证人数据）。证人均能证实部分嫌疑人妨害公务事实，绝大多数证人在现场有劝说拉架行为，知道"民警打不得"，能认识到嫌疑人存在妨害公务的行为；但是他们同时表示，对于嫌疑人行为后果是否已经构成犯罪无法判定。不知道"妨害公务罪"的存在，只知道和民警对抗会被带到派出所。

3. 网民意见。我们采用问卷调查、焦点访谈、网上投票、论坛发帖等方式来广泛收集意见。几种网络调查方式，反馈的数据非常具有戏剧性。调查主题为"关于妨害公务犯罪你怎么看？"有 68 名网民参与调查。其中，38 名被调查者认为"民警粗暴执法,嫌疑人打得好",占到被调查者总数的55.88%;认为"不服民警决定可以通过复议、申诉等相关途径解决,嫌疑人暴力抗法不可取"有23人,占总数的33.82%;剩下的7名网民表示"说不清"(见表10-1)。

表10-1 关于妨害公务犯罪你怎么看?

序号	选 项	统计值	占比
1	民警粗暴执法,嫌疑人打得好	38	55.88%
2	不服民警决定可以通过复议、申诉等相关途径解决,嫌疑人暴力抗法不可取	23	33.82%
3	说不清	7	11.03%

在论坛上发布的相关妨害公务帖子,其走向更是出乎预料。只有极少数支持服从民警依法执行公务,大部分吐槽民警不作为、暴力执法,甚至一条长篇大论控诉民警勾结有权有势的恶霸对犯罪事实置之不理的帖子被顶到最赞,跟帖达60余条,均为附和或是举例证明民警暴力执法或是不作为。几个坚持为民警说话的ID被打上水军的帽子,被嘲笑为所谓的"小粉红"。

4. 司法人员的论析。课题组成员走访相关业务部门,请教了承办过妨害公务案件的多名检察官。他们均表示民警依法执行公务是代表国家公权力的依法行使,民警的人身安全理应受到特别保护。但他们同时也认为,实践中不注重执法细节较为普遍,比如在执行公务时不出示工作证;不按照法律程序执行公务,比如并未对当事人口头传唤直接进行强制传唤;粗暴执法也偶有发生,在执法过程中当事人并不存在过激举动时对其使用械具,或是对女当事人采取多人控制、双手反剪在身后,甚至抬起手脚直接将人抬走的方式对其进行控制等。对于民警瑕疵执法行为所遭受的公务妨害,要谨慎地、综合评判嫌疑人的行为。他们倾向于认为,妨害公务案件的嫌疑人绝大多数并不是大奸大恶之人。因小事而违法,司法机关应当区分情节慎用重刑,灵活运用宽严相济刑事政策,对于情节显著轻微的,还是以教育为主,不必科以刑罚。

二、妨害公务犯罪特点与社会态度成因

妨害公务行为某种程度上是对社会现状带有全息性特点的综合信息反馈。当前妨害公务犯罪案件所呈现出来的特点,以及对社会妨害公务犯罪的态度倾

向,背后都有着深刻而复杂的成因。我们可以从病态社会风气与对于公共利益的理解来分析社会原因;从公权力的执行方式与思想宣传工作来分析政府原因;从法律意识与内在心理来分析嫌疑人原因;从执法心态的修炼、执法方式的选择、执法程序的遵循和执法态度的表现来分析执法者原因;从舆论监督权力的行使与政府对媒体合理监管来分析舆论引导原因。

(一) 社会变迁的矛盾投射

1. 普遍存在的社会焦虑。妨害公务案件中的犯罪嫌疑人有进城务工的农民工,有朝九晚五的上班族,也有凭广场舞红遍全球的大妈。妨害公务案件数量众多,案情复杂多变,原因多种多样。或因久积的怨气而小事爆发;或因惯于陋习不懂法不守法;或因执法方式和态度让人难以接受,比如,执法中军事化地要求民众服从,却不进行相关法律告知;执法时使用明显过激手段以期强力控制,等等。此外,冰冷的心气,僵硬的语气,凌人的盛气,也让具有"民本"思想的人平添反感、滋生逆反情绪。大家都很焦虑,也就缺乏必要的耐心和宽容。

2. 缺乏疏导的仇官风气。当今社会关于公权力的街谈巷议负面的居多;大众论坛里抨击公权力的发言往往获得大面积的追捧;执法民警与抗拒执法的嫌疑人发生肢体冲突时,围观群众许多却在为嫌疑人鼓劲,巴不得他们与警察较劲……这都是社会的病态现象。可见,虽然经济发展了,人民生活水平提高了,民众的幸福感和获得感并没有得到同水平的提升,相反,有些人却在社会比较中增强了相对剥夺感。城乡差距、贫富差距不断增大,教育、居住、医疗等民生问题日益突出,腐败现象频发和群体性事件增多,征地拆迁、安全生产、生态环境、城市管理等各个领域积聚了大量的社会怨气,相当一部分群众缺乏精神上的愉悦感和人格上的尊荣感。精神上的不愉悦体验和人格上的不尊荣意识,很容易产生被冒犯的感觉,增加歧视反应的敏感性,一些最普通的执法事件也会引起民众的对立情绪,从而加大了社会管理的压力和难度。履行国家社会管理职能的执法人员,应当对社会转型期的矛盾有充分的估计,避免因故意或过失引起当事人的人格贬损,刺激起逆反和对抗心理,产生极端行为。

3. 公共利益的理解偏差。公共利益与个人利益是一对矛盾,秩序本身就是对自由的某种限制。但由于长期形成的陋习具有强烈的惯性,加上对快速发展文明要求的不甚理解,人们对公共管理的刚性约束不太适应,某些负面的社会信息也使人们怀疑刚性管理的动机和必要性。比如说,拆除违法建筑,有些人就认为是政府多管闲事;整治交通违法,有些人也大唱反调。在面对民警依法进行执法活动时,很多人以个人的"利益"受损和"不习惯""不方便"为标准来裁决是非、对抗法律,还有人为了逃避处罚,就地一躺高呼"民警打人",妄图以民意裹挟民警就范。更有甚者以"我弱我有理"的态度无理对抗,以"弱势群体"的身份来曲解法律,仿佛有了"弱势群体"这一标签,就可以亵渎法律的神圣,成为法外之民。

(二) 社会互动的关系情态

1. 民众对执法者的低信任状态。妨害公务犯罪频发折射出民众对执法者执法行为的认知态度,其中首先是对执法者的信任程度不高。矛盾激化的程度背后是价值冲突的深度和彼此信任的乏度。有些看似小事的个案,却涉及普遍的社会心理和深层的社会态度。不仅妨碍公务行为本身,包括妨碍公务行为的归因和评说、处置方式和结果,都可能引起社会心理不同程度的反应。如妨害公务案件中当事人往往因为一些小事违反法律,但出于侥幸心理不愿接受处罚,一旦执法者处置不当,极易引发妨害公务案件;若舆论引导出现偏差,便会导致官民矛盾激化。

2. 民众与执法者的低效率沟通。妨害公务案件高频发生,一方面严重威胁着执法人员的人身安全,削弱了国家机关的法律权威,消耗了大量的司法资源;另一方面也渲染了官民之间的对立情绪,影响了公民对行政行为的认同与信服度。积累的负面情绪降低了官民沟通效率。如何在保证执法效率的同时减少公民的抵触情绪和反抗行为,使执法的社会效果最大化,呼唤着国家机关工作人员甚至执法系统的应处智慧。

3. 法律回应社会期待显得滞后。妨害公务犯罪呈现出种种新特点,引起了社会的广泛关注。执法和司法实际工作者与理论工作者对有关妨害公务问题都进行了深入探讨。专家指出:刑法对本罪规定过于简单,司法机关具体适用时产生诸多分歧与争议,必须从立法和司法两方面来规范本罪的适用。要在立法上严格本罪的入罪条件,行为人采取暴力方法或者威胁方法妨害公务人员依法执行公务的,构成犯罪应在抽象危险说或者具体危险说上区分;司法上要贯彻宽严相济刑事政策,在刑法不得已原则指导下正确运用,但对该罪应加以认定。① 有学者提出,要对妨害公务案件重新进行法律上的理解和把握。比如,对于以自杀方式对执法人员进行威胁的,需要区分具体情况,只有在自杀所使用的手段威胁到执法人员人身、财产或公共安全的,才能认定为妨害公务罪,反之则无法认定,强调应当在立法上明确妨害公务罪的程度要求,等等。② 站在法律与社会互动视角,基于该类案件的特殊性以及刑事惩罚的谦卑性要求,司法机关应当慎用重刑,灵活运用宽严相济刑事政策,以缓解社会矛盾、稳定社会环境作为主要目的,避免激化社会矛盾,实现三个效果的有机统一。③

（三）相关主体的行为分析

1. 政府。政府既失之于软,也失之于硬,关键是时机与分寸没有把握好;既失之于话多,又失之于话少,关键是宣传和思想工作没有做到位。一是失之于软。在该管的时候,没有立即管,形成尾大不掉之势,真要管起来就遇到很大的社会阻力,如违法建筑就是这样;在该严的时候,没有严到位,滋生社会侥幸心理,如违法群租就是这样。二是失之于硬。因为任务紧、压力大,因此态度生硬,不愿研究工作方法,往往采用简单、粗暴的手段。因为权在手、理在心,因此心态强硬,得理不饶人,老虎屁股摸不得,顺我者昌逆我者亡。三是失之于话多。就是说大话、许大愿,错误引导社会预期,调高了社会的福利期望。但福利期望值受到社会发展实际的制约。一旦达不到民众预期,巨大的期望往往会导致更大的失望。而由此时的失望引致的结果也会给政府的正常管理带来难度。四是失之于话少。就是不愿或不善于做艰苦细致的思想工作,立足于自己的一亩三分地不愿踏出,不愿与民众有深度的交流,甚至不愿公开相关的公务信息,阻碍了政府信息公开工作的正常开展。下面作一点具体分析:

街头巷尾广泛传播负面消息的源头往往是一些退休的老年人,他们的法律素养相对较低,一旦遭受不规范的执法活动,往往不服却又不敢反抗,结果就是心不甘情不愿地接受处罚,添油加醋地夸大自己遭受的不公待遇,有感同身受者深以为然,故一传十、十传百成为巷闻。另外论坛上什么人最活跃? 闲人最活跃;什么样的发言最能火? 直击热点问题的发言最能火。论坛中不排除一些

---

① 梅象华、文晓鹏:《论妨害公务罪的立法完善与司法对策》,《湖南警察学院学报》2013 年第 5 期。
② 王新环、朱克非、张京晶:《妨害公务案件实证分析》,《国家检察官学院学报》2011 年第 3 期。
③ 王海鹏、骆红娟:《妨害公务犯罪案件高发的原因及应对策略》,http://www.xzbu.com/9/view-4470937.htm。

忧国忧民的爱国者,但是哗众取宠的键盘侠往往占到更大比例,他们往往为了一己私利,不惜煽动民众对政府的对立情绪。即使有这样的原因,但赞是民众点的,虽然他们心里并不一定认同键盘侠的观点,但是键盘侠的发言肯定迎合了民众的某种心境。为何民众对政府失去信任呢?世上种种的误解归根到底一是不了解,二是了解了也不接受。大多数民众对于政府运作一无所知,对于法律程序知之甚少,如果政府不进行信息公开,不进行普法活动,普通民众通过何种渠道了解我们的政府、了解我们的法律呢?若是连了解的机会也没有,我们又有什么理由要求民众接受我们的执法活动呢?

2. 嫌疑人。一是法律意识淡薄。大多数违法者法律意识淡薄,守法自觉性较差。在民警对其进行行政处罚的过程中,没有老老实实接受处罚的正确观念,却有千百种逃避处罚的错误想法。在接受处罚的过程中因为没有守法意识而不服处理,因缺乏对执法机关的尊重而轻则谩骂重则推搡拉扯甚至殴打执法民警,因为自身不能合适地控制情绪而导致矛盾激化。由于文化程度较低,对法律认识不到位,不仅不懂得使用法律武器保护自己合法权益,而且也意识不到自己行为的危害性和违法性,对法律处罚存在侥幸心理。二是心理容量不大。多数违法人员不能做好自身的情绪管理,容易冲动、脾气暴躁,自控能力较差,遇事不冷静,处事不理智,方式不恰当,无法通过平和手段解决问题,遇到矛盾容易采用暴力方式加以对抗。三是自恃心理作祟。主要有:认为自己"有理",于是就"理直气壮"地对抗;认为自己"有位",不把小警察放在心上,更不要说社保队员了;认为自己"有识",具有一定法律知识,甚至涉足法律工作的嫌疑人,在认为执法者执法失据和执法过当时,可能会不服从民警的执法决定,甚至自恃"法律专家"质疑民警执法行为的合法性。

3. 执法者。执法中产生冲突继而诱发案件,有时不是民众一方存有过错,而是双方均有过失,二者皆有责任。在实践中,不仅各个警种执法方式不一样,新警察和老警察执法方式也不一样,老警察春风化雨,往往处罚到位,行政相对人也心服口服。新警察上任三把火,但这把火往往烧了相对人也点着了自己,嫌疑人因妨害公务锒铛入狱,执法者自己也遭受了精神上或者肉体上的伤痛,更加剧了警民矛盾。可见,执法心态的修炼、执法方式的选择、执法程序的遵循和执法态度的好坏都是重要的。执法态度生硬、冷漠甚至傲慢,在执法时与当事人缺乏必要的沟通和交流,对当事人的辩解和诉求充耳不闻,有的甚至是野蛮执法、暴力执法,使当事人对公务行为的正当性与合法性产生怀疑,引发对立情绪,激化矛盾。

4. 媒体。随着民众自我意识的觉醒,越来越多的人开始行使舆论监督的权利,新媒体时代的媒体网络也成为民众表达诉求的渠道。因为媒体传播途径广、辐射区域大、发挥作用大。但媒体始终是一把双刃剑。好的媒体致力于传播正能量,致力于释疑解惑,致力于消融民众与政府之间的隔阂;不良的媒体为了吸引眼球,往往刻意制造爆点,甚至不惜激化民众与政府之间的对立。百花齐放、百家争鸣固然体现了舆论的宽松,另一方面也呼唤政府必要而有效的监管。除了监管不力之外,个别媒体人缺乏基本的职业道德也是引发不良舆论的原因之一。纵容妨害公务行为的意见倾向,不仅会严重威胁执法人员的人身安全,削弱国家机关的法律权威,消耗大量的司法资源;而且也渲染了官民之间的对立情绪,影响公民对行政行为的认同与信服度。

三、问题思考与对策建议

在推进国家治理体系和治理能力现代化的进程中,民主与法治的良性互动至关重要,它是社会文明的真正内涵,基于社会认知和行为态度的立法完善、执法文明和司法优化也是社会进步的重要策略。为了预防和减少此类案件,并以此触发点促进治理反省优化社会治理,提出如下几点建议:

(一)加大普法宣传的力度、深度和接受度,提高社会法律信仰

1. 进一步拓展妨害公务的研究视野。突出人民的主体地位和法治的社会关怀,让法律在与社会的互动中更加适应治理体系和治理能力现代化的要求。

2. 加大法律宣传,提高法律宣传的覆盖面和深入程度。要整合司法机关和社会各界的宣传资源,通过广播、电视、报纸等传统媒体工具与新媒体时代互联网、微信、微博等新兴传媒工具相结合的方式,对妨害公务犯罪相关法律知识和案例进行介绍,让民众切实体会到真实的执法活动过程。促使民众认识到自身行为可能涉及的违法点,提高自身的约束能力从而规避违法行为。基层政府和工作人员应该配合出动,走进人群,深入基层,有针对性地开展法律宣传教育,向民众宣传行政救济的具体途径。如果认为执法人员在执法过程中确实存在实体或程序性违法问题,可以通过合法的行政复议或行政诉讼等法定程序和法定途径行使监督、申诉、控告权利。如果对执法机关及执法人员的办案纪律存在异议,可以向执法机关的纪检监察部门及时反映。普法不是一阵子,而要成为新

常态；不仅要一般性普法，更要针对性普法；要对即将和正在进行的大型公共管理活动进行重点普法。

3. 执法者要在严格执法的同时播种法律信仰。要求老百姓守法，执法者更要先做出表率，严格按照法律规定执法、办事，若是违反法律要立即纠正、敢于道歉；不要仅仅满足于普及一般的法律知识，更要播种法律信仰。

（二）加强执法队伍价值观、能力和心理建设，优化执法过程

执法和司法实践过程，必须有谦卑地尊重社会的态度，并深入分析这些态度的成因，更加注重执法过程的细节研究和官民之间的互动文明，尤其是要提高普法的针对性、科学性和现代性。

1. 加强执法队伍价值观教育。执法活动的最终目的是维持社会公共秩序，增进社会公共福利。执法者不仅要在行为上有执法者的气度，在心理上也应该有执法者的胸怀，要始终以维护社会公共秩序为目标，以合法、合理的行政行为为依托。不能因为妨害公务行为让身体受到伤害或感到权威受到冒犯，就心生切齿之恨和打击报复之意。有些经过诚恳的沟通及必要的法律教育能够解决的思想疙瘩，可以不必再启用法律制裁这一重器。

2. 推进执法系统能力现代化。第一，要求执法机关执法过程中确保严格依照法律执行公务。为此要不断增强一线执法人员处理群众问题和化解社会矛盾的能力，在执法过程中讲究方式和技巧，注重文明执法，避免因执法方式不当和群众发生不必要的冲突。第二，要为执法人员配备录音笔、执法记录仪等警用设备，对现场执法过程进行取证，确保真实记录执法现场情况。第三，要以人为本，倡导人性化执法，把法律的人本精神、人文关怀理念落实到执法活动的各个环节。最后，还应建立妨害公务案件预防和应急处置机制，特别是在处理群体性事件之前应充分做好风险预警和应急处置预案。努力改进执法作风，不断提高执法水平，树立依法执法、文明执法的良好形象。这里还有一个重要问题，也是在司法实践中经常遇到的争议问题，那就是执法人员身份认定问题。我国《刑法》第二百七十七条规定的妨害公务罪的侵害对象，主要包括：依法正在执行职务或者履行职责的国家机关工作人员、人大代表、红十字会会员三类人员。联防队员不属于上述三类人员，但越来越多具有一定法律常识的犯罪嫌疑人不敢直接反抗民警执法，转而侵害无执法身份的联防队员，那么在执法过程中受到侵害的联防队员可否成为妨害公务罪的侵害对象？笔者认为民警和听从民警执法命令、辅

助民警执法的联防队员应被视为一个执法共同体,但是仅仅当联防队员和民警紧密联合且联防队员系帮助民警直接执行公务时受到侵害才可以妨害公务罪论处,除此之外视情节轻重,构成他罪则以他罪论处。

3. 据实贯彻宽严相济政策。司法机关处理妨害公务案件应做到具体案件具体分析,根据情节轻重区别对待,建立二级处罚体系,灵活适用法律,贯彻宽严相济政策。一级处罚,即对情节轻微、未造成严重后果、事后认罪态度良好,甚至行为人事后真诚悔罪,并积极做出赔偿,获得执法机关谅解的案件,应酌情考虑从宽处理,不予定罪或移交公安机关进行治安处罚等。做好一级处罚既可实现刑事案件的合理分流,有利于节约诉讼成本,还有利于保护当事人权益,进而化解矛盾,消除社会对立面,维护社会稳定。二级处罚,即对情节严重或者造成恶劣社会影响的妨害公务案件,应严格按照法律定罪处罚,以有力保障维护公务执行和社会秩序。

(三) 要加强官民沟通、舆论引导和焦点问题立法咨询,优化执法生态

要提供多种表达渠道,让民众的声音能够喊出来,更能够被听进去。要优化传播渠道,对媒体执法活动报道进行良性引导。要优化执法生态,对焦点问题进行汇总,给出立法建议。

1. 拓建民众诉求表达渠道,维护群众的正当权益。民众之所以对执法活动有诸多不满,除了对执法过程不了解之外,执法机关对于民众的呼声倾听也不够。民众相对于执法机关来说本就处于弱势地位,执法机关若不积极了解弱势群体的诉求,建立有效疏导不满情绪的渠道,负面情绪不断堆积却无法找到出口,一线执法人员很容易被作为"出气筒"。

2. 严格制定媒体行业规范,减少媒体的不实报道。鉴于媒体对于执法活动报道偏差可能引发不良社会后果,我们对于媒体报道中出现的涉及执法活动的报道需要进行良性引导。诚然,媒体是民众的喉舌,各种意见执法机关都需要听取,有则改之,无则加勉。但是,对于那些为了博取眼球罔顾事实,恶意抹黑执法人员,挑衅执法权威的报道,舆论管理部门应积极予以遏制,构成违法犯罪的,司法机关要依法追究其法律责任,净化媒体圈大环境。

3. 做好焦点问题立法咨询,积累法律的社会善意。执法环节虽然具有明显的被动特点,但它对于立法仍然可以发挥很大的能动作用。对于焦点问题,执法机关可以在事先、事中和事后给出立法建议,其依据就是生动的执法过程。

为此,执法机关必须树立研究意识,深入调查研究,找出苗头性和趋势性的问题,汇集其中的共性问题、重点问题,及时郑重地向立法机关反映问题,形成法律的良善化进程和社会的遵从度提高的有机统一。

(四) 尊重信访人权利,优化信访处置效率,减少社会戾气

有一些妨碍公务的犯罪是由信访案件转化而来的。课题组曾专题调研相关问题,发现一系列信访尴尬与权利困境问题。[①] 信访案件的增多和难解,不仅是因为改革发展带来了社会利益格局的重大调整,还因为改革发展带来了权利意识的空前觉醒。在信访者信访不信法、信上不信下、信多不信少、信闹不信理、信特不信常、信缠不信劝现象的背后,是信访者对公民权利属性和权利救济手段的理性选择。基层政府要避免和减少管理尴尬,必须通过建构公务人员的权力思维、健全社会矛盾的预防机制、完善问题处理的责任体系、建立社会力量

---

① 包括:(一)变革压力下的政策瑕疵。社会在变动,政策要变革。上面没政策,基层要创新;上面有政策,基层要落实;上面政策已经过时,基层政府必须有所取舍。政策的创新过程、落实过程和取舍过程,都会面临群众的权利主张,受到权利意识高涨的群众的考量。如果政策的制订影响了群众的合法权益,或者造成相对受损,就会造成群众的不满;如果新政策的出台预见不够、准备不足,缺乏连续性和平衡性,就会造成工作被动、操作困难。为什么征地拆迁引发的矛盾多? 因为它涉及众多的人群、巨大的利益、不同的区域、延续的过程,如果政策不科学、执行有偏差、处理不恰当,就容易引发群体性利益纠纷。(二)发展压力下的权利忽视。在发展压力下,个别职能部门为保证重大项目建设进度,在项目论证、审批、推进等环节存在急躁情绪,仓促上马工程项目,给老百姓群体性上访、闹事以口实。比如,在征地过程中,对每个征地项目落实征前告知、征地确认、听证和批后公告制度;在拆迁补偿安置工作中,加强对拆迁安置工作管理,采取由拆迁户自选安置形式进行安置,并接受全体拆迁户监督;在工程建设过程中,严格按照招投标管理办法,规范重大工程招投标程序,对招投标事项实行公开、公示,严格工程预算和资金支出管理等方面,或多或少存在一些不足。由于过分强调发展,基层党政领导在工作中存在患得患失,抓稳定怕影响发展、抓安全怕影响生产、抓环保怕影响投资,对重大事项实施过程中对社会稳定风险评估意识不强,不出问题就不抓、出了问题当"救火兵"的现象仍然存在。(三)稳定压力下的考核错位。简单地以信访数量、集访数量、越级上访数量来考核地方政府稳定工作绩效的做法,在实践中带来许多负面效应。因为只要上访,特别是顽强地上访,就不分上访者的实际情况,政府就会给以补偿,在上访获利和生产经营收益的博弈中,上访获利的直接性和有效性,促使大批人走上上访之路。同时,对一些违反《信访条例》行为的处置不力,有时抱着"法不责众"的想法,导致非正常上访不但受不到惩戒,反而"有利可图"。信访过程从接受问题到问题的解决过程中有很大的任意性,千方百计地甚至是不计成本地"息访",极容易走向两极:一是漠视当事人的正当要求对当事人进行打压甚至欺骗,迫使其放弃要求;二是在当事人的压力与更高的权力压迫下赋予当事人不适当的利益。由于上访结果的高度或然性,导致公民对法律与政府的不信任;由于许多人上访的结果是对正规制度内解决结果的否定(例如判决、行政决定),这进一步造成了法律与政府威信的丧失。由于信访处理很大程度建立在权力的等级之上,造成上访人员普遍相信更大的"官"而不是法律。(四)全能压力下的责任困境。不论是非的案外补偿,情感上满足上访人的诉求,却助长上访人的无理要求,潜伏着更大的信访危机。

的参与机制等,整体提升适应能力。

1. 建构公务人员的权利思维。一是要尊重公民的信访权利。《宪法》第二十七条规定:"一切国家机关和国家工作人员必须依靠人民的支持,经常保持同人民的密切联系,倾听人民的意见和建议,接受人民的监督,努力为人民服务。"第四十一条规定:"中华人民共和国公民对于任何国家机关和国家工作人员,有提出批评和建议的权利;对于任何国家机关和国家工作人员的违法失职行为,有向有关国家机关提出申诉、控告或者检举的权利,但是不得捏造或者歪曲事实进行诬告陷害。"信访权是我国《宪法》所保障的,是宪法性权利。信访权具有双重意义,它一方面是公民民主管理国家的权利,另一方面又具有保障私权的性质。现代意义上的社会控制,不仅要防止"过分的混乱",还要防止"过分的秩序"。公民的信访行为对"过分的秩序"是一种动摇和冲击,信访的存在可以使社会形成复合治理结构,在一个开放的系统中,实现自调整、自适应。二是要完善"双向规范"机制。推行双向承诺制。按照《信访条例》规定,有关部门(或街镇)接到信访事项后,在规定时限内告知群众受理与不受理,对受理的信访事项,接待部门要按规定向群众承诺办理时限,上访群众要承诺在接待部门办理过程中,不再到其他部门或上一级政府上访。信访部门和机构要严格按照《信访条例》规定,转送、交办信访事项,协调处理重要信访事项,督查信访工作处理。提高干部依法行政和依法处访的水平。定期组织基层干部开展依法行政和信访工作业务培训,将培训延伸至村(企),切实依法维护好群众的合法权益。同时,要依法打击违法上访行为,以规范信访秩序,保障人民群众的合法权益。三是要深化公职人员的权力教育。实践中,由于干部在工作中不作为、慢作为和乱作为,导致信访问题大量存在。比如,工作不到位,"拖"成上访;责任不明确,"推"成上访;办事不守信,"惹"成上访;办事不按政策法规,"激"成上访等。要加强干部的公民权利教育,组织公职人员分析公民权利需求现状和增长趋势。很长一段时间,人们对发展的需求过于追切,而对公民的物权、环境权利和健康权利有相当程度的忽视,现在这些曾经沉寂的权利已经复苏并迅速增长,近期发生的群体性事件多与公民对环境的担心有关。

2. 健全社会矛盾的预防机制。一是要公开、公平、公正:减少行政失当的概率。哪怕生活不尽如意,只要有公平还在,就能保证基本的和谐,就能减少负面或恶性信访案件。要防止因行政不公、不当、不力、不廉、不作为而引发的矛盾。二是要预防、排查、化解:防止信访矛盾的发酵。要定期或不定期地排查调处矛盾纠纷和信访问题。对排查出的信访苗头和因素,逐项登记,建立台账,及时报告,及时化解。健全基层信访工作信息网络,确保信息渠道畅通。坚持接访、下访、回访相结合的原则,开门接访,主动约访,带案下访,上门回访,努力控制信访工作成本,同人民群众零距离接触。建立重大事项社会稳定风险评估机制。对事关人民群众切身利益、牵涉面广、涉及人员多、易引发不稳定问题的重大决策、重要政策、重大改革举措、重点工程建设项目等,围绕评估事项可能存在的稳定风险,开展合法性、合理性、可行性、可控性等评估工作。对可能出现的集体访、越级访的苗头,要及时发现,快速反应,果断处置。三是要依法、及时、就地:避免信访事态的扩大。要提高初信初访一次性办结率。制订初信初访受理、交办、回告制度和首办负责制,防止事态扩大。着力提高老访户稳控和消号率,建立老访户包案责任制。加强调解工作机制建设,整合信访、民政、综治、司法等资源和力量,尽快建立"联合接访中心",实行"一站式"服务。有效发挥党员服务中心的职能,帮助解决党员实际问题和心理困惑,把矛盾消灭在基层。四是要合情、合理、合法:遏制信访矛盾的反弹。要落实及时回访制度。信访事项处理结束后,要及时对信访当事人进行回访,了解信访当事人思想情况,掌握其思想动态,做好思想工作,达到增进理解、促成谅解、稳定情绪的目的。认真对信访人周边群众进行回访,争取大多数群众支持。要落实复查、复核制度。所办的信访案件,要经得起上级复核,经得起听证,经得起历史检查,经复核过的信访事项,坚决不予再受理。

3. 完善问题处理的责任体系。一是要建立分工协作体系。要落实党政领导"一岗双责"责任制。党政领导班子成员,既要抓好分管范围的业务工作,又要抓好分管范围的信访工作。坚持按照"谁主管、谁负责"的原则,对老信访户、缠访户和重要信访件坚持实行"五定"(即定包案领导、定责任单位、定责任人、定办理要求、定办结期限),及时做好息访工作,从而消除信访积案,有效减少越级上访、集体上访批次和人数。二是要完善排查调处体系。要建立健全信访案件排查调处工作制度。规范信访案件的排查、报送、提报、交办、督办、调处、纪要等,为信访案件排查调处工作顺利开展奠定基础。建立高效灵敏的全方位排查网络。建立起滚动排查工作机制和潜在不安定因素的台账管理制度。对不安定因素进行动态管理,注重登记、化解、消号三个环节,使更多信访案件得到超前化解和处理。三是要建立监督约束体系。要建立完善的信访目标管理考核制度。实行量化动态管理;同时对信访问题突出的实行单位重点调度管理,限期整改。建立信访工作领导责任追究制度。四是要加强信访综合研究。建议成立区域信访矛盾研究中心,依托大量信访资源,汇总情况、分析矛盾、研究问题、查找原因、总结规律,为政府解决各种矛盾提供科学依据。

4. 建立社会力量的参与机制。一是探索完善信访听证制度。建立听证会制度,既可突出以当事人为主体,以面对面的形式,为信访群众和责任部门双方搭建一个平等对话的平台,变被动接访为主动解决问题,又可变信访部门唱独角戏为相关部门相互配合,形成大信访的格局。二是借助矛盾化解的民间资源。随着我国经济与行政体制改革的不断深化、民主政治的不断完善,社会组织和民间团体的力量、地位越来越重要,借助这些力量十分必要。要加快建立信访工作网络,充分发挥人大、政协、各行业主管部门、行业组织、社会团体、社区、村委会等自治组织及新闻媒体的作用,综合运用政策、法律、行政、经济等手段和教育、协商、调解、疏导以及人文关怀、社会救济等办法,及时有效化解矛盾,努力构建党委领导、政府负责、社会协同、公众参与的信访社会管理格局。三是建立社区信访代理人机制。可在工业园区、经济小区和村(居)设信访代理人工作室,代表和维护信访者的利益。一方面,通过初步交流事先过滤一些非分的主张;另一方面,让信访活动更加理性、有序。信访代理人在提交信访诉求之前,要开展调查研究、进行事实认定,保持与信访者联系沟通,与相关方面协调、督办、回复、结案等信访办理责任环节的工作。专职的岗位会加快信访事项的办理速度。

第十一章　党建引领基层复合治理的策略研究

随着社会经济的发展,基层群众的民主意识不断提高,近年来各种群众团体不断涌现,自治形式纷繁多样。如何有效激发各种社会组织参与社会治理,贡献正能量,减少和防范相互冲突和内部耗损,基层党组织也在不断探索,有些取得了很好的经验。

一、发挥党组织对群众自治的领导作用[①]

如何在基层群众自治中发挥好党组织的领导核心作用,通过哪些载体来提升党领导下的基层自治活力,是具有重要现实意义的课题。2013年,上海市委将"充分发挥党组织在基层群众自治中作用"列为重点工作加以推进,并将青浦区朱家角镇作为试点单位。2014年5—7月,课题组就有关试点情况进行了调研。

(一) 朱家角镇基层群众自治组织的发展现状

朱家角镇位于淀山湖畔,历史悠久,人文荟萃。总面积136.85平方公里(包括水域面积),下辖28个村民委员会和8个社区居委会。全镇共有常住人口10.2万人,其中户籍人口5.9万人,户籍家庭19990户。镇党委现下属党组织142个(直属党组织74个、"两新"党组织68个),党员总数3748名。镇党委在基层群众自治工作中,坚持以保障群众的民主权利为核心,加强党组织民主建设,健全各项民主管理和民主自治制度,在引导群众参与、民主决策的同时,

---

① 调研过程得到朱家角镇党委的大力支持,诸建芳和徐珏等提出了很好的意见。在此一并表示感谢!

注重发挥党组织领导作用,保障群众自治的活力与秩序。

1. 民主管理和民主自治制度不断完善。朱家角镇党委在民主选举上,推行村居党组织公推直选、村居委员会直选制度;在民主决策上,进一步完善党员代表议事会和"四议两公开"制度;①在民主监督上,推行以村居务公开、党务公开和民主理财为主要内容的民主监督制度。这些制度为村居民行使民主权利提供了基本制度规范。各村居还积极开展"自治家园"建设,民主管理和民主自治水平得到提升。

随着村居群众工作形势和任务的变化,为有效化解村居管理中的突出矛盾,推进民主议事,朱家角镇自2003年试点实施党员代表议事会,2004年在全镇村居推行,十年历程,不断完善。议事会制度已家喻户晓,在推进基层民主、发挥党员作用、密切党群关系、增强党组织战斗力创造力凝聚力、促进社会和谐等方面发挥着积极作用。同时,根据居民区党员总数少、群众骨干多的实际情况,居民区党组织因地制宜地建立了居民代表议事会、党群议事会等协商议事机制,有效发挥居民代表、党代表的骨干作用。随着村居各类自治性群众团体的涌现,基层群众自治形式更加丰富。

2. 群众性自治团队渐次组成并蓬勃发展。全镇群众性团队数量已达180支(含20人以上),近4000名会员。分布在各个村居,较多集中在居委会。各团队成员多、覆盖面广。从团队人员结构上看,社区人员占多数,其中退休人员占比尤重;党员骨干和村居民组长参与度较高,群众参与广泛。从团队组成目的上,大致分为四种类型:

(1) 文体娱乐类组织。包括各种群众性文娱活动团队和临时自建组织,如读书会、舞蹈队、歌唱队、腰鼓队、健身队、拳操队、门球队、棋牌队等。据统计,村居文体娱乐类团队达51支,成员976人,其中党员201人,占20.5%;团队骨干200人,其中党员95人,占47.5%;骨干成员由村"两委"班子成员及协助村居管理的村民小组长、党员代表、村民代表等人员兼任的74人,占37%(见表11-1)。

---

① "四议两公开"是村党组织领导下对村级事务进行民主决策的一套基本工作程序,是基层在实践中探索创造的一个行之有效的工作方法。"四议"指村党支部会提议、村"两委"会商议、党员大会审议、村民代表会议或村民会议决议;"两公开"指决议公开、实施结果公开。

表 11-1　2013年朱家角镇社区居委会群众自发建立的群文性团队统计表

序号	社区居委会	队伍名称
1	东大门	女子舞龙队、腰鼓队、木兰拳队、太极队、健身操队、读书会、老年学习团
2	北大街	读书会、拳操队
3	东井街	井亭读书会
4	大新街	读书会、门球队、腰鼓队
5	沈巷社区	中老年文体队、门球队、读书会、健康自我管理小组
6	胜利街	腰鼓队、门球队
7	西湖新村	读书会、乒乓队、拳操队、门球队、健康自我管理小组
8	东湖街	"相约星期三"读书会、健康自我管理小组、歌唱队、健身队

（2）志愿服务类组织。包括红袖章巡逻队、各类志愿者队伍、健康自我管理小组、老年健康志愿者协会等。据统计，村居公益志愿类团体达114支，成员2708人，其中党员699人，占26%；骨干526人，其中党员253人，占48%；骨干成员由村居"两委"班子成员及协助村居管理的人员组成，包括村民小组长、党员代表、村民代表等兼任的263人，占50%左右，党员、村居骨干渗透度较高（见表11-2）。

表 11-2　2013年度朱家角镇公益志愿类组织开展活动情况统计表

序号	志愿者种类	人次	服务内容
1	市民巡访团	21	围绕市民关注的热点、重点、兴奋点、难点问题进行巡访，充分发挥巡访团在了解社情民意、反馈信息、建言献策等方面的巡访调查、监督、考评作用。
2	红袖章志愿者	336	加强社区巡逻，主要包括社区治安综合治理、文明镇创建、计划生育、环境卫生、绿化保护、镇区长效管理六个方面。
3	青年志愿者	60	包括环境治理、环保宣传、文明礼仪、政策法规、健康生活方式等的宣传，大型活动志愿服务等。
4	老年志愿者	30	开展各种无偿公益的尊老、敬老活动。
5	少数民族志愿者	12	宣传民族政策、民族法规，热心为少数民族排忧解难。

(续表)

序号	志愿者种类	人次	服务内容
6	平安志愿者	982	协助做好治安巡防、重点人员帮教、物业安保管理、矛盾调处、生产安全、消防安全、周边环境治理、应急机动等工作。
7	城市服务站点志愿者	121	为游客提供世博信息咨询和查询、语言翻译、文明宣传、应急服务等。
8	交通志愿者	100	协助交警和交通协管员开展劝导不文明行为和维护交通秩序等工作。
9	引导志愿者	150	为游客指路,疏导游客和交通,劝阻游客不乱丢垃圾、乱堆乱放、乱写乱画等不文明行为等。
10	文明宣传志愿者	80	宣传社会公德、文明礼仪、世博知识,做好朱家角镇古镇文化的传播、交流与推广等。
11	红十字志愿者	251	普及和推广卫生救护活动,组织各类义诊、捐助活动,帮助社区中的弱势群体。
12	公共健康志愿者	488	宣传健康教育、除害、救护、食品安全信息等。
13	科普志愿者	100	宣传、普及科普知识。
14	卫生志愿者	978	检查、监督、劝说不卫生行为,参加义务卫生活动。
15	计生志愿者	219	宣传国家计划生育方针、政策,传播计划生育知识。
16	城管志愿者	120	协助城管做好市容市貌、公共秩序等方面维护和劝导工作。
合计		4 048	

(3) 专业行业类组织。如农民专业合作社、行业协会等。据统计,村委会中专业合作社较多,总人数达108人,党员17人,群众占近90%;骨干54人中,党员占11%;骨干成员由村"两委"班子成员及协助村居管理的村民小组长、党员代表、村民代表等人员兼任占比不到10%,群众自治程度高(见表11-3)。

表11-3 2013年朱家角镇各类专业行业类自建组织基本情况统计表

村委会	团队名称	总人数	党员人数	团队骨干人数	团队骨干中党员人数	骨干人员由村居管理人员兼任人数
李庄村	农村合作社	5	3	1	1	1

(续表)

村委会	团队名称	总人数	党员人数	团队骨干人数	团队骨干中党员人数	骨干人员由村居管理人员兼任人数
万隆村	上海聚鑫果蔬种植专业合作社	5	0	5	0	0
	上海龙甸果蔬种植专业合作社	3	0	3	0	0
	上海郁香园蔬果专业合作社	10	0	3	0	0
淀峰村	老龄协会	8	7	2	2	1
庆丰村	上海承峰景观园艺专业合作社	32	0	6	0	0
	农村商业专业合作社	6	0	6	0	0
薛间村	果蔬农业合作社	5	0	1	1	1
张马村	上海稻米专业合作社	27	5	22	0	7
小江村	农业合作社	7	2	5	2	0
	总计	108	17	54	6	10

(4) 社会治理类组织。即为参与社区管理或提供服务而建立的新型自治组织，如业主委员会、物业委员会、新村民管委会等。据统计，居委会中业主委员会较多，由居民自治管理，党员人数少，骨干中党员人数仅占30%，村居管理骨干人员在自治组织骨干中渗透度较高，占60%。管理服务类自治组织人员情况（见表11-4）。

表11-4 2013年朱家角镇治理参与类组织情况统计表

居委会	团队名称	总人数	党员人数	团队骨干人数	团队骨干中党员人数	骨干人员由村居管理人员兼任人数
大新街	业主委员会	4	2	4	2	1
东湖街	业主委员会	8	3	2	1	1
东大门	业主委员会	5	0	2	0	2
泰安第一社区居委会	业主委员会	4	1	1	0	1
	物业委员会	5	1	1	0	1
	总计	26	7	10	3	6

3. 一批自治骨干脱颖而出成为有生力量。出于共同的兴趣爱好和生活需要，文娱活动的团队、志愿服务团队、农村合作社、业主委员会等各类团队日益

涌现,在丰富群众精神文化生活、提高社会服务管理水平、促进农村经济规模化管理等各领域中发挥着支撑性作用。团队中的管理人员、组织人员及骨干成员随着活动的开展,对整个团队和周边群众产生的影响日益增强,逐渐成长为参与社会管理和社会服务的重要力量。如大新街的读书会,以周周学、开展读书读报、讨论交流、聆听讲座、观看电教片、外出参观等活动形式,吸纳了63名成员,其中群众48人,占76%,骨干成员6人,负责组织开展学习活动,团队不断扩充。在居委会举办的各项宣传教育活动中,由于骨干的有效动员,成员都能踊跃参与。安庄村团支部大力培养团员骨干,基于学生寒暑假实践活动需求,组建了一支以学生为主体的青年志愿者队伍,在环境治理、环保宣传、文明礼仪、政策法规宣传等方面发挥了很大作用。北大街居委会涌现了"百元书记"邱荣根、"八旬红袖章"夏蝉娟、"夫妻组长"陆全奎夫妇等各团队"民星",在群众中知名度高,影响力广。脱颖而出的团队骨干,成为村居自治中的重要依靠。

4. 自治内容涉及社区治理和公共事务诸多领域。村居自治内容涉及关乎群众切身利益的各个领域,但侧重点有所不同。居委会自治更加侧重于物业、停车、宠物管理、环境卫生、社区安全、矛盾纠纷等方面的服务与管理;村委会侧重于各种利益分配、村集体财务管理和重要资产处置等内容。近年来,随着政府实事工程的逐步落实,在新农村建设、道路灯光建设、旧房改造等项目中,开展方案和进程交由群众商讨、实施,充分调动了群众参与基层自治的积极性和主动性。

5. 在群众自治与党政管理有序衔接方面做出探索。朱家角镇将领导基层群众自治工作与加强和改进党的群众工作相结合。如2011年开始的组团式联系服务群众工作,19 990户家庭划分为150个块区,由村居"两委"班子成员、机关干部分别担任每个块区第一、第二牵头负责人,21位镇领导分别联系36个村居,建立区、镇、村居、块区四级联动机制,全面采集民意,精准服务民生,推动了基层群众自治和政府民主管理、民主决策的有序衔接。党员"双报到"制度的全面推行,进一步整合了基层社会治理资源,为群众自治与区域党建衔接提供了平台,党组织充分发挥党代表、人大代表、社区单位、在职党员等区域资源的优势,成为基层民主协商议事、解决难题中的重要依靠力量。

(二) 党组织在基层群众自治中领导作用发挥情况

朱家角镇着眼于是否形成一套简便有效的协商议事机制,是否有一支经常性参与群众自治的骨干力量,是否通过基层协商民主和基层民主自治解决了一批群众关心的问题,化解了一些基层社会矛盾,改进了基层自治管理和服务,着力发挥基层党组织在群众自治中的领导核心作用。

1. 做法及成效。朱家角镇着眼于"健全基层党组织领导的充满活力的基层群众自治机制",立足党员代表议事会制度的实践经验以及各村居在群众自治中形成的有效方式方法,重视发挥党组织领导作用,不断完善议事、谋事、理事制度,进一步激发群众自治活力。

(1) 深化党员代表议事机制,发挥党员主体作用,提升议事质量。组织群众有序参与,必须有合适的组织和活动载体。在坚持村居委会通过村居民大会进行民主自治的基础上,围绕社区治理、公共事务和公益事业等群众关心、社会关注、各方关切的热点难点问题,建立一些更富包容性、开放性和灵活性的组织与工作载体,作为基层群众开展民主协商、议事理事的平台。在探索实施党员代表议事会制度的 10 年中,朱家角镇注重提高党员代表综合素质和议事能力,不断规范议事程序和内容,逐步健全议事运行机制。在具体实施中重点把握了五个关键环节:一是体现议事代表的广泛性。议事会代表名额根据村党员人数来确定,原则上控制在党员总数的 20% 左右,总数不少于 10 人,兼顾年龄、学历、职业等情况。二是确保代表产生的合法性。议事会代表均由全体党员民主推荐、选举产生。在党员大会或党小组会推荐产生代表候选人,经支委会研究确定正式候选人,通过支部大会选举产生议事会代表。一届任期为三年。三是明确议事程序的规范性。议事会议原则上每季度召开一次,讨论、商议本季度的重要事宜,提出下季度的工作要点和意见;因工作需要,经支部提议,可临时召开;议事会议必须有不少于 4/5 的代表到会方可召开。四是把握议事议题选择。规定议题主要关于村集体大额资金运转、实事工程计划安排和落实情况、村建设项目立项、招投标方案、宅基地安排以及其他有关村民切身利益的重大事项,如镇保、动迁补偿、贫困户补贴、群体性倾向事件等热点难点问题。五是提高议事过程的组织性。议事会议原则上由村党组织书记主持召开。会前精心做好准备,营造积极、热烈的议事氛围,对议题讨论过程中可能出现的情况有充分的考虑与估计,形成预案,引导代表参与议题的讨论与审议。

党员代表议事会有效发挥了党员主体作用。一是凝聚了党员意志,为党员发挥作用搭建了平台,使党员对村里的党务、村务更关心了,对村"两委"的工作更支持了,参政议事的热情更高了。安庄村 70 多岁的老党员老夏以前成天在家看看电视打打牌,自从当上议事会代表后,经常走村串户,主动了解民意,传递信息、协调问题。在2012年村委会换届选举中,老夏发现有拉票现象,就及时向支部反映,并自发组织几名议事会代表,连续几天不分日夜地深入相关村民家中进行正面宣传、引导村民投好庄严一票。二是畅通了民意,为密切党群干群关系增加了助推力,使广大党员和群众与村党组织的距离更近了、关系更加密切了。现在,村里的党员和村民们都形象地把"党员代表议事会"称为"村里的'党代会'";把"议事会代表"称为"我们的代言人"。三是规范了决策,村干部在村级重大事项决策中更讲程序、更讲规范了。建新村老书记、议事会代表王炳根深有感触,说:"以前,村里的事情都是我们书记或几个干部说了算。现在,村里重大事情在决策前,都要通过议事会先讨论、先商议,村书记、村干部个人讲的不算数了。"四是扩大了民主,为推进村党组织领导下充满活力的村民自治夯实了基础、提供了保障。万隆村在调整责任田问题上,因村民意见不统一、矛盾激化,连续几届村委班子都束手无策。议事会成立后,支部把这个难题提交到议事会上讨论,经议事会代表广泛征求村民意见、反复商议,终于达成共识,再由党员代表组织党员向村民宣传、解释,赢得了村民的理解与支持,责任田调整问题终于得以解决。

(2)改善"两委"班子谋事机制,转变方式方法,体现群众需求导向。在决策议事内容上,增加来自居民或社区内其他各类组织的议题比重;在决策议事过程中,增加民主协商程序,扩大民主参与的范围,吸收群众骨干、社区内其他组织负责人,以及广大村居民参与议事决策;在决策事项实施上,对于那些能够依靠群众和群众组织做好的事情,都组织发动群众去实施。村居党组织是基层坚强领导核心,村居民委员会是基层群众自治性组织。朱家角镇将改善村居"两委"的谋事机制作为工作的着力点,促进党组织充分发挥作用,引领群众自治充满活力。一是谋前广泛听,听取更多群众关心的事。坚持问需于民,从群众需求出发,谋群众关心之事。2012年,西湖新村在旧房改造时,由于朱家角房源少,不少居民临时租借房屋成为难题。红袖章队员得知后向居委会反映,"两委"班子立即召开会议,决定班子成员会同居民区骨干积极帮助寻找房源,及时解决了群众的困难。二是谋时充分议,议出最优解决方案。坚持问计于民,对于重大事项及涉及群众切身利益等事项,必经过党员代表议事会、居民代表议事会等协商议事平台民主议事,群策群力,不搞一言堂。2012年底,租借张巷村童南1号厂房的上海云太砼制品有限公司由于经营不善,拖欠村委会

30万元租金未交。张巷村"两委"班子多次听取党员代表议事会成员和村内老法师的建议,多次改进解决方案,最终以终止租赁合同,腾退厂房,收购不动产设备等系列方案逐步解决问题。三是谋定依法行,行"两委"班子可行之事。涉及"三资"问题、"三重一大"的事项,依法必须交由村民自治组织表决,"两委"班子积极做好相关的宣传动员和舆论引导,谋求共识。王金村5组村民为土地租金补偿问题与村委会发生了分歧,"两委"班子通过讨论,认为村民要求补偿有合理的地方,确定了按政策逐年分步骤提高补偿金额的方案。在表决之前,该村民组的党员代表和村民组长上门做好方案的解释工作,提交村民代表大会表决一致通过,使问题得到圆满解决。

(3)完善骨干理事机制,进一步简政放权,实行基层群众自治。积极培育基层自治骨干。抓住党员、群众中的积极分子、骨干力量和群众团队带头人,通过他们去团结凝聚更多的群众。切实做好党小组长、党员骨干、楼组(村民小组)长、各类群众团队负责人、业主委员会负责人、社区内的各类代表人士的凝聚、引领和相关培训工作,挖掘培养更多的优秀骨干。同时,通过区域化党建,依托"双结对"、在职党员到社区报到等载体,整合在职党员力量和区域资源,共同参与基层群众自治。在村居自治实践中,并不是所有民生工程、为民实事都能得到群众拥护,也出现了一些"好事不易办、好事不叫好"的尴尬现象。如先锋村在新农村改建中,涉及污水纳管工程,但对于污水池的选址,多次引起群众争议,选在哪最合适,单凭村"两委"一句话决定,势必会引起一部分群众反对,留下矛盾隐患;通过协商议事平台讨论,将工程具体的选址、施工现场的监督等事项放手由各小组党员代表、小组长组织各小组户代表内部协商,确定方案和监督人选,由群众自我决定,最终化解了矛盾,使污水纳管工程顺利实施。朱家角镇在总结村居实践经验后,积极破除基层党组织"包办一切、代替一切"的工作模式,针对可以交托群众实施的事项,以支部引导、群众内部协商办理的办法,完善群众团队理事机制。特别是在"两委"班子的决策实施上,通过简政放权,明确责任,交由辖区内可以担当的群众团体理事,从而激发群众参与自治的内在动力。张马村根据农业发展和农民增收的迫切要求,注册成立了"上海泖塔茭白专业合作社""上海泖荡稻米专业合作社""上海泖蓝蓝莓合作社",把原来由村委会承担的工作交给了专业合作社。在合作社负责人带领下,社员定期开展农业科技培训,不断提高农产品的质和量,实现了自主经营和管理。大新街居民区党支部应群众所求,在街区里创意建设"开心花园"。考虑到读书会中有很多楼组长和园艺爱好者,支部将这片花园的管理任务交给读书会,通过读书会骨干的宣传发动,成功组成了一支30人的养花小组,每周5人轮流打理这片花园,使居民的生活环境更加美好。

2. 问题及原因。(1)基层党组织对于群众自治工作的领导和服务尚未充分到位。一是覆盖面不全。基层党组织在群众自治中发挥领导核心作用的广度不够,一些新成立的群众自治团体游离在党组织领导之外。二是渗透不深。基层党组织领导作用发挥的深度尚待精进,一些自治团体对于党组织的领导作用尚未完全领会。三是针对性不强。对于群众自治工作中日益涌现的新问题、新情况,党组织实施领导的针对性和有效性有待进一步加强。四是适应性不够。不能充分满足群众自治出现的新需求,特别对群众自治团队的需求满足能力不足。

(2)村居党组织对新型自治团队的领导能力有待提高。村居党组织对村居委会、工青妇等传统组织的领导能力较强,但对于一些新型自治组织的领导能力尚显不足。一是基层党组织,特别是党务负责人,思想上没有充分重视,对于将新型自治团队纳入党组织领导下的意识不强,在开展各项活动中对团队的引导和整合力度不够;二是对于新型自治团体的领导方式不灵活,办法创新不够;三是新型自治团队成员身份多样,特别是农村合作社之类,自主经营管理,基层党组织渗透力度和水平不够,领导作用发挥有限。

(3)党员、自治骨干和群众参与自治的机制有待完善。目前,基层干部对基层群众自治的机制理解还不透彻,虽然基层干部个体工作能力较强,宁愿自己加班加点、努力完成工作,但缺乏组织和发动群众一起做事的能力和魄力;随着群众民主意识不断提升,村居党组织与群众有效沟通与协调的平台已跟不上群众需求,难以对群众参与进行有效动员和组织。此外,作为村居民群众自治组织的村居委会所从事的工作中,来自上级布置的任务和工作要求较多,真正来自居民群众提出的议题较少。这些问题在一定程度上影响了党同群众的密切联系,影响了乡镇基层的活力,也影响了乡镇基层治理水平和基层工作水平的提高。

(三)进一步发挥党组织在基层群众自治中作用

1. 健全基层党组织领导基层群众自治的组织保障机制。(1)优化基层党组织设置布局,为基层党组织发挥作用提供组织保障。破除基层党组织设置单一化、封闭化的弊端,根据经济社会结构的新变化,按照"有利于发挥党组织政治优势,有利于优化资源配置,有利于凝聚和服务党员"的原则,对村居党组织设置进行优化调整。适应党员活动多样化的需要,根据地域相连、从业相同、兴趣相近等因素,在有条件的群众自建团队和社会组织中建立党小组或联合党支部;适应农业经济产业化发展的需要,将基层党组织设置向农村新经济组织延伸,把基层党组织建立在专业协会、专业合作社中。通过构建"以村党支部为主体、特色党小组为基础、新经济组织党组织和社会组织党组织为补充的新型组织体系",通过构建"党组织—党小组—党员"的网格化组织网络,找准基层党组织在群众自治中发挥引领作用的着力点。

(2) 建立基层党建长效投入机制,为基层党组织发挥作用提供物质保障。将相关工作经费纳入年度预算中,将工作开展过程必要的经费支出和协商议事平台长期运作的经费保障落实到位。加大对基层党建工作的政策支持,切实解决好基层党组织活动阵地、活动经费等问题。可采取财政补贴、以奖代拨、党建项目化管理、城乡结对互助等方法,多渠道筹措资金,从根本上解决部分村居活动经费不足问题。

(3) 完善基层民主政治建设措施,为基层党组织发挥作用提供制度保障。着眼于党组织工作规范化、村民自治法制化、民主监督程序化的目标,大力推进基层民主政治建设。落实好"村党组织实施决策组织权,村民和村民代表会议实施决策表决权,村委会实施决策执行权,村民议事组织实施决策监督权"的"四权决策制度",发挥基层党组织的领导核心作用。健全"两委"班子会、党员代表议事会相关会议制度,建立定期研究讨论和了解掌握本村党组织决策、党内事务管理、村级重大事务管理等工作的载体,通过发展和实践协商民主,积极创造党员代表和群众骨干参政议政的载体和途径。

2. 改进党组织对基层群众自治工作的领导方式。村居党组织对基层群众自治的领导主要是发挥党的政治优势和组织优势,要改进领导方式,在价值引领、组织动员、支持服务、统筹协调、凝聚骨干方面发挥主导作用。

(1) 价值引领,为基层群众自治注入向善精神。村居党组织为基层自治提供正确导向,在党员、群众中进行思想发动和教育宣传,凝聚和增进共识。一是通过党员代表加强政治引领。充分依托党员代表议事会、党代表联系群众等制度,发挥党员代表在党员和群众中的舆论喉舌作用,营造与党的领导理念和目标价值相统一的思想氛围。二是通过群众骨干加强宣传引导。通过协商议事制度和载体，加强对群众性自治团队负责人和骨干的联络和教育，以群众骨干为媒介来凝心聚力。三是通过活动进行教育感化。党组织广泛开展服务群众活动，在丰富群众文化生活、改善民生、促进就业等方面发挥作用，进一步顺应民意，贴近民心。四是通过树立典型传播正面能量。宣传报道群众自治活动中涌现出来的先进人物和先进事迹，弘扬社会正气，传播先进文化。

（2）组织动员，为群众自治构筑宽广平台。大力支持群众组建各类群众自治性团体、组织，通过村居党组织凝聚团队骨干、组织负责人，搭建协商议事活动平台，在培育各类组织、提高群众组织化程度和有序参与方面发挥主导作用，发挥这些组织在反映诉求、协调利益和化解矛盾中的作用。动员和组织广大党员和群众骨干积极参与民主管理和志愿服务，激发广大人民群众参与社会建设和公共事务的积极性、主动性、创造性，为经济社会发展创造更加良好的社会环境。

（3）支持服务，为群众自治提供组织赋能。基层党组织在引导、支持村居委会、业主委员会，以及依托里弄、楼组和群众团队组建的各类组织依法独立开展活动的同时，加强和改进服务，团结凝聚这些组织。明确义务和责任，进一步简政放权，将党支部发挥领导核心作用、村委会行使行政管理职能、社会组织直接服务群众三者有机统一，加快完善"支部领导、'两委'负责、社会协同、公众参与"机制，构建多层次、多方面、多样性的社会服务管理体系。通过服务，发挥群众性自治组织在社会建设、社会管理、社会服务中的作用，使群众各种正当权益得到有效保障，营造和谐有序的社会关系。

（4）统筹协调，为群众自治优化资源配置。充分发挥党组织的组织优势、执政资源，探索建立党建共建联席会议制度和党群协调机制。建立辖区内各类型党组织负责人联席会议，进一步整合资源，统筹区域发展事务，协调各类组织与组织之间、社区与周边单位之间、基层自治与政府管理之间的关系，了解群众性自治团体的矛盾诉求，代表这些组织或群众向镇党委、政府反映情况，寻求支持和破解难题。建立党员代表和群众骨干的协调联动机制，由党组织书记带头，党员和群众骨干参与，充分应对群众自治工作中出现的新问题、新情况。

（5）凝聚骨干，为群众自治夯实队伍基础。村居党组织通过加大培养、加强联系、提供支持等多种方式，团结和凝聚群众骨干分子和群众团队、社区其他组织的带头人，使之成为党组织领导基层群众自治的重要力量。同时，发挥党员的先锋作用，把更多的党员培养成为群众工作和群众团队的骨干，以"党员主导团队、团队凝聚骨干、骨干服务群众"模式来凝聚共识,实现价值引领,为更好发挥党组织领导核心作用奠定基础。

3. 建立健全党群复合治理的协商议事平台。人民当家作主是社会主义民主政治的本质要求,也是基层群众自治的精髓。要在村居民大会进行民主自治的基础上,建立一些更富包容性、开放性和灵活性的组织与工作载体,作为基层群众开展民主协商、议事理事的平台。

(1) 扩大参与主体,搭建党群协商议事平台。在党员代表议事会成员的基础上,广泛吸纳各方面的群众代表和骨干。党群协商议事会成员构成大致分为三类:一是当然成员,包括村居"两委"班子成员、大学生村官、后备干部,以及党员代表议事会代表;二是群众骨干,包括群众自建团队的负责人、村居民小组长代表及村居民代表;三是社区内的各类代表人士。如党代表、人大代表、政协委员、在职党员、群团组织负责人、当地有影响的德高望重的老同志等。

(2) 实施常态管理,规范协商议事运行机制。一是定期协商理事机制。定期召开联席会议或工作例会,特殊情况下也可召开临时会议。二是日常接待联络机制。定期接待联络群众,并广泛开展群众咨询、民意收集、信息反馈等沟通交流活动。三是多环节程序运行机制。"提"即收集信息,提出设想,进一步扩充商议的内容和主题;"商"即征询意见,民主协商,确定议题;"议"即协商理事会进行讨论,涉及村居重大事项的,提交党员代表议事会商议;"决"即按规定程序开展决策,在充分听取意见和酝酿成熟基础上,由"两委"班子讨论决定,需提交村居民代表会议或村居民大会表决的必须程序到位;"示"即将决策结果予以公示,结合党务公开、村务公开等一并实施;"行"即根据决策执行和落实方案;"馈"即跟踪实施过程,收集情况,达到事中、事后的监督与完善。

(3) 整合各种资源,提升党群协商议事的成效。党群协商议事平台在功能发挥上应起到协商议事、凝聚共识和组织动员的作用,成为党组织领导群众开展民主自治的重要平台。除了村居层面统一建立的工作平台,对于社区内其他具有民主自治功能的各类组织和工作载体,以及一些发挥自治功能的群众团队、社会组织等,只要是有利于扩大群众参与,保证群众参与的有序有效,都应给予支持、鼓励和服务,从而不断拓宽群众自治的范围和途径,丰富群众自治的内容和形式。要注意与原有的一些党建制度相辅相成,如与"四议两公开""组团式联系群众""双报到"等制度有机结合,提升党员和群众共同参与协商议事、实施民主自治的能力和水平。

总之,加强党组织领导的基层群众自治工作,对于深化基层民主、改进社会管理、做好群众工作具有重要意义。在基层党组织领导下,通过广泛的基层群众自治实践,使民主成为群众看得见、摸得着的民主,让群众通过切身感受体会到社会主义民主制度的优越性,从而有利于党组织进一步凝聚群众、发动群众。开展基层群众自治,把多元化的社会群体有序有效地组织起来,通过加强交流、合作、协商和参与,实现协调利益、统一思想、达成共识,最大限度地增强社会活力,促进社会和谐。在基层群众自治工作中,要始终注重并充分发挥党组织领导作用,健全党组织领导下的充满活力的基层群众自治机制。

二、构建党群复合治理的良性关系[①]

违章搭建、违规营业等使城市公共部位乱象丛生、险象环生,直接影响到区域综合竞争力。为适应治理现代化新要求,满足群众美好生活新期待,2013年初,赵巷镇开始了"三项整治"行动(即整治违法建筑、整治无证经营、整治市容环境)。为使整治取得成效进而形成长效,赵巷镇改变了过去政府单打独斗和"头痛医头、脚痛医脚"的做法,顺应治理客体和治理过程复杂化的形势,着力构建党领导下的复合化治理主体和法治主导下的协同化治理手段,实行工作联勤、治安联防、问题联治、矛盾联调、平安联创的"五联"工作体系,形成了"党委领导、政府负责、社会协同、公众参与"的社会治理新格局。在党群复合治理实践中,赵巷镇运用多种公共关系策略,实现了为了群众、依靠群众、引领群众的良性互动和效益累进。

(一) 党群复合治理中的愿景沟通策略

自觉的集体行动需要有共同的愿景。一项公共行动,即使是代表公众利益的,也须通过有效的沟通,让群众理解其因由,在过程中感受到尊重,方能赢得群众的赞同,进而形成行动上的呼应。赵巷镇围绕美丽、平安、法治的共同愿景,与基层干群开展沟通,形成了稳固的沟通机制,创造出多样的沟通形式。

1. 讲时势,引领社会期望。赵巷镇是一个小地方,但它与国家发展大势和社会发展脉搏是相连的。在信息技术高度发达、权利意识日益高涨的今天,任

[①] 这是基于青浦区赵巷镇"三项整治"案例的进一步思考。

何涉及广大群众利益的公共行动,要得到群众的普遍认同和自觉参与,都须有坚实的法理基础和宽厚的道义基础。赵巷镇从党的十八大对生态文明建设的重视中,敏锐捕捉到未来发展的新亮点和新要求,利用学习党的十八大精神的契机,结合镇区发展实际深入查找问题,特别是生态文明建设方面的薄弱环节和瓶颈问题,展开大讨论,使党员干部对问题集中区域形成了共识。结合这些问题,呼应上海市委一号课题——"创新社会治理、加强基层建设"研究,赵巷镇重点就人口调控、市容环境治理、社会治安综合治理、大联勤模式等开展调研,对基层治理的经验教训、现实要求和备选策略有了一本明白账。随后,利用近年来刑事和治安案件数据,特别是2013年初火灾事故的惨痛教训开展全面动员,并借全区综合安全整治的东风形成强推之势,促成"整治违法建筑、整治无证经营、整治市容环境"的社会共识。在整治开展起来以后,又通过"大讨论、大家讲、大声讲"等形式,波浪式地推进,进一步让群众认清时势、认同愿景。

2. 讲理性,促进利益和解。尽管希望有良好的秩序、美丽的环境和平安的社会,但"违建"也确实给有些群众带来了可观的收入,拆违就意味着要动他们"最直接最现实的利益"。赵巷镇用"四看法"引导群众算大账、算长远账。

一要看法理。尽管来沪人员的租住有巨大的需求,搭建出租有很大的利益,但建立在违法基础上的收入,本身就具有脆弱性。如果违法成为常态,秩序受到侵害,平安就缺失了基础。

二要看全面。不仅要看到收益,也要看到背后的责任和风险,认识到这些责任和风险,走险获利就不是那么诱人了;违法建筑带来卫生、安全、环境隐患,造成公共资源压力,不仅影响到本地居民的正常生活,而且伤及地区的和谐发展。

三要看长远。拆违在短期内,是要减损一些人的收入。但是租房市场规范起来了,交易成本就会降低;基本环境改善了,租客结构也能相应改善,不仅社区文明程度会提高,房租价格也会相应提高。

四要看关联。开展"美丽乡村"建设、"两点一路"创建,[①]让群众切实感受到整治带来的喜人变化。同时,美丽乡村建设又构成新的吸引力和竞争力,为村庄发展和个人谋业提供了新的机会。

3. 讲情感,贴近群众心理。一是破解"疑"。针对群众的疑虑,赵巷镇按照

---

① 各村居自行选取辖区内的两个区域和一条道路作为市容环境先行改造对象。

"镇管干部率先示范,机关工作人员、事业列编人员和各村居条线干部带头跟进,财政供养人员从严要求,普通群众一样对待"的顺序展开拆违工作。对干部涉及的违建和拆除情况,逐一进行公示,接受群众监督。实施旧材料回购、出台试点奖励办法等,对响应政府号召、守法合规、积极配合的群众进行鼓励。

二是针对"难"。建立三级民情收集制度,形成"民情台账"和民情联系网络。实行问题"四分类",即当场解决类、协商解决类、逐步解决类、寻求解决类,切实增强服务实效,帮助解决群众实际困难。比如,为就业困难的家庭提供就业指导和推荐;为身患重疾者争取大病补贴;为家有智障儿童的联系康复院,并减免部分费用;为没有独立厨房间的住户解决公用厨房,等等。

三是借用"缘"。采用"1+X"自主结对法。其中,"1"是由机关干部、企事业单位党员干部、村(居)干部、"两代表"、村居党小组长、楼组长(村民小组长)、大学生村官、群众活动团队负责人、结对共建单位党员骨干和退休党员等各类人群共同参与组成服务团队,"X"是指按照30—50户村(居)民家庭和3—5户企业为一个块区的原则,合理划分各服务团队的服务对象块区。镇管干部、公务员、机关干部、编制人员、后备干部等与违建户自行结对,利用各种社会关系寻找突破口。老干部、党员骨干、村民组长带头拆除自家违建,对身边的违建户动情晓理。

四是避免"孤"。采用"联组结对"方法,实现类群沟通,即将相似的村居进行联组,相互交流,总结经验,寻找差距,开展"比学赶帮超"。定期刊发《三项整治简报》,扩大和巩固沟通效果。

4. 讲效果,丰厚沟通底气。除发挥在职干部作用外,还特别重视发挥以下人员的作用:

发挥村民小组长的作用。村民小组长不仅在物理上而且在心理上都是与村民距离最近的人,通过这个"神经末梢",延伸联系和服务群众的触角,更快、更细地掌握了基层情况。

发挥"五老"作用。建立党员"银发工作室",利用老干部、老党员、老劳模、老先进、老教师的德望,做好宣传、沟通和调解。"银发工作室"是由各村(居)在党员代表议事会的基础上,挑选8—10名、具有相当威信和资历的老党员、老干部组成银发党员队伍,不但负责对村(居)重大事项的监管,做好群众调解工作,还对社区内不稳定因素进行排摸,开展志愿服务活动。目前,全镇11个村(居)已有96名"银发一族"参与了工作室活动。

发挥"典型"的作用。让那些唱过反调的人出来做宣传,起到异乎寻常的效果。Q某是F村的一个村民组长,67岁(2014年),为人直爽,脾气倔强。对待拆违,最初持有很大的抵触情绪,还写了打油诗"唱反调"。村"两委"班子多次上门走访,讲解政策,消除误解,逐步打消了他的抵触情绪,不仅拆除了自家的违建,还成为"巡回讲进村组"宣讲团的一员,劝导其他群众积极配合政府拆违,为"三项整治"传递了正能量。

(二)党群复合治理中的信任促进策略

信任既是指对他人行动将带来的利大于弊的明确预期,也指"不迟疑地,在信任驱使下接受大量的社会秩序的特征"这样一种普遍能力。[①] 信任既是维系合作关系的黏合剂,也为日常生活提供社会秩序的基础。"三项整治"让相当一部分群众的"既得利益"受损,但却没有造成党群干群关系的疏离,反而使关系更加密切,原因之一就是运用了恰当的信任促进策略。

1. 信任切入策略。社会学把人际关系分为特殊主义与普遍主义两种。特殊主义是根据行为者与对象的特殊关系而认定对象及其行为的价值高低,普遍主义则是独立于行为者与对象在身份上的特殊关系。特殊主义与普遍主义的人际关系产生两种不同的信任结构:普遍主义信任和特殊主义信任。特殊主义的信任范围狭小但全面、强烈,普遍主义信任范围大,但强烈程度不及特殊主义信任。普遍主义信任背景下,更倾向于市场交易,而特殊主义背景文化更倾向于关系性交易。"1+X"自主结对机制,就是以特殊主义信任促进普遍主义信任。它利用重人情的社会心理,通过基于亲情的点式切入法,更快捷地建立信任,更有针对性地开展沟通,更及时也更到位地回应了对方的关切。这种信任建立方法具有借鉴意义。一般的社会治理过程,也可以从小众入手建立信任堡垒,渐进拓展信任。除亲情外,还可以利用"人以群分"的特点,巧妙地设计信任的桥梁。

2. 信任传导策略。一是骨干示范。在"三项整治"中,干部先拆起到很好的示范作用。在此基础上,赵巷镇党委、政府形成了易被信任的人格特性:其一,坚定维护公共利益。尽管知道会遇到社会阻抗,具有操作难度,但仍不畏艰

[①] 〔美〕罗德里克·M.克雷默、汤姆·R.泰勒编:《组织中的信任》,中国城市出版社2003年版,第23页。

难、敢于承担。其二,真诚敬重群众意愿。通过党内民主与党外民主相结合,保障群众知情权、参与权,集中民智、凝聚民力。真诚回应群众关切,竭力增进群众利益。其三,忠实信仰法律规范。通过制度规范和监督落实相结合,形成按章按制决策、办事的机制;通过带头践履法律、制订公平规则、操作阳光透明等,提升社会的法治信仰。

二是伙伴感召。开展系列巡讲、巡演、巡展活动,分享群众经验,营造浓厚氛围。在基层单位开展"自主创新""自觉拆违"和"自我目标管理",在单位部门间形成"比学赶超"的良好势头。开展"作表率,党员公开承诺"活动,全镇所有党员都签订了"主动拆除违法建筑,确保家中无违建"的承诺书。

三是善意维护。包括清楚表达行动目的,即为了群众根本利益、为了地区长远发展、为了社会和谐安康,避免社会对行为动机的曲解和误传。坚持疏堵互补。对限期不拆的坚决予以强拆,有效维护了制度权威;同时,坚持以疏导为主,允许用时间观察,耐心做解释工作,实现干群之间情感的良性传递和理性的相互吸纳。用心修复有效引导。抓住可能侵蚀信任的关键事件,在妥善解决的基础上,将其化为培育信任的有机养料。对拆违过程中的伤亡事件,赵巷镇通过及时介入、全程关注、细心照顾病人及家属,赢得了家属的理解和支持,解除了有些干部的畏难情绪,消除了部分人员的涣散情绪。

3. 信任巩固策略。真切关照利益。持久信任建立在对利益的真切关照上。针对整治之后部分群众收入减少和实际困难,如何另开财源、照顾生活;如何丰厚村级经济基础,增强基层造血功能;淘汰落后企业之后,后续产业如何快速跟进等问题,赵巷镇通过提升美丽乡村建设内涵、引进高端企业、关怀弱势群体等方式加以解决。

坚持阳光操作。先对违建户主、所在单位、申请帮拆日期、最终拆除日期等经核实后予以公示,整治后经"四查四看"检验合格,再同步依次公示,接受社会群众监督,坚决兑现承诺。

建立长效机制。以各类创建项目来改善环境卫生,以完善村规民约来促进自治管理,以明确责任主体来确保问题处置,以规范房屋居住来强化人口调控,以制订相关制度来落实部门考核,以把握属地原则来完善长效管理,以政策实施保证工作效率等。

涵养公共精神。着眼于新型共同体建设,实现不同社会主体在功能上的互补、行动上的协调和资源上的整合,推进共同体精神培育与发展,以形成新型信任纽带;以共建共享为目标指向,形成城乡发展的公共议题,激发社会成员的普遍关注和热情参与,提升居民"共同家园"的荣誉感和归属感;注重社区公共文化和自治精神的培育,引导居民积极参与社区公共事务的管理和各项活动,为共建美丽家园提供道义支持和精神动能。

(三)党群复合治理的法治支撑策略

违法建筑关涉群众重大利益,成因非常复杂,处理难度很大,因此以拆违为核心的"三项整治",必然要更多地运用法治思维,更巧妙地运用法治手段。

1. 遵循法治路径。一是焦点事件的法治化处理。2013年初的出租屋火灾事故是"三项整治"重要的触发因素。面对惨痛的事实和死者家属的诉求,赵巷镇没有局限于把事情"搞定",而是深刻意识到事件处理方式的后续影响,领导达成一致意见,坚持"用法治思维解决社会矛盾",做到"调处有底线、化解有底气"。先后组织召开党代表、人大代表、群众代表听证会,邀请法律专家和司法所人员做研究分析,听取各方意见、建议,最后裁决死者家属可获45万元的赔偿。但不是由政府买单,而是由两位房东承担,从而让现实的和潜在的房东产生了风险意识。事件的法治化处理,为"三项整治"奠定了奉法行事的社会心理基础。

二是整治过程的法治化运作。包括:(1)方案制定法治化。方案制定过程,除了进行深入的调研,广泛听取的意见,还请专业律师进行仔细审查。(2)过程推进法治化。执法过程严格要求程序到位,由专业律师制定"拆违"工作司法流程及相关文书,对屡教不改、拒不配合的,按照程序采取综合执法。(3)难题化解法治化。对群众晓以大义,同时出台《旧材料收购办法》缓解对抗情绪;对于困难群众,既要在坚决拆违上不含糊、不打折扣,又给予必要的帮扶和救助;完善镇村建设规划,出台配套政策,解决控制地块群众的实际问题。

2. 依托法治资源。青浦区街镇层面普遍聘请了律师作为法律顾问,村(居)层面聘请律师或者法律工作者作为法律顾问的占20%左右,赵巷镇实现了镇村(居)聘请法律顾问全覆盖。镇(街道)、村(居)法律顾问针对土地承包经营权、农村建设用地使用权、宅基地使用权、拆违整治及征地补偿等问题,提供了大量的优质法律服务;他们协助做好基层信访工作,以第三方身份引导当事人通过法律途径解决问题,化解或缓解了社会矛盾,或者为信访案件提供法律意见,配合基层组织及时处置涉法涉诉信访疑难问题,预防群体性事件的发生,为处理重大突发事件和群体性事件提供法律服务;参与各类法制宣传教育活动,推动法制宣传教育的普遍化、常规化和制度化;积极回应基层群众的现实诉求,切实保护基层群众的合法权益,促进形成良好的基层法治文化氛围。赵巷镇实行镇政府与律师事务所签订法律顾问合同的模式,[①]其优点是:(1)律师事务所作为团队无论在专业能力上还是所拥有的时间、精力上都优于律师个人;(2)解除了部分村(居)由于经济因素无法聘请律师顾问的后顾之忧;(3)便于发挥镇司法所统筹管理、协调关系、整合资源的作用。建立法律顾问公开选聘、考核评估机制。服务达不到约定要求的,相应扣减报酬;群众意见较大的,可建议不再续聘。完善镇、村(居)法律顾问各项工作制度。要求被选聘的律师事务所开展有关国家政策、社情民情及法律业务的学习与交流,以不断提高法律服务水平和能力,满足日益增长的基层法律服务需求。作为一种专业性的社会力量,律师的介入不仅丰富了基层治理的主体,而且提升了基层治理的品位。他们对管理者的"主意"是一种前置的校准,对众说纷纭的纠纷是一种心智的范导,对愤激群众的"情绪"是一种理性的疏导。

3. **培育法治精神**。一是加强法制宣传,引导社会预期。坚持违法必究、执法必严,加大对违法行为的惩处,不让违法者获利,而让守法者得益,促进形成不愿违法、不能违法、不敢违法的法治环境,本身就是很好的法治教育。同时,利用各种宣传阵地,及时公布相关政策文件;围绕合法与非法、权利与义务、受益与风险等问题做思想工作,引导形成办事依法、遇事找法、解决问题用法、化解矛盾靠法的社会风气。

二是完善村规民约,培养法治精神。以村"两委"换届选举为契机,推动全镇各村修订完善《村规民约》。开会和入户征求意见,将整治工作中的热点、难点问题纳入其中,健全党支部、党小组、村民小组三级管理组织体系,划分村域责任包干,负责村规民约的遵守和执行,形成全体村民的最大公约数,将法治建设延伸到基层。如规定每户租住人数、出租间数标准,解决群组问题;约定不饲养家禽、不种植高杆蔬菜等,解决村内环境脏乱差问题。

(四)党群复合治理中的力量统合策略

"三项整治"能够取得成效,还在于对广大治理主体的热情和智慧的有效焕

---

① 由镇政府作为签约主体与一家律师事务所签订法律顾问合同,服务对象涵盖镇政府及所辖的村(居),统一给付律师顾问经费,并由司法所统筹负责服务对象与律师事务所之间的沟通协调的模式。

发和积极引导。在基层群众自治与区域化党建、政府行政管理有序衔接基础上，采取多元复合联动协作模式，不仅加强了职能部门的联合，更形成了政府与社会、党组织与群众的良性互动和协力共治，进一步完善了基层党群复合治理结构。

1. 主体整合。发挥党委、政府主导作用，适应公共事务多样化、复杂化、动态化趋势，引入社会力量和市场资源，让群众参与到社会治理和社区建设中。

一是组织优化。建立坚强有力的组织架构。成立由镇党委书记任总指挥，镇长、副书记（政法）分别任第一、常务副总指挥的"三项整治"指挥部，下设5个工作组（整治认定组、工作督导组、信访接待组、宣传报道组、后勤保障组），确保工作有人做、责任有人担，强化了党委、政府在复合治理中的主导态势。优化基层组织的运行网络。通过构建以村（居）党支部为主体、特色党小组为基础、新经济组织党组织和新社会组织党组织为补充的新型组织体系，构建"党组织—党小组—党员"的网格化组织网络，找准基层党组织在群众自治中发挥引领作用的着力点。搭建各展其能的参与平台。注重与现有党建制度相辅相成，如"四议两公开""组团式联系群众""双报到"等制度相结合，提升党员和群众共同参与协商议事、实施民主自治的水平。在法定民主自治基础上，建立一些更富包容性、开放性和灵活性的组织与工作载体，拓宽自治的范围和途径，丰富自治的内容和形式。提升基层党组织领导各类社会组织的能力，既注意团结群众骨干分子和群众团队、社区其他组织的带头人，使之成为党组织领导群众开展自治的中介；又注意发挥党员先锋作用，把更多的党员培养成为群众工作和群众团队骨干。

二是利益联结。包括通过规划导向和经费保障，推进社区自治，实现社会治理评价体制的创新。比如，实行旧材料回购补偿、社区创建试点奖励、房屋规范租赁奖励等政策，有利于工作的推进和成效的巩固；[1]通过购买公共服务，形成与经济社会发展相适应、高效合理的公共服务资源配置体系和供给体系；[2]通过完善社会关怀和帮困体系，有效减少了社会阻抗；[3]支持社区内部群众互助，

---

[1] 特别是对无出租的村民、违建面积比较少的村民家庭，效果更是明显，村民都愿意享受该优惠政策而配合拆违，新增无证经营的势头得到了有效遏制，原先宅基周边乱堆乱放、鸡鸭散养等现象明显减少，村容村貌进一步改善。

[2] 赵巷镇大型居住区由第三方承担部分社区管理职能，从传统物业管理延伸到家居生活管理等，搭建各类互助互动平台，比如兴趣社团、团购平台等，效果很好。

[3] 完善包括最低生活保障、特困人员供养、受灾人员救助以及医疗、失业、义务教育、住房、临时救助等专项救助在内的社会救助体系框架；分类精准扶贫困家庭；鼓励、引导和动员慈善组织、志愿者、企业等各方力量参与社会救助；支持社区内部群众互助，发挥邻里守望功能等。

发挥邻里守望功能等。

三是信息相通。通过大讨论、大家讲等宣教活动,通过《整治工作简报》、各种媒体和村务公开栏的宣传报道,公布相关政策,通报整治进度,弘扬社会正气。依托党员代表议事会、党代表联系群众制度等,发挥党员代表在党员和群众中的信息传导和舆论引导作用。通过协商议事制度和载体,发挥群众骨干凝心聚力的作用,让政策措施更加顺应民意,贴近民心。发挥各类自治性团体反映诉求、协调利益和化解矛盾的作用。动员和组织广大党员和群众骨干参与社会事务的民主管理和志愿服务。建立健全社会组织、人民群众等有关社会治理主体对党群关系和干部政绩的双层考评机制。建立服务群众的承诺制度,公开各类岗位规范、工作流程和监督渠道,方便群众办事,利于公众监督。

2. 制度耦合。一是在机制上实现规章耦合。建立一套完整的工作制度,包括工作例会制度、文件传阅制度、"四天工作"机制、"四个到位"机制、公示制度、挂牌督办制度等。强化制度落实,如"四天工作"机制和"挂牌督办"等制度规定具体明确;文件传阅、工作例会、数据统计等事项都有操作说明;违章自查、拆违申请书和承诺书都有统一格式。

二是在流程上实现责任耦合。包括:压实属地管理责任。镇层面出台村(居)综合考核办法,包括"三项整治"工作、人口调控工作、文明镇创建工作等具体考核细则。[①] 强化责任追踪机制。组建长效管理督查中队,[②]形成"巡查—记录—督办—通报—追责—汇总"的工作机制;出台"四个到底"督导新机制的意见,从源头上查找,在流程中问责,提升了工作效率;收集反映较多、较大的问题,整理备案,供相关领导和部门决策;协助并监督职能部门和属地村(居)处置好相关问题。归并网格中心责任。依托"大联勤"工作机制,在制度和队伍建设方面进行改革创新,成立镇城市网格化综合管理中心,做到地域全覆盖、时间全天候,确保问题的全发现、全处置、全跟踪。

[①] 如明确规定了农村建房及用地管理考核办法,规定违法建筑坚决不得出租等村居管理考核办法,从源头上落实长效管理,压实村居属地责任;出台了《赵巷镇关于加强和改进村民小组长队伍建设的实施意见》,进一步完善村民小组长考核制度,提升长效管理属地人员队伍的专业化管理水平。

[②] 每天按时开展巡查工作,全方位进行督促和检查;在督查日志上填写当日发现的问题及巡查情况;对发现的各类新增反弹问题,及时开具《督办单》至属地村(居)和相关职能部门,并联系相对应的督导组;对在规定的时限内未处置完成的,上报至"三项整治"指挥部办公室,由办公室进行书面通报,直至问题妥善解决;对明显存在不作为、乱作为的人员,由督查员提供证据,指挥部办公室对涉及人员进行追责;每周将基本情况分类汇总至办公室,对那些经常出现类似问题的村(居)进行严格考评,并纳入年终考核。

三是在操作上实现方法耦合。先后出台了《"城中村"整治后长效管理工作目标责任书》《村（居）修订〈村规民约〉〈居民公约〉的建议》《市容环境长效管理问题发现与处置机制》《关于人口调控与"三项整治"工作实施"四个到底"督导新机制的意见》《规范居住房屋管理奖励试行办法》《发放"房屋租赁许可证"的试行办法》《长效管理百分考核机制》《存量（四大板块）违建推进节点》等十几个操作文件。同时，鼓励村（居）在总目标下，结合自身实际开展工作创新。

3. 行动配合。一是把镇域活动与上级任务结合起来。将"三项整治"与国家卫生镇创建、市文明单位创建、区综合安全整治和美丽乡村建设结合起来。各村（居）根据辖区实际，自行申报"两点一路""无违村组"和"清洁家园"创建试点，按照"六化"（净化、洁化、绿化、亮化、美化、序化）与"六美"（环境秀美、布局优美、产业精美、生活富美、服务完美、社会和美）的要求，深入开展农村环境整治，优化村庄建设布局，通过扮靓"景"，做亮"点"，凸显村庄特色。

二是把相关职能部门力量整合起来。深化联创联建，优化大联勤模式，有效整合了基层执法力量。划分"四个片区"，实行1＋3＋X联勤模式。具体来说，就是"集镇片区"以综合联勤延伸为重点，建立集镇区域为单位的联勤延伸；"商业商务区"以志愿联勤延伸为重点，整合力量实现商区联勤全覆盖；"大型社区"以整合联勤延伸为重点，本着"属地负责、双重管理、综合协调"的原则，整合专职与兼职队员；"农村社区"以村级自主管理为重点，推动以"农村社区"为主的X联勤延伸模式。这样就把矛盾纠纷化解在内部、安全隐患消除在萌芽、服务在前端、解决在基层，实现基层社区的合理运作。

三是把专项行动与推进基层自治结合起来。比如，试点开展居民自治管理，试行物业自治；引入第三方进行专业化物业管理运作；实行"河道长"模式，由行业单位管理转为村民自治管理；社区定规立约，加强村民小组长队伍建设，提升自治规范和自治能力等。赵巷"河道长"管理模式将村级河道按照地域位置进行划分，以村为单位设立网格，建立"1＋1＋X"的自治管理模式。第一个"1"为河道的行业单位，将河道保洁职能以项目运作方式进行委托管理，职能定位由直接从事保洁转为对河道的指导、监督、考核。第二个"1"为村委会，作为行业单位的受托方，宣传发动，动员本村居民踊跃参与试点河道工作，成立河道保洁管理工作领导小组，对河道段承包者制订相关规章制度，同时对本村河道实施日常监督，直接赋予自治组织管理的职能。"X"为承包村民，作为承包方，按照行业服务标准，对承包河道段加强日常保洁，对河道白色垃圾、河面漂浮物进行打捞,做好高发季节的浮萍、水葫芦拦截,保证河道水清、岸洁。对承包责任人实行一级考核、二级监管的双重管理模式。村民自治组织管理建立河道巡查、考勤、抽查、整改、回复制度等各项措施,使承包作业管理更加完善,措施更加有力,从原来全镇河道统一管理变为分批、分块属地化运作管理,并以公开招标、竞标的方式实现个人承包,激发承包人的工作积极性和责任心;对群众反映的河道卫生环境问题,处置效率也大大提高;地方村民承包,群众基础较好,对河道乱扔垃圾行为有明显的遏制作用,河道卫生及周边环境问题大为改观。

三、推动基层异质性组织的有效共治[①]

青浦区朱家角镇历史悠久,宗教气息浓厚,自宋代以来各教纷至,佛教、道教、基督教、天主教四教汇聚,宗教场所保留比较完整,各类信众万人以上。几个大的宗教场所,不仅在镇内闻名,在青浦区内、上海市内乃至长三角地区都颇有影响。贯彻《中国共产党统一战线工作条例(试行)》、国务院《宗教事务条例》,落实习近平总书记在全国宗教工作会议上重要讲话精神,朱家角镇建立三级宗教工作网络和两级责任制,并积极探索宗教活动场所与所在村居结对共建共治。2015年10月22日,在区民宗办指导下,该镇牵头6个宗教活动场所与4个所在村居签订结对共建共治协议。共建共治实践加强了相互联系,增进了彼此了解,促进了责任共担,深化了共治自觉,扩大了互助互惠范围,形成了共建共享局面,谱写了和谐相处与相与为善的新乐章。

(一) 主要做法

1. 促进相互理解,珍惜共处之缘。所谓共处之缘,不仅包括空间上的邻近,还包括基于这种邻近的人员交叉、事务交汇、思想交流和情感交融。朱家角镇内经政府批准开放的宗教场所共有6处,其中城隍庙、圆津禅院、天主教堂地属北大街居委会,颂恩堂地属胜利街居委会,报国寺地属淀峰村,赐恩堂地属张巷村。此前,由于意识形态顾虑,或门户观念,除特殊情况外,彼此联系甚少,更

---

① 研究得到了中共青浦区委统战部和朱家角镇党委的大力支持,相关宗教场所和村居为调查提供了方便,梁海虹、徐珏等分享了真知灼见,一并致谢。有关数据截至2017年底。

缺乏及时性和实质性了解。镇党群部门走访6个宗教场所和4个所在村居,了解到双方需求,制订了《宗教活动场所与所在村居共建共治友好协议书》,建立村居基层干部与宗教活动场所负责人沟通协商制度,用机制化和制度化方式促进互动理解和互助共建。要求村居有关班子成员联系所在宗教活动场所及宗教界人士,采取走访、座谈等形式,一般每季度不少于1次。宗教场所与村居要以"远亲不如近邻"的态度把结对工作做好做实,为周边场所创建"文明和谐寺观教堂"做出积极贡献。有关部门和村居在宣传宗教政策及法律法规时,要听取宗教人士意见,为信教群众开展正常宗教活动创造条件、提供方便,保证合法宗教活动有序进行;同时引导信教群众依法、有序、健康、文明地开展宗教活动。

2. 遵循法治原则,夯实共识之基。朱家角镇宗教场所与村居结对共建共治实践,基于全面依法治国理念。在法治基础上,凝聚管理共识、义务共识和利益共识,这是宗教场所和所在村居共建共治的基础。围绕"共建法治中国"主题,按照"点面结合、动静映衬、区域互动"的思路,开展形式多样的民族宗教法制宣传活动,使全镇少数民族同胞、宗教团体以及广大村居民对民族宗教法律、法规、政策有了进一步理解和掌握,有效奠定了共建共治的思想基础。一是管理共识。健全镇、村居两级宗教管理网络,落实专人负责宗教工作,由所在村居党支部书记负责,并制订《朱家角镇基层宗教事务管理制度和措施》下发给各村和社区,加强村居依法管理宗教事务的能力。开展基层统战干部培训,提高民族宗教业务知识,提高依法管理宗教事务水平。加大宗教团体内部的依法管理:建立由该场所教职人员和信教公民代表组成的管理组织(管理委员会或管理小组),实行集体领导下的分工负责制,对场所进行民主管理;加强对场所主要负责人、传道人及管理人员法律法规和宗教政策的宣传教育,使他们自觉接受党政宗教主管部门的监督和领导,确保宗教活动在法律、法规和政策允许的范围内进行。二是义务共识。明确宗教活动场所管理属地化责任,政府主管部门定期组织检查,针对存在问题限期改正,也有责任推动宗教场所整体管理水平的提高,推进宗教活动场所建设;所属村居在发现苗头性、倾向性问题,遇到突发事件时要及时上报信息和跟踪事件发展;宗教活动场所要规范财务、安全、卫生、人事等管理,确保内部秩序稳定、环境整洁及周邻和谐。三是利益共识。以非正常宗教活动问题为例。某些信众不断地甚至顽强地从事非正常宗教信仰活动,不仅侵蚀着国家管理权威,消耗国家管理资源,也干扰了正常宗教活动秩序,侵害了正常宗教场所的利益。朱家角镇在加大问题发现和整治力度的同时,还充分利用新闻媒体等宣传阵地,采用多种形式,加强宗教政策和法律法规宣传教育,并注意利用正规宗教机构的影响。通过提升正常宗教活动场所的正气和吸引力,可以有效遏制和缩小非正常宗教活动的空间。

3. 创造平台机制,扩大共事之机。在签订宗教活动场所与村居委会共建共治友好协议书基础上,积极扩大双方共事机会,密切相互交往,深化内在联系。一是共同做好宗教事务管理相关法规的宣传。为有效达到民族宗教法制宣传效果,朱家角镇在主要交通路口和公共场所拉宣传横幅;在社区事务受理中心服务窗口放置民族宗教法制宣传台卡;在镇区设两块大屏幕24小时滚动宣传;组织清真监督员深入各清真拉面馆宣传《上海市清真食品管理条例》;引导各村居委对婚嫁入村的少数民族人员进行政策法规宣传。同时在社区开展反邪教宣传活动,增强社区居民的防邪、反邪思想意识,营造积极向上、健康和谐的社会环境。二是将宗教场所文明创建纳入区域文明创建。宗教场所开展酷暑送清凉,宗教宣敬老;佛光暖人心,成长伴我行;"送福到万家";为老人发放腊八粥;佛光暖人心,宗民一家亲;"茶语·琴语·禅语"为主题的禅茶会;为"东方之星"沉船遇难同胞和尼泊尔地震中遇难者举行诵经法会等一系列活动。这些善举得到了政府支持,宣传部门给予及时宣传,扩大了宗教善举的社会示范效应。镇领导和村居干部一起走访慰问宗教界代表人士,倾听他们的意见和要求,对他们扶贫助弱、尊老爱幼、热心公益、感恩社会、回馈大众的善念和善举表示赞赏。三是将宗教场所安全检查纳入区域安检范围。宗教场所的安全不仅涉及人员和财产保护,也是重要的文物保护内容。朱家角镇统战部门会同区民宗办、区国保办、区消防中队组成的专项检查小组,每年召开宗教场所安全会议。特别强调做好重大节日的宗教场所安全工作,要求:(1)消防到位。确保消防设施齐全,消防通道畅通,消防预案齐备,维护场所安全。(2)人员到位。为宗教场所各配备一名医务人员以防突发情况,并要求镇综治办、镇大联勤、镇派出所作好人员增援保障工作。(3)责任到位。要求各单位、各宗教场所切实做好宗教领域安全工作,确保节日期间宗教场所的有序、祥和、稳定。严格的检查增强了各宗教活动场所的安全防范意识,促进各宗教场所安全管理水平迈上新台阶。四是将宗教慈善活动纳入整体慈善事业范围。建立宗教活动场所与困难家庭结对帮困联系制度。村居委会对辖区困难家庭进行调查摸底,梳理困难家庭名单,与宗教活动场所协商后,确定困难家庭对象。宗教活动场所根据家庭困难类型,采取资助家庭困难大学生完成学业、探望大病重病家庭成员、对困难家庭进行节日慰问、为独居老人提供上门志愿服务等形式,向社会播撒温暖和关爱。

4. 扩大治理参与,建立共商之会。一方面吸引宗教场所参与面上的社会治理活动,另一方面引导村居协助宗教场所做好相关环境治理、安全管理和教际关系维护工作。其中,吸引宗教场所参与社会共治是主要着力点。一是联谊。成立"海上新力量·爱青浦——朱家角镇新的社会阶层人士联谊会",根据会员特长和地域不同,设立"尚都里水岸联盟"和"角里田间文化联盟"两个联盟,共同打造有温度的共享空间。[①] 加强村居与宗教场所的互动,形成彼此呼应和相互支持。加强宗教与民族工作对接。自2014年起报国寺昌智法师每年向区少数民族联合会朱家角镇分会捐赠助成长金1万元,用于第二代朱家角少数民族儿童帮困、科普教育等活动。几年的"宗民牵手"实践,为宗教与民族搭建起互动平台,用事实表征人间有真情,社会大和谐。二是联席。引导村居当好五大经典角色,即宗教场所的服务员、民族宗教政策的宣传员、上下沟通的通信员、维护稳定的安全员、化解矛盾的调解员,发挥村居社会综合治理潜能,营造团结和谐的社会氛围。同时,将宗教界代表人士纳入村居民主建设队伍,吸收他们为党群协商理事中心成员,参与村居自治管理。三是联建。共同开展社会主义精神文明建设创建活动,用社会主义核心价值观引领和教育宗教界人士和广大信教群众,因势利导、因地制宜地开展各种公益慈善活动,弘扬宗教文化中的优秀部分,抵制封建迷信活动,反对非正常宗教活动特别是邪教,共同创建文明村(小区),携手共建美丽家园。

5. 发挥特色优势,凸显共济之效。村居重管理,求善治;宗教重精神,博善誉。二者各有特色和优势,共治形成了同舟共济、相得益彰的效果。一是根据特色,确定职责。协议书要求村居:(1)做好信教群众的爱国教育,宣传党和国家的宗教政策,尊重自由信教,倡导爱教必先爱国。(2)配合街镇政府、办事处依法管理宗教事务。压缩非法宗教活动空间,遏制非法宗教组织滋生。引导广大信教群众到合法宗教活动场所过正常的宗教生活。(3)做好宗教场所周边的综合治理工作。把场所周边环境治理以及安全工作纳入村居日常议程,清除场所周边的安全隐患,确保环境卫生的整洁。(4)将宗教界代表人士纳入村居民

[①] "尚都里水岸联盟"以周末水岸集市为基点,开展各类文艺活动,传承特色地域文化,助力特色文创小镇建设;"角里田间文化联盟"以丰富农村居民精神文化为目的,搭建心灵栖息之所,打造乡村的文化礼堂。

主建设队伍,吸收宗教界代表人士为党群协商理事中心成员,参与村居自治管理。(5)发挥骨干力量作用,在重大节庆和重要宗教活动期间为场所提供帮助。要求宗教场所:(1)做好对信教群众正信正教的教育,维护宗教和谐。(2)引导信教群众与不信教群众一起共建家园,美化环境,参与社会服务和社区治理。(3)弘扬宗教文化,抵制封建迷信活动,在文明村(小区)建设中发挥正能量。(4)采取适合自身的方式,开展为民服务、灾害救助、扶贫助困、捐资助学等公益慈善活动。二是体现互惠,彰显绩效。宗教场所积极援助和参与村(居)平安建设和文明创建任务,村居竭力解决影响宗教场所发展的实际问题。村居对不能解决的"疑难杂症"问题,也汇报镇统战部门,通过多方协调加以解决。①

(二) 主要成效

两年的探索实践,结对共建共治充满活力,在创新社会治理、夯实民族宗教工作基础方面,发挥了积极作用。

1. 扩大了社会主体的治理参与感,基层社会治理力量得到加强。结对共建以来,宗教界人士和村居干部交往增加了,在交流过程中,他们相互影响,共同进步。活动锻炼了村居干部的组织能力,改进了他们的思想观念,又为宗教界人士参政议政开拓了渠道,使他们感受到成为社区一员的荣誉和责任。结对双方经常沟通、集思广益、汇聚共识、制订规划,共同为社区和宗教场所的和谐发展话愿景、想办法,有力促进了社会的稳定。北大街居委会邀请辖区内的3家宗教场所负责人加入党群协商理事中心,一同参与社区重大事务和有关民生事项实施的民主协商、民主管理和民主监督,扩大了基层自治的深度与广度。各宗教场所利用自身优势和影响力,协助村居做信徒工作,在文明指数测评、美丽家园建设、高压线动迁中,发挥了积极作用。②

---

① 如位于朱家角镇沈巷沈太路375号的赐恩堂(隶属朱家角张巷村),随着信众数量的增多,堂前场地无法满足自行车、助动车、轿车的停放需要。教堂附近有垄沟、农田,旁边护栏年久失修,存在安全隐患。张巷村委将这些难点反映到镇里,镇统战部门立即协调镇水务所、规保办、张巷村委、朱家角太阳岛建筑公司等部门到现场察看,商讨解决方案,最后由镇党委落实资金,村委向村民协议取得教堂北侧一块农田,规保办负责整体方案和预算,水务所负责排管,朱家角太阳岛建筑公司负责具体施工。经过几个月的努力,赐恩堂的堂前面貌一新,停车问题得到解决,也消除了安全隐患。
② 2015年天然气入户改造工程中,漕河新村一户居民存在违法搭建,天然气入户工程无法实施,当得知该户是佛教信徒时,圆津禅院的法师主动找房东做思想工作,房主拆除了违法建筑,天然气入户工程得以圆满完成。

2. 增强了市容环境的生态关联感，宗教场所周边环境得到改善。根据镇党委、政府要求，村（居）干部和宗教界人士双方共同配合，引导信教群众和其他群众一起，参与环境美化、社会服务、社区治理，共建美丽家园，共促和谐发展。北大街居委会骨干力量成立志愿者队伍，在重要宗教活动时段提供帮助。淀峰村以创建美丽乡村为契机，将原本脏乱差的大桥墩下一块空地改造成免费停车场，缓解春节、清明、冬至等时节报国寺的停车难题，也方便村内外群众。北大街居委会发动楼组长做通居民的思想工作，清理了堆放在城隍庙后门口多年的杂物，制作道路指示牌，方便游客、外来信众参观；同时针对天主教堂门口附近脏乱差情况，对周边环境进行综合整治，种上草木，并负责日常监管和清理工作。张巷村针对赐恩堂附近道路两边的偷倒垃圾多、废弃船只多、违章搭建多等现象，进行专项整治，共处理2吨垃圾、15条"三无"船、10户违章搭建，消除了交通安全隐患，改善了宗教场所周边环境。

3. 提高了安全维护的共同责任感，宗教场所内外安全得到保障。重大节庆和重要宗教活动期间，淀峰村组织党员、志愿者到报国寺维持秩序，另外还安排乡村医生驻守在寺庙防止突发事件，村民也把车辆停在不影响宗教活动的地方，确保通往报国寺的关王庙路畅通。圣诞节、复活节是天主教的盛节，北大街居委会组织大量青年、红袖章志愿者定点维稳。加强宗教场所安全检查力度，把各类安全隐患消除在萌芽状态。

4. 满足了乐善好施的社会荣誉感，村居慈善帮困工作得到支撑。朱家角城隍庙结对辖区内的困难老人，每到春节上门慰问，送上慰问金和慰问品，腊八节为整个社区的老人免费提供腊八粥，希望他们长寿安康，深受群众好评和欢迎；圆津禅院在高温和中秋节期间为北大街高龄老人"送清凉"、送中秋月饼，同时结对辖区内的贫困儿童，助他们健康成长；天主教在每年圣诞节、复活节期间将教友做的礼物发放给居民；报国寺在重阳节为淀峰村退休老人送去大米，春节为90岁以上老人送慰问金和慰问品，并为村里残障人士外出体检提供车辆等。这些善举既融洽了宗教场所和周边群众的关系，也是社会慈善帮困系统的重要组成部分，体现了社会大家庭对困难群众的关爱，促进了社会和谐。

5. 增强了平等交流的互动信任感，各方需求得到及时了解回应。不论是共建共治工作的制度和机制问题，还是村居的设想、场所的困难，都可以坦诚相告。相知让双方更能换位思考，达成理解。未必所有的意见都很合理，也未必所有的诉求都能满足。但真心理解和真诚努力本身就是社会和谐的巨大向心力。目前,宗教场所发展还存在一些现实问题。比如,安全隐患,主要是圆津禅院电线老化,城隍庙外墙剥落陈旧,通往圆津禅院、天主教堂的道路狭窄,一些宗教场所仍使用液化汽等。又如,停车难问题,圆津禅院、城隍庙、天主教堂地处古镇旅游区,由于缺少停车场,一定程度上制约了场所发展。这些都已报请政府在古镇旅游基础设施改造中通盘考虑解决。

(三) 几点启示

单从组织宗旨和组织形态来看,宗教场所与村居具有明显的异质特性,二者之间似乎很少有交集。朱家角镇宗教场所与村居结对共治的实践与实效,说明异质性很强的基层组织之间只要满足一些基本条件,也可以实现有效的共治。

1. 必须"有主",为共治明确责任。一是突出党的领导地位和引领作用。地方党委负责总体布局,建立制度,整合资源,搭建平台,着力解决共治中的重大实际问题,始终关注共建共治绩效。同时要求各职能部门和村居组织,加强马克思主义教育,培养科学精神,弱化宗教的负面影响。要依据《宪法》和有关法规,以保障人民群众生命财产安全、规范宗教场所、净化宗教氛围为目标,制订相应的宗教场所建设规范和标准。二是明确各方的自主责任和关联责任。对于自主责任,要尊重各团体内部事务处理的相对独立性;对于关联责任,要明确牵头者责任和配合者责任。坚持宗教工作属地管理和"谁主管,谁负责"的原则,通过健全网络,强化责任,形成上下左右联动、各级各部门齐抓共管的局面,切实把基层宗教工作责任落实在地方、落实到人,解决无人管、不愿管、不敢管的现象。

2. 必须"有章",为共治提供遵循。一是以宪法法律为根本遵循。《宪法》对有关宗教自由及其限度进行了准确定位,《宗教事务条例》对宗教事务管理进行了系统部署,党和国家有关宗教问题的最新政策是与时俱进的治理方略。共治要求各级干部加强对宗教知识的学习,把握宗教的规律、特点、政策法规和宗教工作的地位与作用,增强主动性,减少盲目性,增强依法开展工作的能力;同时也要求宗教团体在宗教活动中严格遵守《宪法》和《宗教事务条例》等法律法规。二是加强宗教工作网络建设。通过政策明确区级有关部门、街镇组织在宗教管理上的职权和责任。建立区级部门、镇、村三级宗教工作管理网络,把宗教工作列入年度工作目标考核内容,并作为干部考核的重要依据。三是制定规范性的操作文件。制定《宗教活动场所与所在村居共建共治友好协议书》，明确双方的权利义务及合作的基本内容和主要方式。

3. 必须"有活"，为共治注入内容。一方面，通过共同谋事、共同行事、共同担事，来丰富共治的实践内涵。为什么有些共治平台，建的时候轰轰烈烈，看上去也很高大上，结果却是绩效甚微，徒有虚名甚至留下骂名，一个重要原因就是不知如何来事，无所事事。朱家角镇宗教场所与村居结对共建共治，让双方看到了彼此的合作诚意和办事能量。在共治实践中，他们可以彼此借势、借光、借力，实现了事半功倍和合作共赢。如社会主义核心价值观宣传教育和宗教文化中的"善念"宣讲可以形成呼应；政府和村居对非正常宗教场所聚集点的治理，与正常宗教宣传可以相互配合；美好的卫生环境是美丽乡村的题中之义，也是宗教场所的心灵向往；宗教场所的结对帮困，缓解了社会困苦，也获得了慈善美誉；政府主管部门定期组织检查，开展各类评比活动，也推动了宗教团体和场所自身建设和管理水平的提高。另一方面，把加强宗教自身建设作为社会共同事业，来丰厚共治的社会内容。如加强宗教教职人员教育培训；抓好中青年教职人员的培养和使用；总结推广宗教团体及场所规范化管理的经验和办法，促进宗教场所内部自我完善、自我管理、自我提高，减少和避免因管理混乱而引起的矛盾纠纷和事故；帮助宗教团体和场所解决实际困难，提高宗教界的自养能力，抵御境外宗教组织的渗透等，既有利于宗教场所的自身健康成长，又培育了宽厚的社会治理力量，构筑了牢固的社会治理防线。

4. 必须"有节"，为共治蓄养资源。对于基层来说，用于社会治理的资源，包括人力、物力、财力和时间精力都是有限的。必须充分珍惜，并给予适度滋养。一是尊重组织的特点，尽量做到"使民以时"。既要树立"民族宗教无小事"理念，着力解决宗教场所存在的突出问题，又要尊重宗教自身发展规律，培育其自我更新、自我提升的能力；既要扩大共同参与，又要选择时间节点，少添麻烦；既要引导宗教场所与社会主义相适应，又要催生和弘扬宗教文化的导善功能。二是巧借资源的优势，尽量做到"惠而不费"。党的十八届四中全会通过的《中共中央关于全面推进依法治国若干重大问题的决定》强调："行政机关不得法外设定权力，没有法律法规依据不得作出减损公民、法人和其他组织合法权益或者增加其义务的决定。"基于共治所形成的相互义务，必须具有法治基础。要坚持因势利导。佛教、道教劝人为善，讲和睦相处；天主教倡导爱人如己、相亲相爱；基督教主张仁爱、公正、谦让等，都可以为社会服务。三是给予恰当的激励，尽量做到"善有善报"。深化共建共治活动,既为宗教团体和宗教人士的善行义举提供社会平台,也对宗教团体和宗教人士的善行义举给予真诚的褒奖;既吸引宗教场所加入村居社会治理行动,也让宗教场所感受到社会治理总体规划的时代福利。

第十二章 城乡融合发展下党建引领乡村治理研究[①]

基层治理是国家治理的基石。为全面考察城乡融合背景下青浦乡村基层党组织引领乡村社会治理的状况，及时总结乡村基层治理创新经验，发现和解决基层治理中的问题，课题组进行了专题调研。重点是：(1)中央和上海市的关于基层治理的政策落实情况；(2)青浦党建引领乡村基层治理的创新实践；(3)乡村基层治理中的难点问题；(4)基层干部群众对改进社会治理的需求和建议。在此基础上，聚焦乡村基层治理的资源培育和配置问题提出建议。

一、党建引领乡村基层治理的创新性实践

近年来，青浦区委在推进乡村基层治理方面，更加注重多方主体参与，激发社区居民的内生动力，在空间上更开放、机制上更灵活，更加注重制度化和体系化建设。镇村基层也不断开拓创新，呈现出多层次立体创新局面。

（一）在落实治理政策中进行方法创新

1. 以推进新时代幸福社区为牵引，着力优化基层治理结构。习近平总书记指出："要构建党组织统一领导、各类组织积极协同、广大群众广泛参与的基层治理体系。"中央有关部门先后出台《关于建立健全村务监督委员会的指导意见》《关于加强城乡社区协商的意见》《关于加强和完善城乡社区治理的意见》《关于加强基层治理体系和治理能力现代化建设的意见》等，对城乡社区治理做

[①] 课题组负责人徐慧，课题组成员鲁家峰、刘东瑞、李飞虎、吴晓平、翟梦雯等。鲁家峰为总执笔人。

出系统部署。五届区委十次全会提出区委总揽全局协调各方的制度机制、地区治理机制、城市治理机制等机制创新和青东青中青西分片发展策略、推动完善地区治理结构、推进村居"社区中心"建设等工作创新,为推进乡村基层治理明确了方向。区委还提出高质量建设新时代青浦幸福社区,推进社区治理体系和治理能力现代化的意见。① 幸福社区建设有效建立起村党组织领导下的社区中心运行机制和以社区中心为平台的社区治理共同体,进而形成系统完备、运转顺畅、治理高效的社区治理体系。以村务监督委员会为主体的自治监督制度、以"四议两公开"为程序的议事决策制度、以网格化管理为模式的社区管理制度、以"集体资产监督管理办法"为代表的村级资产运营制度等治理经验不断得到巩固和充实。

2. 以落实积分制和清单制为抓手,着力提升基层治理效能。积极落实上海市农业农村委《关于组织开展乡村治理积分制示范地申报的通知》和上海市乡村振兴战略工作领导小组办公室《关于本市开展乡村治理清单制试点工作的通知》等文件精神,区农委和有关街镇积极探索具体方法。重固镇基于本地外来人口占比大的现状,围绕突出问题和重点任务,创新设立"五星四责三色两平台"乡村治理积分制管理体系。②

3. 以落实基层组织建设规范文件为契机,着力锻造基层治理中坚。以落实《中国共产党农村基层组织工作条例》《关于以组织体系建设为重点推进新时代基层党建高质量创新发展的意见》等文件精神为契机,加强乡村党组织规范化建设。结合扫黑除恶专项斗争、防范化解重大风险等专项工作,持续排查整

---

① 《意见》提出:以推进社区治理体系和治理能力现代化为主线,以加强党的全面领导为根本遵循,以共建共治共享为总体原则,以赋权增能减负为基本方式,以提升社区服务效能为主攻方向,以解决突出问题为关键举措,着力深化和完善社区治理结构和治理格局,推动社区服务向精准化共享化转变、社区管理向精细化规范化转变、社区发展向精致化现代化转变。

② 一是构建"五星考评机制"一套完整的考评体系。针对村(居)民小组、组长、村(居)户分别形成了囊括文明创建、三大整治等为主要考评内容的"五优""五员""五好"考评维度,通过评选不同等第的星级名单予以奖励和表彰。二是建立"四责三色"出租房管理闭环体系,压实"房东主体之责、租客履约之责、村居管理之责、政府监管之责"四项主体责任,实现集中规范管理,并分别设立奖惩机制与村民福利挂钩,激励四方主体责任进一步压实。三是建立重固微管家、租管家智能化公众参与激励平台,微管家平台设立"问题上传""任务激励""积分兑换"模块,形成"村民自治、网格共治、智慧数治"的精细化社会治理格局;租管家可实现人员信息实时更新、房屋信息房东管理、线上线下预约备案等综合性平台的一体化功能。四是通过组织保障和资金保障,明确村党组织核心作用,鼓励先进、鞭策后进,提升乡村治理的精细化、长效化、常态化和规范化水平。提升智能发现在生活场景中的应用,如在独居老人的水表上安装智能感知设备,通过智能化感知设备,解决河道、公益林、沿街商铺等管理问题,极大提高了管理效能。

顿软弱涣散党组织。有力保障疫情防控、"五违四必"、扫黑除恶、垃圾分类、文明创建等重大任务落实,基本完成村级集体经济组织产权制度改革,为乡村振兴战略的实施打下坚实基础。以村党组织书记队伍建设为牵引,以村"两委"换届为契机,大力实施"头雁工程",通过基层选拔一批、社会选优一批、组织选派一批、动态储备一批等方式,选优配强村党组织书记。[1] 在管理考核方面,严格落实村"两委"成员任职资格 12 部门联审制度和村党组织书记日常管理备案、选拔任职备案和年度考核备案等工作制度,确保组织把关、有序流动。

(二) 在化解治理难题中进行机制创新

1. 健全便民服务网络,强化为民服务意识。在全区范围内打造村社区中心。社区中心全面推进本村经济、政治、社会、文化、生态建设,有效提升了村级社区服务管理职能效率,大幅改善了村民有序参与治理、享受品质生活的体验。全面落实村级组织、阵地基本运转经费保障,为村级组织提供有力财力支撑。各村均已建成标准化办公服务场所,有条件的村全面落实"开放式办公"要求,党群服务点不断延伸。常态化开展"党心暖我心"的救助帮扶和驻村指导员、选调生的力量帮扶,全区经济相对薄弱村实现了驻村指导员、挂村联络员派驻、联系全覆盖。每个村居的每个网格均设有党群服务点。党群服务中心提升软件服务功能,将社区党校资源服务品牌下沉到村居。

2. 拓展丰富治理触觉,扎实推进末梢工程。街镇坚持党建引领,推动村民小组长"治理末梢"队伍建设。通过创立运行有序的管理体制,设立边界明晰的职责清单和建立赏罚分明的激励机制等,[2]进一步强化村民小组长发现、报告、协助处置机制,实现村民小组长对农村治理的网格化管理。如练塘镇朱庄村,

---

[1] 全面落实区级 12 部门联审制度和"预审+联审"双审制,建立了"两委"人选联审"一人一表",共选举产生村居"两委"班子成员 1898 人,其中村党组织 1379 人、村居委会 1324 人,村居"两委"班子,明显优化提升,实现"三升一降"。全区村党组织书记、主任"一肩挑"提升至 97.8%。开设村居党组织书记"幸福带头人大课堂"培训和"幸福火种"后备干部示范班,将"幸福带头人大课堂"纳入干部教育培训领导小组年度调训工作计划,强化政治素质训练和专业素养培育。在待遇方面,明确由各镇(街道以区财政保障)根据本地区经济社会发展水平和农民人均可支配收入情况,有效规范管理,并稳步提升村干部报酬。

[2] 确立小组长的工作定位,即村民小组的看护员、村民群众的服务员、党政政策的宣传员、上下沟通的通讯员、维护稳定的安全员以及化解矛盾的调解员;明确他们的工作职责,即宣传方针政策和法律法规、主持村民小组会议、贯彻村民代表会议决议决定、开展村民自治活动、做好村民调解工作和听取并反映村民意见等。

把闲置的菜场改造成为村民议事场所。每天党员、小组长都会到场,收集村情民意、调解矛盾纠纷、传递政策信息,及时掌握村民最关心、最迫切、最需要解决的事情,切实将化解矛盾、解决疑难纠纷的"阵地"推前一步。在疫情防控期间,该村还形成了层层把控的"3+1"网格化服务管理模式。①

3. 深化文明创建活动,形成持续发展机制。一是用明确的项目制推进环境治理。乡村人居环境优化工程,要求在两年时间内,所有乡村系统都要实施优化工程;二合一工程,共有33个村要实施;推动市级美丽乡村建设,2022年总共启动17个村。这些项目有明确的时间节点和质量要求,促使相关镇村建立相应的推进机制。二是用积分制和清单制整合治理要素。通过推进乡村积分制试点,对村内每户人家就其房前屋后的环境整洁程度、文明道德风评等内容进行赋分值,积分可以兑换礼品,以此对村民起到鼓励和约束作用。三是培育和推广乡村治理示范村镇。树培典型,以点带面。

(三) 在综合改革中探索制度创新

为完善村级社会治理政策体系、管理体系和统筹协调机制,朱家角镇党委、政府2019年起开始试点村级综合配套改革。主要做法如下:

1. 实行"政务"与"村务"分离。厘清政府行政管理和村委会自治组织的"政务""村务"边界,准确定位村委会自治组织的职能与权责。② 村委会作为群众性自治组织,将按照法律规定和赋予的职责,依法开展村民自治工作,即组织召开村民(代表)会议,向村民(代表)会议报告工作,督促村民遵守自治章程、村规民约,开展社区环境卫生,调解民间纠纷,基础设施建设,社会公益等自我管理、自我教育、自我服务、自我监督工作,组织群众开展自救互救、宣传法律法规和国家政策、发展文化教育、普及科技知识,开展社会主义精神文明建设等活动。

2. 搭建村综合服务中心平台。整合现有村党群工作服务站、社区事务服务中心、综治中心和镇驻村工作人员等平台资源,搭建新的"村综合服务中心"

---

① "3"分别是一级村党总支记、二级片区长(按照宅基地分布情况将村划为8个片区,每一片区产生一位片区长,片区长由村委班子成员担任)、三级村民小组长和志愿者,"1"是从三级的村民小组长和志愿者中产生一个党员中心户,党员中心户直接对接二级网格的片区长。
② 根据《村民委员会组织法》,以及国家、市、区民政部门的要求,将社区治安、安全生产、防灾减灾、疫情防控、食药安全、农村建设、土地资源、生态环境、市容环卫、人口管理、房屋租赁、文化体育、民政残联、劳动就业、统计调查等15项行政管理事项,从村委会自治组织中剥离出来。

平台,属镇政府派出机构。① 依托村综合服务中心细分社会治理责任网格。各村设立3—5个网格责任片,每个片设片长(原则上每个片长管理3—4个村民小组区域),片长下设网格管理责任组长(原则上以村民小组为基本单元),实行网格区域化管理,具体承担责任区内包括日常巡查、问题发现、制止、报告、协助处置等管理和服务职责。② 村综合服务中心领导的工作报酬由政府承担,中心发放,并按相关规定缴纳社会保险。中心实行综合目标考核。网格片长、网格组长的补贴奖励资金由政府承担。

3. 将干部的"选"与"聘"区分开来。选出来的村民小组长、村委会成员、村党组织成员,是拿补贴制的,村委会的工作重心是依据组织法开展村民自治工作。选出来的村"两委"班子成员不一定被聘用为中心班子领导。③

(四) 在扩大参与中推进平台创新

1. 夯实参与能力的制度性平台。区民政局围绕保障村民自治、扩大有序参与着手做好四方面工作。一是加强制度建设,规范自治功能。发挥"睦邻客堂间"、户长队伍等作用,鼓励村民自治。健全村务公开制度,推进"阳光村务工

---

① 村综合服务中心的工作职责包括:(1)承担从村委会自治组织中剥离出来、应由政府承担、现由村委会包揽的行政管理事项;(2)下沉到村的公共事务服务事项;(3)指导所在村委会开展村民自治工作。村综合服务中心领导实行聘用制,中心领导设主任1名,副主任或委员若干名。原则上较大的村5人,较小的村4人。中心领导经镇党委组织人事部门考察,镇党委同意,政府聘用。主任原则上由村党组织书记担任。中心其他工作人员主要由镇派驻各村具体承担政府服务和管理职能的综治协管、就业援助、助残、来沪人员管理等各类协管员和现有"一站两中心"的其他人员构成。政府职能部门派驻村的各类协管员和"一站两中心"的管理权下沉到村,由村综合服务中心负责日常管理和工作开展。

② 片长对中心主任负责,组长对片长负责,实现村块、片块和组块网格化、全覆盖管理,不留管理盲区。片长原则上在中心主任、副主任或委员中选聘,具体由各村党组织根据村情实际决定。组长聘用人选,由村党组织、中心考察后决定。

③ 村综合服务中心的主任、副主任、委员是经镇党委组织人事部门考察后,党委同意、政府聘用的,是受政府委托开展工作,工资福利待遇均由政府承担。因此,中心的主任、副主任、委员要服从、服务于政府和中心的工作,完成好中心布置的各项任务,对中心和政府负责。组长也同样如此。村级综合配套改革前后有7个不同地方:第一是机构不同。村增加了镇下派的社区综合服务中心;第二是干部产生方式不同。村"两委"班子是选举产生的,而村综合服务中心是党委考察、政府聘用产生的;第三是干部获得报酬方式不同。村"两委"班子成员是年补贴制,而村综合服务中心是实行绩效工资制;第四是社会治理模式不一样。原来社会管理是以"条"为主,现在是"条""块"结合,以"块"为主,兜底社会治理模式;第五是改革后加强了党的全面领导,强化了正确的用人导向;第六是理顺了下沉人员的管理。解决了"看得见管不着,管得着看不见"多年顽症;第七是考核对象不同。原来是考核村书记,其他干部按系数结算。现在分补贴制考核、中心公共事务服务和社会治理绩效考核,责任考核落实到每个人。

程",依托"东方有线"打造服务、参与、监督为一体的信息化载体。二是完善组织体系,拓宽自治主体。健全治理架构,完善村党支部为主导的党建引领的自治网络,注重村居民小组长队伍建设,推动"户长制",充分动员党员群众力量参与自治。三是搭建参与平台,激发自治活力。建立健全全村"两委"联席会议、村民(代表)会议、各种协商议事平台,畅通渠道,协商议事。四是培育工作队伍,提升自治能力。开展立体式培训教育,分级分类。建立普遍走访制度,开展表彰奖励。

2. 促进多元参与的共治性平台。朱家角镇探索实行宗教活动场所与所在村居结对"共建共治"模式。在区民宗办指导下,该镇统战部门牵头6个宗教活动场所与4个所在村居正式签订《结对共建共治协议》,建立村居基层干部与宗教活动场所负责人沟通协商制度,用机制化和制度化方式促进互动理解和互助共建。通过经常性的联谊、联席、联建活动,有效吸引宗教场所参与面上的社会治理活动,同时也有效引导村居协助宗教场所做好相关环境治理、安全管理和教际关系维护工作。

3. 引导智慧参与的数字化平台。用数字化驱动乡村社区社会智慧治理,包括幸福云、幸福普惠购、远程帮办系统、乡村治理人才投送四方面。[1]

(五)在强化引领中开展品牌创新

1. 组织品牌创新。落实新时代党的组织路线,进一步建强理顺组织体系。推进各领域基层党的建设,形成了"先领""上善先锋行""示范区1+2"等一批党建品牌。加强高素质专业化干部队伍培养,扎实推动村居、镇换届选举,举办"幸福带头人大课堂""幸福课堂"等线上线下村居干部培训,在实战中锻炼出一批"想干事、能干事、干成事、不出事"的干部。

2. 服务品牌创新。"盈浦益加亲"是一个包括村居在内的街镇服务品牌。街道党工委创新工作理念、转变工作方式,着力整合社区现有资源,构筑"盈浦益加亲"公益服务项目。[2] 街道依托该项目,在用足、用好、用活党建资源上做

---

[1] 幸福云即线上版超级社区中心,融合了"一网通办",原本需要在镇上办理的事务可直接在村里办理,搭建智慧社区全景运用系统;幸福普惠购是在疫情过程中产生的购物平台,商家入驻,居民在此平台购买农副食品;远程帮办系统主要是硬件方面的建设,包括电脑、读卡器、高拍仪等,把社区受理的事务在村中解决,如查询婚姻登记档案无需再去民政局。

[2] "益"特指公益,"加"指用公益叠加的方式,整个项目在党工委领导下,针对群众多样化、个性化的需求,不断做大公益项目来满足群众的服务需求,营造出亲如一家的和谐氛围。

文章,不断做大"朋友公益圈",提升群众获得感,推动区域化党建科学发展,推动"两新"组织健康发展,推进社会治理创新,拓展服务社区党组织和党员群众的功能,使社区自治共治有声有色,推动区域化党建扎根社区、大放异彩,近年来连续被评为全国社区教育示范街镇、上海市文明社区等。

3. 文化品牌创新。练塘镇东庄村围绕"三个第一"发展优势——上海第一个农村党支部旧地、上海第一大林下经济产业投入、青浦第一家国企精品民宿入驻,夯实绿水青山底色,做亮产业发展特色,彰显地域文化本色,提升品质生活成色,打造"红色、绿色、古色"浑然一体的村庄文化品牌。[①]

(六)在担当国家战略中推进协同治理创新

伴随长三角一体化发展上升为国家战略,跨区域治理合作快速而深入地演进。2019年以来,长三角区域间共推出了一体化制度创新30多项,制订出台了50余项规划和政策规章,签署了120多个合作协议,构建了60多个合作平台,为长三角地区推动一体化建设提供了政策指引。相关区域强化基层党建与基层社会治理的深度融合与共同发展,充分发挥党的基层组织的战斗堡垒作用。同时,推进基层治理人才共育、智库共享、创新互鉴新模式,构建基层社会治理多方协同新机制,项目化推进组织联建、活动联办等合作,增强区域社会治理效能和发展动能。在发展较快的地区,建立常态化交流互访机制、基层党组织结对机制、党建活动互动机制,旨在立足双方党组织的自身优势和特色工作,利用双方党建资源,提升彼此基层组织的战斗力及党建工作整体水平,为长三角地区社会治理协同发展探索了路径、积累了经验。

根据《长江三角洲区域一体化发展规划纲要》和《长三角生态绿色一体化发展示范区总体方案》,上海市、江苏省、浙江省两省一市生态环境局(厅)会同一体化示范区执委会共同谋划制订了《长三角生态绿色一体化发展示范区生态环

[①] 充分发挥乡贤资源,为家乡发展引资、引技、引智。开创电商平台,致力于更长远的目光,帮助更多农户销售更多农产品。引进民营企业(云溪上)民宿入驻乡村,提升农产品市场价值与形象。打造"文化、乡村、教育、欢乐"为核心竞争力的文化休闲产品,为乡村土地注入新的活力,为乡村生活进行文化赋能,倡导"有趣、有用、有爱"的休闲生活方式。以红色与传统文化为基调,以评弹艺术、本土乡音田山歌等江南文艺形式自创节目传播,为乡村注入精神食粮。建立村史馆,讲好上海第一个农村党支部、庄前港伏击战的故事;传承历史文化,讲好管道昇、劝学亭的故事,涵养崇德尚善情怀。打通服务群众的堵点;树立先进典型、传承家规家训、完善村规民约,培育文明乡风、良好家风、淳朴民风。提升公共空间功能、开展民居风貌改造、精工庭院设计,满足村民休闲休憩、健身运动的需求,重现"小桥流水、粉墙黛瓦"江南水乡的建筑肌理。

境管理"三统一"制度建设行动方案》(以下简称《行动方案》)。2020年10月22日,《行动方案》正式印发,标志着示范区在不破行政隶属、不打破行政边界,实施跨区域生态环境一体化管理的制度创新上迈出了坚实的一步。《行动方案》重点围绕打造生态优势转化新标杆、绿色创新发展新高地、一体化制度创新试验田、人与自然和谐宜居新典范的核心要求,为长三角一体化战略的顺利实施提供了有效的制度示范和创新引领,示范区基层单位积极行动,探索出很多有效的经验。[1] 青浦区围绕长三角一体化国家战略的顺利落地和新发展理念的深入贯彻,积极构建适应示范区建设特点的组织体系,健全同心落实、同向发力的示范区党建工作机制,推动资源共享、信息共通、发展共推、治理共抓、队伍共育,搭建党组织和党员发挥作用的平台,形成党建引领、全域统筹、多方联动、互利互惠、协同发展的示范区党建工作格局,使党的组织优势不断转化为推动示范区建设的强大动力,使组织有活力、党员起作用、群众得实惠的成效更加显著,使党建工作成为引领示范区建设的重要引擎,使示范区党建成为基层党建工作的新亮点和新高地。

1. 对标对表,找准点位。(1)对标大格局,找准"切入点"。对标上海在长三角一体化发展中发挥龙头带动作用,强化地方党委统筹联动,主动加强与昆山、吴江、嘉善等环淀山湖周边地区的联系对接,积极打造区、街镇、村居三级"1+N+X"联动机制("1"是区级层面的区域化党建平台,"N"是与江浙毗邻街镇以及部分委办局,"X"是与毗邻的村居等基层单位)。青浦区委制订出台《关于青浦区深度融入长三角一体化发展的若干意见》,作为指导一体化发展的总纲。成立一体化专门推进机构区域发展办,推动吴江、嘉善等具体部门负责同志前来挂职,面对面开展工作,并成立项目组临时党支部,进一步加强党建引领,深化与周边区域联动的相关政策研究、方案制订、项目对接等工作。围绕毗

---

[1] 比如,青吴嘉三地围绕进口博览会完善跨区域警务安保协作,强化组织联动,共同打造跨省沿沪"平安边界"。其中,金泽镇龚都村与嘉善县姚庄镇银水庙村党支部在进博会期间,联手组建党员志愿者巡逻队,开展24小时不间断值班,配合公安做好对莲丁路检查站的全天候排查工作,为进博会安保做出了积极贡献。练塘镇发挥区域化党建平台作用,将嘉善县姚庄镇纳入练塘茭白节,姚庄镇也将练塘纳入姚庄黄桃节,推动两地农产品产销链条不断完善,共同打响特色农业品牌。夏阳街道发挥辖区内驻区单位资源优势,通过科普周、"文化走亲""名医面对面"等形式,深化与嘉善县罗星街道在科普宣传、文化融合、优质医疗资源共享等方面的交流互动,为提升两地群众幸福感和满意度做出有效实践。朱家角镇、区水务局、区环保局加强与环淀山湖各镇和职能部门的联合共治,建立定期协调和应急管理机制,确保环湖沿岸河清水美岸绿。朱家角镇周荡村和淀山湖村永新、晟泰等相邻村,加强河道岸上岸下联合保洁,确保边界河道环境卫生,等等。

邻党建等工作,青浦区与昆山、吴江、嘉善四地共同签订《环淀山湖战略协同区一体化发展合作备忘录》,四地组织部门共同签订《环淀山湖战略协同区党建共建框架协议》,加强相关部门的日常交往。(2)对标大协同,找准"发力点"。一是加强项目联动。落实框架协议,围绕政治文化共培、基层组织共建、资源信息共享、服务群众共抓、干部人才共育、战略协同共融"六共",全面推进党建共建,切实以党建引领发展。在青浦、吴江分别召开环淀山湖战略协同区党建共建联席会议第一、二次会议,制定通过《环淀山湖战略协同区党建共建联席会议章程》和《2019年环淀山湖战略协同区党建共建合作项目》,四地毗邻街镇签订结对共建协议,深化环淀山湖党建共建,共同召开党建引领长三角一体化发展专家研讨会,系统谋划推进青浦、吴江、嘉善三地党建引领长三角一体化发展相关措施,制定环淀山湖党建资源地图,首批推出百余项党建资源,推动四地红色资源、阵地资源、品牌资源的共建共享。二是加强共育联动。制定四地"干部挂职和教育培训"合作项目,加强干部互派挂职,推动多岗位多层面培养锻炼干部。充分利用各地优质培训资源,共同打造干部教育精品课程和培训基地,推动干部共训、共育、共享。(3)对标大发展,找准"契合点"。推动规划契合、设施汇合、产业耦合、治理融合、功能聚合、环保联合等。

2. 练好内功,强化引领。(1)建立一体化的组织体系。一是创新组织设置和活动方式。健全与示范区相匹配的组织设置,建立与之相适应的运行机制、活动方式,形成组织全覆盖、运行一体化的领导体系,实现示范区打造与党建工作同谋划、同推进、同落实。优化多形态的组织设置,建立毗邻街镇、村居双覆盖的联合党委、党支部,推行交叉兼职的"双委员制",建立常态化的共商议事机制,推动协同联动,共同发展。按照便于党员参加组织活动、党组织发挥作用的原则,科学合理设立党支部,探索示范区内产业集群联合党组织,把党支部建在产业链、功能区、治理圈等示范区最活跃的经络上,推动党的领导在示范区全面落实、全面加强。二是推动党员管理信息资源共享。依托全国党员信息管理系统,探索通过相互授权,推进示范区党员和党组织信息互联互通,结合长三角数据中心建设,深化党建数据汇集、互联,运用"互联网+"和APP等网络技术,打造"云党建平台",实现党员教育、党员培训、党员活动等信息资源共享。(2)形成一致性的示范标准。一是高标准推进党支部规范化建设。对照更高标准、更高要求,全面落实《中国共产党支部工作条例》,构建统一的规范标准,将示范区打造成为党支部建设的先行区。探索示范区发展党员工作统筹分配机制,注重将名额向示范区内高新技术产业工人、青年农民、高知群体等重点群体和非公有制经济组织、社会组织的倾斜,每半年至少进行一次调度,提高执行党员发展计划的精准度。统一开展"分类定级、晋位升级",共同选树党建示范点,推动全面进步、全面过硬。二是高起点超前谋划各领域党建。适应示范区内各类组织、资源和人员高度流动的新特点,探索推进产城融合的区域化党建,构建资源有效流动、组织有效管理、作用有效发挥的党建新模式。适应注册在上海,经营在江浙等企业发展新形态,探索推进"飞地党建",构建"一方隶属、多方管理"的党建工作新模式。(3)打造一体化的党建阵地。一是平台资源共享。整合实体阵地资源,打造"集群式"党建服务阵地,统筹推进示范区内党建(群)服务中心(站点)建设,对接内容标准,逐步统一功能设置。发挥示范区红色资源优势,盘活打造示范区内红色资源库,打造"开放式、集约化、共享性"的一体化党性教育基地,编制示范区党性教育资源清单。二是党建品牌共树。坚持抓点带面,鼓励先行先试,开展示范区一体化党建引领行动,共同发掘提炼可复制、可推广的党建工作经验做法,加大一体化党建创新案例征集宣传推介力度,打响一批立得住、叫得响、推得开的党建品牌,以高质量党建为示范区创新发展构筑新优势、汇聚新力量。

3. 优化机制,强化协同。(1)落实一体化的共同行动,推动示范区发展协同并进。一是创先争优共推。聚焦示范区高质量建设,在贯彻落实示范区重大任务和工作中发挥基层党组织的领导作用,在日常生产、工作、生活中发挥党员先锋模范作用,团结带领广大群众立足岗位、建功立业。共同培育选树服务保障示范区建设的先进典型,共同表彰表现突出的先进基层党组织、优秀党务干部、优秀共产党员,强化先进典型的示范引领作用。二是党建引领共做。强化党建引领,围绕规划布局、基础设施、产业创新、旅游文化、社会治理、生态环境等六大战略协同行动,完善跨区域、跨部门社会治理联动机制,健全紧急警情与重大安保联勤指挥机制,加强人口、警务数据、维稳等方面资源信息共享,积极推动边界卡口建设对接,开展案件共查,完善矛盾联调机制,共同妥善处置信访,突发性群体事件等社会治理难题,形成一体化发展社会治理新模式。探索示范区网格化管理工作,在党组织的引领下,广泛吸纳群团组织、社会组织等共同参与示范区社会治理,把各方面的积极性、主动性调动起来,形成党建引领下的自治、共治、德治、法治一体化推进机制。三是干部人才共育。充分整合利用各地培训资源,共同打造适应示范区建设的精品课程和培训基地,推动干部共训、共育、共享,培养适应示范区能力素质要求的党员干部队伍。打破各地不同的人才政策壁垒,在示范区实行统一的人才认定标准和人才激励政策,推动人才要素在示范区自由流动。(2)健全一体化的运行机制,推动示范区党建。一是建立一个跨区域的党建工作架构。坚持一体化引领、一体化服务、一体化活动、一体化创新,着力开创示范区一体化党建工作新格局。切实加强示范区内基层党组织建设,着力打造多层次、扁平化、融合式的一体化党建工作平台,以高质量党建推动示范区整体功能提升。二是建立一套联席会议机制。建立领导小组定期协调机制,定期召开工作会议,形成有组织、可操作的专项议事制度,围绕示范区党建工作共同谋划合作方向、协商交流问题,推动示范区党建工作有效落实。探索形成专业委员会工作机制,领导小组下设社会治理、产业发展、生态建设、社会事业等专业委员会,由各地区相关部门分别选派工作人员落实常态化的运行管理。三是建立难题共解机制。现阶段长三角地区各参与主体的体制机制、利益格局、管理理念和习惯等都各有特点,要使其相互之间协调一致共同致力于示范区建设,既要有顶层设计,又要大胆鼓励机制和政策创新。

二、党建引领乡村基层治理方面的资源性困境

青浦党建引领乡村治理方面取得了很大的进步。但是,对照时代赋予的治理使命,还有一些瓶颈需要突破,有一些短板需要补齐,有一些功能需要提升。

(一) 经济资源:输血不均,造血乏力

调研中,基层干部反映最多的是经济方面的问题,存在普遍"叫穷"现象。

1. 农村集体经济普遍性内力不足。一是增收渠道窄。随着工业向园区集中和土地减量化,村级工业企业已经几乎全部拔根。土地经过流转已集中在大户手中,村民只能得到每亩 1 500—2 000 元不等的租金,村里也不能提留管理费。很多村主要经费来源是依靠托底资金和"以奖代拨",甚至存在"四无"村(无村办集体企业,无集体掌控资源,无集体财产,无集体收入)。二是发展制约较多。除了自然因素外,政策因素的影响也很大。比如,很多人想开民宿,但是门槛很高,消防和安全规定都很严格。按照这个标准投入,很多民房既失去了乡村风味,也失去了开发价值。又比如,一些毗邻工商业中心的村庄,外来租房需求非常旺盛,但村庄内部的建设用地不能盘活,只能干着急。结果一方面是

非法租住比例居高不下，另一方面是农民收入捉襟见肘。① 三是投资意愿弱。虽然希望发展壮大集体经济，但由于没有投资容错机制，很少有村干部会贸然投资，因此村里产业发展、投资、招商等活动受限，只能坐看机会擦肩而过。四是外部助力少。乡村振兴办公室在人居生活环境整治方面付出精力多，在产业发展、壮大发展集体经济方面投入力度小，对壮大发展村集体经济意义不大。村级经济合作社参与市场竞争的专业经验和能力不够，难以带动社员增收致富。

2. 公共设施管理和维护成本持续增加。为实现农村人居环境全面改善，国家给予了大量的资源投入，农村水、电、气、通信、厕所、污水处理、垃圾治理等基础设施逐步完善，医疗卫生、基础教育、公共安全、养老保障等基本公共服务水平逐步提升。随之而来的是管理和维护成本——包括资金、人员、配套等费用上升。② 经济薄弱村只能把有限的资金用于公益事业，勉强维持运转。往往造成这样的管理尴尬：一方面是农民对人居环境等公共服务需求日益提升，另一方面是大部分农村无法保证治理资金的持续供给。

3. 经济上存在不平衡性且有扩大的趋势。由于自然条件差异和历史原因，村集体经济发展存在不平衡现象。有些政策严重扩大了村庄之间的差距。比如美丽乡村建设、乡村振兴示范村建设，都有很多前置条件，以致有些基础条件好，被纳入创建名录的，越创越好，越好越创，越创越富。而没能入领导法眼的村庄越来越像个丑小鸭了。由于是"丑小鸭"，项目申请会遇到更多门槛。没有项目的村庄，不仅经费少，而且经费难以灵活使用，存在"没有项目即无法使用经费"的现象。有些由于地缘特性社会管理支出增大，但并没有进行差别化补助。农村人居环境整治反复推进，消耗了大量人力、物力和财力，不少村财力资源难以满足日益增长的管理需要。

---

① 白鹤新胜村紧邻安亭镇，村干部反映说，如果政策允许，他们把现有农民宅基地整合起来，建成汽车城工人公寓，集约利用、规范管理，可收一举四效：提高租住质量、发展集体经济、增加农民就业和收入、解决非法出租和环境问题。
② 以莲湖村为例，2018年保洁费用60万元，2019年保洁费用约139.98万元（开展乡村振兴示范村创建）。2020年一体化保洁费用升至180万元（仅陆上保洁）。2018年莲湖村收入为590万元，保洁费用占总收入10.16%；2020年莲湖村预计收入为546万元，保洁费用占总收入32.96%。由此可见，一体化保洁费用的开支已经占用了整个村的大部分支出，对村里的财力造成了一定的影响。村庄环境、绿化等维保大多由第三方公司承接，在人力成本逐渐上升、工作要求持续提升的当下，逐渐成为日常开支中的大头，同时垃圾清运费等收取难度也很大。

(二) 组织资源:内生乏力,基干短缺

1."精英化"困境。由于农业生产人口、农村居住人口(本地)减少,[①]农民党员数量处于下滑态势。党员老龄化严重,集中分布在60—70岁。学历结构上虽有改观,但总体难以有效提升(见表12-1)。

表12-1 农村党员基本情况

年份	项目		建制村	从事农牧渔业生产	建制村党支部(总支部、党委)委员	兼任建制村村委会委员	建制村党支部(总支部)书记	建制村村委会主任
2016	总计		15 262	4 584	586	255	171	56
	女		3 224	825	171	91	35	13
	年龄	35岁及以下	1 522	175	82	28	5	1
		36—45岁	1 222	376	180	79	51	19
		46—54岁	1 893	665	243	120	97	34
		55—59岁	1 515	641	74	28	18	2
		60岁及以上	9 110	2 727	7			
	学历	大专及以上	1 745	246	254	114	85	33
		中专	933	190	127	48	35	9
		高中、中技	1 795	528	103	37	29	7
		初中及以下	10 789	3 620	102	56	22	7
2021	总计		14 796	1 110	831	407	184	180
	女		3 470	203	331	155	41	41
	年龄	35岁及以下	1 062	51	292	90	9	9
		36—45岁	1 097	61	310	164	74	72
		46—54岁	1 379	211	214	145	95	93
		55—59岁	1 399	217	15	8	6	6
		60岁及以上	9 859	570				

---

① 据估计,青浦2021年还在从事农业生产的农民党员仅有1000人左右。

(续表)

年份	项目		建制村	从事农牧渔业生产	建制村党支部（总支部、党委）委员	兼任建制村村委会委员	建制村党支部（总支部）书记	建制村村委会主任
	学历	大专及以上	2 478	124	685	335	151	147
		中专	980	80	77	34	14	14
		高中、中技	1 942	225	36	20	9	9
		初中及以下	9 396	681	33	18	10	10

近几年，青浦区着眼抓党建促乡村振兴，大力推进组织振兴，农村基层党组织的后备力量得到补充。[①] 但年轻人因为社区工作薪酬待遇低、社会认同度低、晋升通道狭窄的"两低一窄"问题，加上村里工作难做，不愿意留在农村工作。即便进入"班子"，仍想着在35岁之前考取公务员或者事业编制。因此，村"两委"班子建设存在"青黄不接""矮子里拔长子"现象。村民小组长、乡贤能人作用发挥总体还不充分。志愿者、工青妇等组织的管理、使用、激励还缺少常态化考虑。新村民、产业从业者参与乡村治理的路径还不畅通。在党组织推动下，其他社会力量参与农村基层治理的频次有所增加，如工商联牵头民营企业进乡村，但未能形成机制化的专业人才供给。

2. "主体化"困境。一是本村居民对公共事务的游离化倾向。几乎所有的乡村都存在人户分离现象。年轻人多数在外工作，只是周末和节假日才回村偶住，平时也不关心村庄公共事务，对于如何推进村庄发展和村庄治理，一般缺乏持久的热情和具体的建议。二是大量来沪人员的非主体地位。目前，他们仅作为管理的客体而存在，既没有主体资格，也没有主体意识。越来越多的来沪人员租住农家房屋，形成严重倒挂的社群结构。[②] 来沪人员在推动区域经济发

[①] 发展农民党员的数量、年龄、学历等各项指标得到优化。村党组织拓宽选人、识人视野，村务工作者、村民委员会成员等群体中党员发展数量有所增加。通过村干部"蓄水池"计划、引入人才、"三支一扶"等途径，建制村党员数量总体平稳，平均学历水平不断提升，村"两委"成员整体状况不断优化。从2019年开始，共派了10名驻村指导员和50名区级、10名市级人士担任各村驻村指导员。

[②] 比如，华新镇叙中村常住人口5 713人，其中户籍人口1 370人，外来人口4 343人；王村，常住人口2 219人，其中户籍人口只有963人，外来人口1 256人。

展、繁荣城市社会的同时,也给居住地社区治理带来了挑战。他们往往成为重点的管理对象。① 由于既没有参与渠道也没有参与效能感,很多外来党员选择不亮明身份。三是项目的外源特性麻木了对村庄的关怀。乡村发展的许多项目从立项、建设和后期维护都由村外力量决定,因而存在"政府干、农民看"现象。②

3. "属地化"困境。一是责权匹配问题。《中国共产党农村基层组织工作条例》中提到,基层党组织要加强在农村经济建设中的领导。而实际情况是,大部分农村党组织并没有进行专门机构及专业队伍的设置与构建,即使部分地区成立了城乡融合建设领导机构,也缺乏科学的指导和具体的分工。二是资源统筹问题。伴随着资源下乡,行政权力也深入乡村基层,基层自治空间被压缩。尤其为了规范财政资源使用,设置"一刀切"的资金使用制度,严格过程管理,限制了基层自主权力。③ "村财镇管"规范了村级支出,但也存在一些操作问题。④

(三) 政策资源:弹性不足,难以落实

1. 政策弹性不足。当前农村基层设施建设主要依靠政府财政投入,绝大部分农村集体经济组织缺乏自筹资金能力,乡村治理在相当大的程度上被纳入政府治理范畴,政府出台了大量指导"三农"工作的政策。但青东青西、各街镇、农村社区情况都各有差别。村庄资源和特色未被充分利用。⑤

---

① 其实,这些入驻的新村民中也有见识广博和文化素质很高的人员,只是由于没有现成的治理参与渠道,又不想卷入村庄内的是非恩怨,因而不主动参与村级公共事务。
② 一方面,政府非均衡的投资策略,导致非重点村的"奈若何"情绪。例如练塘镇朱家庄村与金泽镇莲湖村都紧邻青西郊野公园,有着同样美丽的湖水和秀丽的风景。但政府决定打造莲湖村,朱家庄村就被冷落了。巨大的落差让朱家庄村村民感觉到,村庄的命运掌握在上级政府手里。造成了给我项目我就奋力争先,不给项目就无可奈何的现状。另一方面,上级政府的行政强势,削弱了基层组织的主动性。政府主导农村公共品供给过程,村党组织主要承担配合协调角色,公共品供给过程与农民没有直接关系。农民不需要集体商量基础设施如何建,成本如何分担,实行基层民主自治。以致农民不关心资金使用成效,只关心自己的利益及与自己利益密切的事情。由于离开农民的"心"很远,农村基础设施建设效率较低。
③ 比如乡村振兴的支持政策、资金分散在上级各个条线,需要通过重大项目、创建任务"一事一议"落地,大多专款专用、整合度低,叠加效益不明显。
④ 如有的村考虑开辟村内集体道路停车的收费,但相关收入的使用分配较难符合上级财务规范要求,只得暂缓实施。村域内部分资产,受制于上位法规,目前无法形成经济效益,如林地、湖泊、湿地等的二次开发利用仍属敏感地带、灰色地带。自主性低,又导致建设项目缺乏系统考虑。如道路、桥梁、河道等建设时序经常前后颠倒,造成重复投入和资源浪费。
⑤ 区位优势、文化特色、物产资源、自然环境还不能促进村民增收,文旅和商业服务反哺村级集体经济的路径、政策限制还未打通。另外,村庄间的实质性合作受行政规划的严格限制,如何促进跨镇毗邻村(地区)的联动应该成为重要议题。

2. 形式主义抬头。一些领域出现"精准"异化现象,即为了做到形式上的政策精准,基层治理耗费大量人力物力做材料文字工作,引发基层治理上的形式主义。①

3. 落实系统性不够。随着"乡村振兴示范村""美丽乡村"和"幸福社区"建设不断推进,加上《乡村振兴促进法》实施,部分乡村产业逐步发展。② 问题的关键在于如何让"吸"来的客人留得住,让"引"来的投资带动消费。这就要求打造一站式的"消费链",尽可能满足顾客一切消费需求,让顾客吃得好、穿得美、购得满意,得到更好的体验。但对一个村庄而言,无论从地域面积、投资能力而言,还是从产业规划来看,都难凭借一己之力打造这样的"一站式消费链"。③ 另外,面对基层社会治理越来越高的精细化要求,仅依靠村居配备的5—7名专职工作人员,要实现"绣花针"式管理是很困难的。

(四) 技术资源:易于推广,难在精深

1. 使用效率不高。在农村社区,数字治理、信息治理运用仍处在初级阶段。例如信息化、智能化工具在辅助乡村治理决策、减少机械重复劳动、减少市民办事奔波等方面,在公共服务方面的运用还不够。④

---

① 基层减负"越减越多",台账类别多,数量大,且全部需要纸质版存档,工作量过大。名目繁杂的督查检查考核和流于表面的痕迹管理等形式主义问题依然困扰基层。虽然梳理了村居协助行政事务清单,推行清单事项纳入审批制,但仍有54项,同时"协助"边界定位不够清晰,有些部门下沉协助事项,将村居从协助主体变为责任主体,基层反映比较强烈。
② 有的点位发展农业旅游或者乡村旅游吸引游客,有的与"幸福合伙人"共建艺术展馆吸引高端群体,有的建设了咖啡厅或者乡村饭店。
③ 当然,幸福社区建设《要点》第16条中也提出"引导各村以入股方式抱团发展,收益按股分配",但区级层面、镇级层面缺乏系统规划和具体指导,基层负责人又难以牵动和协调其他村镇,以致呈现出幸福社区试点村产业联动欲望蓬勃,但壮志难酬的尴尬局面。比如练塘镇东庄村引入彭田菇业、发展"鳖稻米"以满足消费者购物欲望,打造民宿希望留住客源,开了农家私房菜馆、乡村面包房和咖啡馆满足顾客多样化需求,借助东庄村农耕文化开创乡村美学课堂、陶艺课堂、田间学校等帮助顾客回望乡村记忆。他们已经从物质和精神两个层面着手挖掘消费者需求,但苦于自身力量弱小,不能牵动周围村镇,很难形成规模效应,也很难带来多次消费需求,壮大发展村集体经济也就显得力不从心,亟需与其他村庄合力开进。东西村也是如此,虽然不断发展种植业和水产养殖业,但全村区域面积2.18平方公里,陆域面积更加狭小,要在这个区域让消费者实现"吃、住、行、购、娱"必需周围村镇通力合作。
④ 目前幸福云还是以展示功能为主,实用性功能不够,办事功能推进速度较慢。农村现有的引导社区居民参与公共事务、开展协商活动、组织邻里互助的路径较为传统,阳光村务、社区云等平台功能开发及场景应用有待创新。同时,由于每个村居均需要对接多个平台,且平台之间难以互联互通,给基层工作带来较大负担。例如在社区管理领域,有"一网通办"平台、青浦区城市网格化管理信(转下页)

2. 专业能力缺乏。有些领导干部仍放不下"数据开放不安全"的固有思维，挣不脱以职权为中心的部门分工体系和思维局限，造成了数据"动不起来"、无法共享。① 在基层，适应数字时代要求，发展农村数字经济，做好"一网通办""一网优服"的数字化治理工作，促进农村数字化转型，离不开年轻人才的支撑。但年轻人因为种种原因不愿意久留在农村。

3. 助长技术依赖。技术治理依靠技术性手段，追求治理标准化、非人格化和效率提高。但也因此产生了唯数据论英雄的倾向。② 由于越来越多的技术手段运用到基层治理领域，上级条线部门习惯通过微信、金数据表单等收集统计村居相关数据，造成数据信息存储碎片化，难以进行系统化的分析利用。

三、着眼更好担当乡村治理使命的完善化建议

要坚持政治性、法治化、效能化、系统化、创新性和可持续发展等原则，以政治为根本实现治理有领、以法治为前提实现治理有序、以德治为范导实现治理有品、以自治为核心实现治理有力、以共治为羽翼实现治理有能，形成党组织领导、政府负责、社会协同、公众参与的多元共治格局，系统设置和整体推进党建引领农村基层治理各项措施。

（一）完善基层组织结构，构筑农村基层治理新格局

进一步优化基层党建引领基层治理格局，强化街镇党（工）委的规划引领作

（接上页）息系统（12345 市民服务热线）、社区云、幸福云、新时代文明实践管理平台（市级）、村居电子台账、上海市现状农用地块空间精准化管理与服务系统等；产业管理领域，有神农口袋、上海市信息进村入户工程益农信息平台等。还有众多平台诸如阳光村务、有线电视等，利用率低、重复率高，部分平台有待优化提升，例如社区云在疫苗接种过程中发挥了重要作用，但却存在只能导入、不能导出的问题。

① 在用好大数据方面还有三块短板要补齐：一是数据基础比较薄弱。传统政务工作是以业务或事件为核心开展的，工作材料往往以档案文件的形式留存，对数据的关注程度不高。这就造成了大量政务数据资源分散在诸多文件和系统之中，难以提取。二是认识水平仍有待提高。有的地方、部门对大数据的发展规律和趋势认识不清晰，尚未把大数据和自身工作紧密结合，缺乏主动利用大数据进行治理创新的意识和勇气。同时，在汇聚数据、使用数据的过程中安全意识不强。三是数据的权责有待明确。目前，由于对数据的归属权、管理权和使用权还缺乏清晰界定，对数据流转过程中各方的责任和义务没有明确，一些地方、部门往往对能否共享数据、能否使用数据存在疑虑，对政务工作中大数据的汇聚和应用造成了阻碍。

② 数据不是万能的，数据分析也可能有缺陷，需要由实践来检验；同时也不能把数据作为检验工作绩效的唯一标准，要考虑到成本和效益的平衡，避免给基层单位和百姓增加"数据负担"。

用,落实村党组织领导的村级服务核心作用,充分发挥村委会和其他组织等资源作用,着力构建以党组织为核心、"两委"班子形成合力、广泛参与、责任落实的创新社会治理框架。

1. 探索镇域(街区)治理格局。在街镇党(工)委统一领导下,构建商务、住建、文旅、卫健、市场监管等职能部门各司其职,履行行业主管责任,场所管理(经营)者和市民共同参与的镇域(街区)治理格局。搭建街镇党建联盟和治理委员会等平台载体,建立健全公共议题协商、项目双向认领等机制,以党组织的共建联建带动多元治理主体的互动联动、协商共赢。强化日常监管和联合执法,动态排摸各种基础信息,监督重大安全措施落实情况。

2. 健全村级综合治理架构。建立健全村党组织统一领导、村委会依法履责、村务监督委员会监督以及其他各类组织积极协同的治理架构。进一步健全民主决策制度。规范村居民会议、村民代表会议、"两委"联席会议,发挥"三会""四议两公开"机制作用,广泛开展城乡社区协商,研究解决居民诉求。做优"睦邻客堂间"品牌,强化"阳光村务工程"使用,做实定期全面自查、线上随机抽查、年终纳入考核的督查工作机制。建立健全区、镇、村、东方有线四方联络员队伍、村级信息员队伍,有效对接平台内容上线更新工作。切实维护村民群众对村级事务的参与权、知情权和监督权。

3. 织密基层治理网格。在"一网通办""一网统管"总体架构下,坚持党建引领政法综治、公安、城管、信访、市场监管、卫生健康、应急管理等多网合一,各职能部门不再另行单独划定网格。[①] 固化完善村党组织——微网格党组织——队组党组织的社区组织架构和指挥运转机制,形成党组织统一领导、工作指令层层传递的格局。[②]

4. 深化协同、落实责任。落实《上海市市级部门事务下沉街镇管理办法(试行)》和村居协助行政事务准入机制,建立街镇监测点。依法赋予街镇综合管理权、行政执法权和统筹协调权,强化其对涉及本区域重大决策、重大规划、

[①] 划小做实微网格,一般以村民小组为基本单元划分微网格,对于环境复杂、未封闭的开放式散居小区可适当调整,探索更精细的网格管理措施。
[②] 原则上每个微网格应设立1个党支部或党小组,党组织负责人由居村党组织成员或党员骨干担任,并兼任网格长。有条件的村,每个微网格应配备1名专职网格员,明确网格员日常巡查走访、社情民意收集、安全隐患排查整治、矛盾纠纷排查化解等基本职责,准确掌握、动态更新实有人口、实有房屋、实有单位、标准地址等基础数据,梳理与群众日常需求和社区管理相关的工作事项,形成"网格管理工作实务手册"。

重大项目的参与权和建议权。在应急状态下，依法行使街镇应急处置权，给予其更多决策余地和自由裁量空间，强化市、区职能部门对街镇人、财、物、政策等各方面支持，推行职能部门直插一线开展专业指导、业务培训、问题解决的机制。在村居区域内，明确由村居"两委"统筹调配各类资源和力量，结合应急状态下支出需要，对村委会经费标准进行调整完善，建立适度增长机制，重点向管理难度大的村居委会倾斜。同时，要压紧压实工作责任。[①]

（二）全面提升参与效能，激发农村基层治理新动能

强化组织引领，提升基层党组织的组织力，使党组织真正成为凝聚广大村民群众的"主心骨"、化解社会矛盾的"减压阀"、深化社会治理的"桥头堡"。

1. 加强基层党组织建设。一是加强支部规范化建设。健全村级党组织各项制度，选优配强村党组织书记和"两委"班子成员。[②] 二是优化支部委员结构。村庄外来居住人口达到本村居民1/4以上的，设置一名由外地人担任的专职支委；村庄外来居住人口达到本村居民1/2以上的，设置一名由外地人担任的副书记。在支部统一领导下，成立新村民党小组。三是强化队组微网格党建。通过组建党的工作小组、指派党建指导员等方式实现党的组织和工作全覆盖，注重从党员骨干和社区能人中挖掘队组长人选，加强工作培训，健全激励机制。充分发挥队组长工作优势，推动实现队组居民自我管理、自我服务、自我教育、自我监督，营造和谐温馨的村组氛围。

2. 壮大基层治理骨干力量。构建组织部门牵头抓总、相关部门密切配合、街镇具体落实的城乡基层治理队伍一体化建设工作格局。加强对街镇领导班子成员、村"两委"委员的动态分析研判，注重在重大任务落实中考察识别干部。[③] 强化基层干部治理专业能力和群众工作能力建设，完善教育培训体系，突出实践实战实训，推行"导师帮带制"，建好"书记工作室"，设立村居实训基

[①] 进一步健全市、区两级党建工作领导小组职能，建立党建引领基层治理协调机制，定期召开会议，研究重大政策、部署重大工作、督办重大任务。坚持全周期管理理念，构建"部署推进—贯彻落实—调研督导—成效评估"的工作闭环，多维度系统化推进基层治理。强化督促检查，定期调度重点工作推进情况，针对性调研难点问题。加强考核评估，评估结果作为各级党政领导班子绩效考核和书记抓基层党建述职评议考核的重要内容。

[②] 书记要以身作则带好干部，依托"书记工作室"，在思想上"引"，在经验上"传"，在工作上"帮"，在形象上"带"，做到学习提升人、活动凝聚人、服务温暖人。

[③] 充实建强居民区"两委"成员中的专职人员和在居民区从事党建、治理、服务工作的全日制专职工作人员，配置标准为每万城镇常住人口不少于18人。

地。选树典型强化引领。① 重视工作排序靠后的村居,切实帮助和支持问题频发、能力较弱的村居改进工作。

3. 健全党员干部下派工作机制。持续深化结对联系机制,推动机关、企事业单位党员深入社区、定点联系。完善年轻干部在居村培养锻炼机制,常态化推动各级机关和企事业单位选派干部到村挂职或任职。面对突发事件,及时抽调机关和企事业单位党员干部下沉基层、充实一线工作力量,根据需要组建临时党组织,编组调度管理,定人定岗定责,做到岗位相配、专业相符、能力相适。建立平急转换机制,在市、区、街镇三个层面,分级储备党员先锋突击队员,加强专业培训和应急演练,随时可整建制调出增援一线。②

4. 引导社会力量参与乡村治理。一是深化拓展在职党员报到机制。组成党员支农志愿服务团队,积极认领群众"微心愿",为群众提供政策宣讲、法律援助、健康义诊、扶贫帮困、助老助残等组团式、专业化服务。二是鼓励各类群体参与基层治理。各有关部门要引导人大代表、政协委员、党外代表人士、妇女骨干、团员青年骨干、退役军人等力量,积极投身一线,协助村党组织做好社区疫情防控、化解矛盾纠纷、帮扶困难群众等工作。鼓励引导市场主体、社会组织、新社会阶层、社会工作者等群体参与基层治理。三是提供专业服务人才。由区镇两级组织公开招募一批社区治理顾问、社区政工师、社区规划师、社区健康师、网络工程师等,为基层治理提供专业化的人才支撑。

(三) 加强涉农法律研究,开创乡村依法治理新境界

乡村基层治理必须建立在坚实的法治化基础上。推进乡村治理的法治化要求在立法上尽快取得突破,为基层治理提供专业化的法律支撑。

1. 加快完善涉农法律法规。主要有:(1)如何盘活农村资源、通过政策途径呈现城乡之间的要素互通;(2)如何通过法律法规支撑乡村产业的发展,如发展民宿需要完善消防、公安方面的法律法规;(3)如何解决"小农人"问题;(4)如何解决20世纪80年代三峡移民的二代、三代住房需求问

---

① 适时开展十佳先进村委会、十佳优秀社区干部、十佳优秀社区工作者评选工作,征集一批"四百"活动典型案例、务实有效的社区工作法,以及表现突出、群众满意的村居班子、成员和社区工作者,树立典型,以好经验好做法引领发展。
② 下派党员干部接受街镇、村党组织统一指挥,派出单位要将下派干部的实际表现作为年度考核、晋升职务职级的重要参考。

题等。

2. 完善乡村经济管理政策。(1)完善村账镇管政策。落实村务监督委员会职能,监督日常经费使用。镇级经济管理部门要监视和干预村级经费异常使用状况,对村级重大投资项目出具意见书。(2)放活村级建设用地。准许村级组织在村民自愿前提下对宅基地进行集约利用,在符合规划、环保和安全的要求下转化成集体经营性资产。(3)放宽现代农业企业的建筑限制。现代农业经济所必需的储藏、试验和恒温设施,不能笼统地视为违法建筑而强令拆除。(4)对于资源保护区域给予相应补偿。除了生态补偿外,还要给予因文化保护而发展受限的区域、因重大电力设施和垃圾处理安排而受到影响的区域以相应补偿。(5)保障农民宅基地权益。即使因为规划等原因暂时不宜批准建房,也要确认并保护好农民宅基地权益。①

3. 建立驻村法律顾问制度。推进律师担任村(居)法律顾问工作,同时完善各项工作制度,健全公开选聘和考核评估机制。②

4. 引导村规民约的制定和落实。要突出价值引领、行为规范和解决实际问题,在充分调查研究和民主讨论基础上制订村规民约,并增强规约的规范力和约束力。③

(四)坚持民生民心一起抓,展现服务基层群众新担当

1. 推动联系服务常态化长效化。落实制度化联系机制,拓展用好"我为群众办实事"长效机制,通过线上线下相结合等方式,定期走访群众,及时掌握社情民意。推行领导干部包保联系机制,区级领导干部全覆盖结对包保街镇、街镇领导干部全覆盖结对包保居村,协调解决突出矛盾问题。持续深化"组团式"

---

① 平时应获得房租补贴,或者获得股份收益(宅基地集约经营),动迁时按照宅基地转让权获得动迁补偿。
② 青浦区在一些镇村开展的驻村法律顾问试点取得了很好的实际效果。律师直接参与基层城乡社区的涉法事务,有利于提高基层依法办事水平,促进以法治思维和法治方式管理基层的公共事务,夯实社会治理的基础。律师作为专业的法律服务人才为基层城乡社区提供专业化法律服务,有利于让法治建设的成果惠及广大人民群众。律师兼具法律专业及独立第三方身份优势,在面对错综复杂的社会矛盾时具有调节器、减压阀的积极作用,有利于缓解、化解各类社会矛盾,把矛盾纠纷解决在萌芽状态,预防群体性事件发生,维护社会稳定和谐。
③ 比如,对于出租房屋、经营农家乐和商店的村民,可以通过权利与义务均衡原则,要求他们自觉遵守各项安全和治安管理规定,自觉担负环境治理费用,并在可能的情况下对困难人员进行适当捐助。

联系机制,进一步整合公安、城管、房管、民政、群团等资源,以组团多元化服务满足群众多样化需求。优化管理激发群众自治,做到支部、党员、群众三条路并行,通过"班子＋党员＋村民"自治模式,发动群众参与河道、垃圾自治、环境优化整治等长效管理。

2. 及时响应各类群众的个性化诉求。畅通诉求反映渠道,提高快速响应能力,落实首问责任制,能够即时解决的要即时解决,不能即时解决的要说明理由并明确协调处理时限。做好网上群众工作,村"两委"成员和村干部要进入小区业主、志愿者队伍等"工作群",并发挥主导作用,及时发布重要事项和工作安排,做好线上交流沟通。优化完善部门约请制,被约请职能部门原则上应当日回复,并明确专人负责。落实重点群体服务管理。[1]

3. 完善党群服务阵地体系功能。优化以党群服务中心为基本阵地的社区综合服务布局,推进各类基层阵地、民生服务项目双向开放、资源共享。根据群众需求,在党群服务阵地提供党建、政务、文体等基本服务的基础上,拓展老年食堂、青年创客空间、青少年课后兴趣辅导、法律咨询等特色服务。探索建立党群服务阵地"好差评"一口评价机制,增强服务精准性和实效性。深化与群众谈心制度,化解群众心中的"小疙瘩",凝聚村庄发展的"大力量"。

(五) 坚持以"幸福云"入手,全面推进数字治理新发展

为让更多老百姓能感受到方便快捷的政府服务,提升幸福感,区委办以上海市村居数字化平台(社区云)为主平台,搭建"幸福云"智慧社区全景应用系统(以下简称"幸福云")。[2] 要坚持以"幸福云"入手,全面推进数字治理不断取得新发展。

---

[1] 做好特殊群体帮扶救助,对空巢(独居)老人、困境儿童、行动不便人员、孕产妇、重大病患者和困难群众等重点人群,分类建立台账,落实帮扶政策。加强来沪人员服务管理,压实行业主管部门和属地责任,加强对建筑工地、农贸市场等区域的管理,及时掌握快递员、外卖送餐员、网约车司机等新就业群体底数,消除工作"盲点"。

[2] "幸福云"是青浦区委、区政府响应群众幸福生活需求、顺应城市数字化转型要求、呼应新时代青浦区幸福社区建设的创新探索。围绕"主题数据库""全自动办公系统""全要素管理系统""全景式服务系统"和"全民化共治系统""全聚合一网统管"打造的功能体系架构,并在该功能体系的架构上叠加应用。"幸福云"启动后能利用云技术与线下指导缓解数字技术人才短缺的问题,并使数字治理的长效运营得到制度保障。其建设目标以推进社区治理体系和治理能力现代化为主线,力求加快社区运转模式去行政化、社区服务功能高集成化、社区生活方式泛智能化、社区干部队伍准职业化,通过立足于"一网统管"的下沉、"一网通办"的外拓、"社区云"的加强,建设成为线上版的"超级社区中心"。

1. 强化信息数据赋能,建立农村社区信息化治理长效机制。充分利用城市运行管理体系"三级平台、五级应用"框架,依托市区两级政务云和大数据资源平台,市、区两级职能部门全量归集实有人口、地理定位、房屋管理、应急保供等与基层治理密切相关的数据资源,按照相应权限实时向街镇、居村开放,采取数据脱敏、最小权限、日志审计等技术措施,确保数据和个人信息安全。畅通信息传递渠道,确保各类法规政策、工作要求及时传达到居村。加快推动基层数字治理应用场景建设,同步加大线下服务渠道和传统服务方式托底,保障特殊群体、残障人士对公共资源的可及性和使用便捷度。要通过"网上居委会""网上议事厅"等形式,加强"网上社区"建设,提升政策宣传、民情沟通、便民服务效能。推广远程帮办系统,[①]探索信息化治理的全民参与机制。[②]

2. 持续推进振兴人才投送,提升农村社区信息化服务水平。完善驻村指导员参与驻村事务指导机制,全面助力青浦乡村振兴智慧治理工作。一是抓党建联建促进农村社区数字化发展。鼓励开展相关共建活动,向农村赠送电脑设备与智能设备,为实现农村治理数字化开辟路径。二是利用信息化技术提升工作效率。[③] 三是引入数字化设备提升智能化水平。[④]

3. 坚持线上线下双推进,确保数字化治理过程的服务温度。线下推进社区综合服务建设。依托社区中心建设,打造"平台型"村居,融合党的建设、宣传文化、综合服务、平安管理、经济发展、乡村建设、矛盾调处等职能,支持和保障村居依法履职,推动和激励村居创新工作方法,努力将其打造成为对接供需、链

[①] 该系统集成视频对话、远程桌面等功能,将街镇社区事务受理中心职能延伸至各村居。在村居适配"八件套":电脑、读卡器、高拍仪、摄像头、麦克风、扫码枪、打印机、有源音箱,通过社区远程帮办系统,许多行政事务不需再到原行政部门窗口办理,可以直接在村居中解决完成。

[②] 通过数字技术手段和信息服务平台实现农村居民和社区的良好互动,帮助民众更好地参与基层治理,引导村民通过网络和信息平台了解、参与村务商议、发表意见,参与决策,确保村民的知情权、参与权、决策权和监督权。

[③] 抗疫期间,驻村指导员为了完成村内全员核酸检测任务,更好地保障人民群众生命健康,主动联系相关技术部门,以批量核酸二维码程序等数字化信息化技术为依托,连夜测试核算码自动生成软件系统,集中为村中千余老人打印了核酸采样登记码,确保核酸检测不漏一人,不落一户。

[④] 2020年疫情期间,驻村指导员利用城运中心"一网统管"智能场景应用技术优势,创建了"一网统管"智能场景应用系统。该系统于2021年底运用于朱家角镇国家港村。以农村基层需求为导向,聚焦农村治理难点问题,结合区域实际合理布设监控点位,利用智能场景软件监测与发现功能,成功实现对村域停车、垃圾倾倒、河面漂浮物等农村治理问题的自动发现,实时派单给村委会,以便能够及时处置。该智能场景应用系统的成功建设并投入使用,让数字化、智能化注入乡村治理工作,提高了乡村治理能力和治理水平。

接资源的共建共享平台,自下而上解决问题的有效渠道。线上深化"社区云"建设。对标市委、市政府对高水平数字化治理和精细化管理要求,持续夯实数字底座,优化基本框架,完善基础功能。① 让"社区云"真正成为"实战中管用、基层干部爱用、群众受用"的有温度的数字化平台。

---

① 根据"社区云"2.0版本相关工作计划,将公安"一标三实"数据与村居委实际管理数据进行匹配,对村居民常住地址发生变更的,在"一标三实"处进行维护,防止发生数据不一致现象。下一步"社区云"系统的运维过程要深化治理理念,将"社区云"推广应用情况作为各街镇创优评估的重要指标,推动各街镇加强应用创新引导村居民通过使用应用场景上云,充分吸引各类治理主体、社区居民主动使用"社区云"系统,参与协商议事、投票表决、互动交流、治理工作评价。

图书在版编目(CIP)数据

城市化背景下基层治理研究：以上海市青浦区为视角 / 鲁家峰著 .— 上海：上海社会科学院出版社，2023
 ISBN 978 - 7 - 5520 - 4160 - 6

Ⅰ．①城… Ⅱ．①鲁… Ⅲ．①社会管理—研究—中国 Ⅳ．①D63

中国国家版本馆 CIP 数据核字(2023)第 181713 号

城市化背景下基层治理研究
——以上海市青浦区为视角

著　　者：鲁家峰
责任编辑：董汉玲
封面设计：周清华
出版发行：上海社会科学院出版社
　　　　　上海顺昌路 622 号　邮编 200025
　　　　　电话总机 021 - 63315947　销售热线 021 - 53063735
　　　　　http://www.sassp.cn　E-mail: sassp@sassp.cn
照　　排：南京前锦排版服务有限公司
印　　刷：浙江天地海印刷有限公司
开　　本：710 毫米×1000 毫米　1/16
印　　张：17.25
插　　页：2
字　　数：290 千
版　　次：2023 年 12 月第 1 版　2023 年 12 月第 1 次印刷

ISBN 978 - 7 - 5520 - 4160 - 6/D・706　　　　定价：88.00 元

版权所有　翻印必究